EL PODER POSITIVO DE LAS EMOCIONES NEGATIVAS

TIM LOMAS

EL PODER POSITIVO DE LAS EMOCIONES NEGATIVAS

Libera tu lado oscuro para encontrar la felicidad

URANO

Argentina – Chile – Colombia – España
Estados Unidos – México – Perú – Uruguay – Venezuela

Título original: *The Positive Power of Negative Emotions*
Editor original: Piatkus – An imprint of Little, Brown Book Group – An Hachette
   UK Company, London
Traducción: Alicia Sánchez Millet

1.ª edición Enero 2018

Nota: los nombres de las personas citadas en los casos de estudio han sido cambiados
para proteger su privacidad.

ISBN: 978-84-16720-13-2
E-ISBN: 978-84-17180-25-6
Depósito legal: B-26.068-2017

Fotocomposición: Ediciones Urano, S.A.U.

Impreso por: Rodesa, S.A. – Polígono Industrial San Miguel – Parcelas E7-E8
   31132 Villatuerta (Navarra)

Impreso en España – *Printed in Spain*

A Kate y a toda la familia

Índice

Agradecimientos   11

Introducción   13

1. La tristeza   21

2. La ansiedad   47

3. La ira   71

4. La culpa   99

5. La envidia 133

6. El aburrimiento 163

7. La soledad 193

8. El sufrimiento 223

Otros medios de ayuda y recursos 243

Bibliografía 249

Agradecimientos

Quisiera manifestar mi agradecimiento a algunas personas que son muy importantes para mí, sin las cuales este libro no hubiera sido posible. En primer lugar quiero dar las gracias a mi extraordinaria esposa, el amor de mi vida y la luz que ilumina mi mundo, ¡sencillamente, gracias por todo! Todo mi amor y mi agradecimiento a mis queridos madre, padre, hermano y hermana, que son la familia más adorable y mejor que podría desear una persona. Todo mi amor para mi maravillosa familia extendida de Liverpool y de Estados Unidos. También quiero expresar mi agradecimiento a mis alumnos y compañeros de la Universidad de East London, especialmente, a Kate Hefferon y a Itai Ivtzan, por haberme apoyado y animado en estos últimos años. Mi más sincero agradecimiento a mi fantástico agente Esmond Harmsworth, sin cuyos consejos este libro jamás hubiera llegado a publicarse. Asimismo, toda mi gratitud a mi increíble editora, Claudia Connal, y a todo su equipo de Piatkus. Os estoy sinceramente agradecido por haber confiado en mí y por haberme ayudado a mejorar la calidad de este libro. Por último, gracias a todos mis mejores amigos por su compañerismo y preocupación por mí durante todos estos años. Tengo una gran deuda de agradecimiento con todas las personas que he mencionado, sin las cuales este libro nunca hubiera llegado a hacerse realidad. Os lo dedico a todos con amor.

Introducción

Todos queremos ser felices. A ninguna persona le gusta el dolor ni sufrir, todos queremos la bendición de gozar de momentos de amor y risas, y sacar el máximo partido de nuestra breve estancia en la Tierra. Estos son los deseos eternos y esenciales de la humanidad. Por consiguiente, estamos sometidos a la tentación de una creciente gama de posibles vías para la consecución de esas efímeras metas, que nos deslumbran como lo haría un oasis en un desierto abrasador. Las librerías están repletas de libros de autoayuda que nos prometen el secreto de la felicidad. Los distintos medios sociales también se hacen eco de las sugerentes voces de los gurús, que nos prometen conducirnos a ella. Sin ir más lejos, mi campo de la psicología positiva (el estudio científico del bienestar) ha aportado gran parte de la teoría y de las investigaciones que hay tras todo eso. Nos prometen de manera fascinante que si podemos desarrollar una actitud o forma de pensar optimista, o crear ese valioso núcleo de relaciones significativas, lo que tanto deseamos está a la vuelta de la esquina. Y cuando lo alcancemos parece ser que las recompensas serán cuantiosas. La felicidad es presentada como la llave de oro que puede abrir innumerables y exquisitos baúles de tesoros, que contienen desde el éxito hasta la buena salud.

Es una bella visión. Y las investigaciones, efectivamente, nos indican que la felicidad está relacionada con cualidades psicológicas, como el optimismo, y con circunstancias de la vida, como las relaciones con nuestros allegados. Está demostrado que si las personas *son* felices, esta circunstancia puede hacer que se beneficien de ello de diversas formas, desde lograr el triunfo más rápido en su vida profesional hasta encontrar a su alma gemela, esa que da sentido a su vida.

No obstante, el problema reside en que los beneficios de la felicidad pueden ser escurridizos y en que las cualidades «positivas» que nos conducen a ellos pueden ser extraordinariamente difíciles de adquirir. Sintonizar con la claridad espiritual o actitud optimista no está al alcance de muchas personas, razón por la cual recurrimos, perdidos y confundidos, a las estanterías de los libros de autoayuda. Tenemos nuestros momentos de luz, por supuesto, bendiciones pasajeras de risas y alegría. No obstante, nos debatimos en la neblina, acosados por las preocupaciones, los miedos y lamentos, más veces de lo que nos gustaría reconocer. No es ningún secreto que el optimismo es la ruta hacia la felicidad, y que la felicidad es la puerta hacia la salud y el éxito. Pero si no somos capaces de sacarnos de encima el angustioso pesimismo, ¿en qué condición nos quedamos? Puede que hasta nos sintamos peor que antes: tener ansiedad es malo, pero, encima, tener que oír que hemos de estar radiantes y ser optimistas nos hunde todavía más en nuestras preocupaciones. Empezamos a sentir ansiedad por estar ansiosos, o a estar tristes por estar tristes, y nos vamos hundiendo cada vez más, en una espiral de desaliento...

Redimir las tinieblas

Si te suena algo de lo que acabo de describir, si estás harto de los aspectos más oscuros de nuestra experiencia humana, este libro tiene un mensaje revolucionario y esperanzador para ti. Tus sentimientos «negativos» no solo son normales y naturales, sino que pueden convertirse en los medios a través de los cuales puedas alcanzar esa felicidad y prosperidad que estás buscando. Estas emociones no son «malas», tampoco sufrimos ningún trastorno ni estamos enfermos por experimentarlas. Es totalmente normal estar triste, enfadado o ansioso. Es más, estas emociones no solo son normales, sino que lo más habitual es que sean perfectamente *apropiadas*. Está más que justificado estar triste cuando perdemos a alguien o estar enfadados si nos han herido. Son emociones «correctas», en el sentido de que sería bastante inapropiado ser abiertamente felices si hemos perdido a un ser querido o hemos sido traicionados. Además, estas emociones más oscuras no solo suelen ser naturales y apropiadas, sino que pueden llegar a ser muy valiosas. Por dolorosas que resulten en su momento, pueden encerrar poderosos mensajes y energías que podrían guiarnos hacia la luz: hacia el amanecer de nuestra felicidad. Si aprendemos de ellas y sabemos utilizarlas, nuestras emociones oscuras pueden llegar a ser singulares e inesperadas fuentes de salvación.

Quisiera aclarar que no me estoy refiriendo a enfermedades mentales como la depresión. Sería ofensivo por mi parte intentar idealizar la condición de las personas que padecen esos estados incapacitantes, o decir que su carga no es grave. Dicho esto, no voy a ser tan presuntuoso como para decir que el sufrimiento de estas personas *carece* de valor, ni afirmar que la enfermedad no puede conferir al paciente ciertas cualidades que este pueda apreciar, como la empatía hacia los demás. Las personas pueden hallar la redención y el sentido en todo tipo de situaciones, incluso en plena aflicción o enfermedad. Sea como fuere, este libro no trata sobre enfermedades mentales, sino solo de las emociones oscuras «normales» que todos sentimos de vez en cuando, que abarcan desde la tristeza hasta la ira.

No obstante, he de reconocer que diferenciar la enfermedad mental de las emociones «normales» (dónde hemos de trazar la línea divisoria) es un tema complejo y conflictivo. A medida que vayamos avanzando iré planteando sugerencias para aclarar dónde puede que se encuentre esa línea divisoria y lo que puedes hacer si sientes que la has cruzado. En general, sigo la línea trazada por la Asociación Estadounidense de Psiquiatría. En concreto, tengo presente sus criterios respecto a lo que puede considerarse un trastorno mental. Las pautas para diagnosticar la depresión y la ansiedad (las dos enfermedades mentales más comunes) están especificadas al final del libro, en la sección «Otros medios de ayuda y recursos». Para otros tipos de enfermedades mentales se pueden consultar los criterios en las páginas web que facilito en dicha sección. Recomiendo a los lectores a quienes les preocupe haber cruzado la línea (en lo que respecta a cualquier enfermedad) que se pongan en manos de un profesional de la salud que pueda orientarlos y ayudarlos.

Este libro trata del delicado e impreciso campo que abarca el término «emociones negativas». Son los sentimientos oscuros que a todos pueden afectarnos, desde la tristeza y la ansiedad hasta la culpa y la soledad. Salvo que se traspase cierta línea de gravedad, *no* se trata de enfermedades mentales, sino de dimensiones inherentes a la condición humana. Además, como ya he mencionado antes, no solo son normales, naturales y apropiadas. En cierto modo sutil, y hasta paradójico, pueden llegar a ser caminos que nos conduzcan a formas más profundas y enriquecedoras de bienestar que las que encontramos a través de emociones más claramente «positivas». Por ejemplo, la tristeza puede abrirnos el corazón a la frágil belleza de la vida, o hacer que nos dirijamos a los demás con amor y compasión, mientras que la ira puede avisarnos de que se está violando alguna norma moral o nos motiva a luchar contra alguna injusticia social, consiguiendo que las cosas cambien para mejor.

Puede que no *elijamos* experimentar estas emociones negativas. Pero si las experimentamos y sabemos aprovecharlas de manera apropiada podemos descubrir que pueden ayudarnos a crecer, del mismo modo que el atardecer guarda la promesa del amanecer.

El camino

Este libro te conducirá a un revelador y, en última instancia, edificante viaje a través de algunos de los aspectos más oscuros de la experiencia humana. Aunque haya ocasiones en que el camino sea difícil, veremos que las sombras por las que tantas veces caminamos pueden encerrar sorprendentes recursos que nos aporten consuelo y luz. Este libro tiene ocho capítulos, cada uno de los cuales se centra en una emoción negativa específica, concretamente: la tristeza, la ansiedad, la ira, la culpa, la envidia, el aburrimiento, la soledad y el sufrimiento. Cada capítulo transmite un mensaje general que refleja la esencia de la emoción en la que se centra, su principal fuente de valor. De este modo, comprobaremos que la tristeza es esencialmente una expresión del amor y de la preocupación. La ansiedad es nuestro sistema de alarma, que nos avisa del peligro. La ira puede ser una emoción moral que nos advierte de que estamos siendo tratados injustamente. La culpa nos indica que estamos decepcionados de nosotros mismos y nos incita a ser mejores. La envidia nos motiva a mejorar y a mejorar nuestra vida. El aburrimiento puede ser una vía hacia la creatividad y la autotrascendencia. La soledad nos permite escuchar a nuestra verdadera voz interior y nos enseña a ser autosuficientes. Y el sufrimiento nos rompe, pero nos vuelve a recomponer de formas potencialmente más significativas.

Cada capítulo desvela estas lecciones generales, analizando sus elementos. Empezaremos por la tristeza, y profundizaremos en las distintas formas en que esta es la manifestación de una preocupación amorosa, desde un guarda de seguridad que nos salva de una situación peligrosa hasta una valiosa conexión con personas a las que hemos amado y perdido. Luego ahondaremos en la ansiedad, veremos cómo nos advierte del peligro que nos acecha en el horizonte y nos obliga a centrarnos en los retos del momento presente. También descubriremos que, lejos de significar cautela o incluso cobardía, la ansiedad es la respuesta natural a tener que salir de nuestra zona de confort e iniciar un proceso de crecimiento personal. Con la ira descubriremos que puede ser una emoción moral, un indicativo de que hemos sido tratados injustamente. Sin embargo, hemos de utilizarla con precaución, porque de lo contrario podría degenerar en sentimientos destructivos como el odio. Por consiguiente, en el capítulo que trata de este tema veremos cómo utilizar la ira con habilidad, como si estuviéramos procesando meticulosamente un delito, desde recopilar pruebas con diligencia, que nos permitan hacer nuestra defensa con elocuencia, hasta utilizar la sabiduría y la compasión, a la vez que procuramos hacer justicia. En el siguiente capítulo, aprenderemos que el sentimiento de culpa se relaciona con el aspecto moral de la ira y que la dirige hacia nosotros mismos. Exploraremos las razones por las que a veces elegimos el mal camino y nos comportamos incorrectamente. Pero estos caminos no son todos igualmente malos. Aunque quizá nunca lleguemos a librarnos enteramente de la culpa, al menos podremos aspirar a «formas» más benignas de ella, guiados por motivaciones más refinadas.

A continuación tenemos la envidia, que también puede ser una fuerza motivadora que nos ayude a mejorar como personas y a mejorar nuestra vida. Aquí, de lo que se trata es de alejarnos de la envidia «viciosa» (en la que, simplemente, estamos resentidos contra las personas que tienen lo que nosotros queremos) y avanzar hacia la envidia «emulativa», que es la que nos inspira a alcanzar esta desiderata para nosotros mismos. Además, como sucede con la culpa, unas necesidades son más elevadas que otras. De ahí que podamos utilizar esta comprensión para elevarnos y aspirar a metas superiores. En cuanto al tema del aburrimiento, en el capítulo hago una sorprendente revaloración de este estado de aparente indiferencia. Si abordamos el aburrimiento con el espíritu correcto, puede suponer una vía hacia el misterio y la intriga: desde facilitarnos impulsos creativos hasta generar revelaciones existenciales. El penúltimo capítulo pretende hacer las paces con la soledad no deseada, transformándola en un estado más apacible de estar a solas con uno mismo. Logramos esto cuando somos capaces de apreciar que estar solos puede ayudarnos a desarrollar rasgos positivos de la personalidad, como el valor moral, y puede llegar a conducirnos a elevadas cimas espirituales. Por último, veremos el sufrimiento: el trauma o la adversidad, que genera una oscura combinación de algunas o de las siete emociones descritas anteriormente. Este nos plantea la posibilidad redentora de someternos a diversas pruebas, y al final nos remodelará de una manera que seamos capaces de apreciar.

Antes de emprender este viaje, daré una breve explicación sobre la naturaleza de este libro. Para ilustrar el concepto de que cada emoción contribuye al bienestar de múltiples formas, metafóricamente imagino que nuestro mundo interior está poblado por una serie de personajes. Cada uno de ellos simboliza un aspecto concreto de cada emoción. Y en su conjunto, crean su esencia general. Por ejemplo, en el capítulo 1 presento a siete personajes simbólicos, cada uno de los cuales refleja una forma concreta en que la tristeza es una expresión del amor y de la preocupación hacia otra persona, desde la *Enfermera de la Protección*, que nos protege de la contienda hasta que se hayan cerrado nuestras heridas, hasta el *Guardián de la Llama*, que salvaguarda nuestra conexión con las personas que han salido de nuestra vida. Por supuesto, no pretendo que el lector interprete literalmente estos símbolos. No son un laberinto confuso de voces disociadas, las «personalidades múltiples» que suelen estar relacionadas con ciertas enfermedades mentales. Más bien son los hilos de colores de innumerables experiencias, visiones y sonidos que nos encontramos a nuestro paso por la vida y que, una vez entretejidos, son los que crean nuestro carácter. Nuestro espíritu nos habla en distintos tonos en ciertas ocasiones: tonos que unas veces hablan descaradamente de amor y otras susurran un anhelo de esperanza, mientras que otras lloran la pérdida con aflicción. He personificado estos tonos poniéndoles una etiqueta poética. Estas etiquetas ayudan a que las valiosas cualidades de cada emoción cobren vida, a la vez que nos permiten apreciar las sutilezas que abarca el valor general.

Dentro del contexto que nos aportan estas figuras simbólicas, nuestras experiencias se verán respaldadas por los ejemplos de las historias personales de gente que ha buscado o descubierto algún valor en sus emociones más oscuras. Igualmente, he recurrido a algunas de mis experiencias, pues también conozco estos sentimientos, y quiero ofrecer mi propio testimonio con un espíritu de solidaridad y compañerismo. Asimismo, nuestro camino tendrá el respaldo de los escritos científicos más vanguardistas, que nos ayudarán a corroborar las revelaciones que descubramos en las narrativas.

Espero que juntos consigamos que la conjugación de estos elementos ilumine nuestro paso por la oscuridad, y que nos revele que hasta la más oscura de las noches puede ser un indicio de la esperanzadora luz del amanecer.

1

La tristeza

A simple vista, la tristeza puede parecer un punto de partida desalentador para nuestro viaje. Si contemplamos este solitario valle, puede que notemos que nos pesan las piernas y que el frío nos penetra hasta los huesos. A decir verdad, al concentrarme en escribir este capítulo me detengo a recobrar el aliento, que ya empezaba a alterarse. Como les sucede a muchas otras personas, a veces siento el hálito de la tristeza sobre mi hombro y desconfío de seguir adentrándome en la oscuridad. Sin embargo, la mejor manera de entender el mensaje esencial de este libro quizá sea empezar nuestra narración con la tristeza: todas las emociones oscuras, incluida la tristeza, no solo son normales, sino que pueden ser fuentes inesperadas de sentido y valor.

Esto puede resultar extraño. Aparentemente, la tristeza puede ser irreversible: un despiadado estado de desolación. No cabe duda de que es la antítesis de la felicidad, la mera ausencia de alegría y placer. Pues bien, sí, en cierto sentido, la tristeza es un lugar tenebroso y oscuro que pocas personas, si es que hay alguna, visitarían voluntariamente. Por consiguiente, no tengo la menor intención de convertirme en la siniestra figura de Mercurio, el dios de la encrucijada, intentando «venderte» tu tristeza. No pretendo hacer que te resulte atractiva, o incluso necesaria, como si *tuviéramos* que estar tristes. Este no es un libro sobre obligaciones. Todos sabemos que ya tenemos suficientes cargas (incluidas las presiones sobre lo que deberíamos sentir y cómo hemos de actuar) como para añadir el peso de las expectativas.

Pero si la tristeza se apodera de nosotros, cosa que tarde o temprano sucederá, entonces, ¿qué? ¿Está mal que suceda eso? ¿Hemos de avergonzarnos, castigarnos o hasta medicarnos? O bien, ¿hemos de reconciliarnos con ella reconociendo que es algo totalmente natural y apropiada? Paradójicamente, eso puede ayudarnos a florecer.

Diferenciar entre la tristeza y la depresión

Al hablar de las virtudes potenciales de la *tristeza* quiero dejar bien claro que no estoy hablando de la *depresión*, que es una enfermedad grave, perjudicial y debilitadora. De hecho, según la Organización Mundial de la Salud, existe la inquietante previsión de que para el año 2020[1] la depresión será la segunda causa de discapacidad en el mundo. Es evidente que al intentar diferenciar entre la tristeza y la depresión el agua enseguida se enturbia, puesto que estos dos estados se solapan de maneras muy complicadas. Una imagen bastante frecuente es la del espectro emocional, donde la tristeza, gradualmente, llega a convertirse en depresión. No obstante, esto no necesariamente conlleva una precaria y resbaladiza cuesta en la que la tristeza está en peligro constante de caer inexorablemente en la depresión. Más bien, esta idea del espectro presenta a la tristeza como un aspecto inherente, normal y natural —si bien, desafortunado— de la condición humana. Entonces, si se vuelve lo suficientemente intenso o prolongado, puede cruzar la

---

1. Organización Mundial de la Salud (2006). *World Health Statistics 2006.* Ginebra: Organización Mundial de la Salud. Para un comentario más reciente, véase Kessler, R. C., Aguilar-Gaxiola, S., Alonso, J., Chatterji, S., Lee, S., Ormel, J. y Wang, P. S., «The global burden of mental disorders: An update from the WHO World Mental Health (WMH) Surveys», *Epidemiologia e psichiatria sociale*, *18* (1), 2009, pp. 23-33.

línea de la depresión.[2] Se llega a ese extremo cuando algo «va mal» en la tristeza.[3] Para saber dónde se encuentra la línea divisoria, recomiendo seguir las directrices que marca la Asociación Estadounidense de Psiquiatría, que podrás encontrar en la sección «Otros medios de ayuda y recursos», al final de este libro. Pero ante todo, si estás preocupado porque crees que padeces depresión —o algún otro trastorno mental—, te aconsejo que consultes con un médico, que podrá ofrecerte el asesoramiento y la orientación que necesitas.

Sin embargo, antes de llegar al extremo en que una persona traspasa la barrera y se adentra en la depresión, es importante que veamos la tristeza «normal» no como una enfermedad, sino como algo que compartimos todos los seres humanos. Es uno de los «pesares propios del alma», como diría el monje del siglo xiv Tomás de Kempis.[4] Esto es importante, porque corremos el riesgo de medicalizar las emociones negativas de las que hablo en este libro y tratarlas como enfermedades que hemos de «curar» con fármacos. Por ejemplo, Allan Horwitz y Jerome Wakefield, en su libro *The Loss of Sadness*, argumentan que, a fuerza de cuestionarla gradualmente, la silenciosa dignidad de la tristeza está cayendo en el olvido, absorbida por el concepto médico de la depresión. Debido a este cuestionamiento, producto de la influencia de campos como la psiquiatría, la tristeza es susceptible de ser considerada simplemente una forma leve de depresión: sin duda menos problemática, pero todavía indeseable y «mala». En los últimos años, Horwitz

---

2. Me estoy refiriendo al influyente concepto de trastorno como «disfunción perjudicial» de Jerome Wakefield, que plantea que una emoción se puede considerar un trastorno si es perjudicial y disfuncional. Véase Wakefield, J. C., «Disorder as harmful dysfunction: A conceptual critique of *DSM-III-R's* definition of mental disorder», *Psychological Review*, 99(2), 1992, pp. 232-247.

3. Wolpert, L., *Malignant Sadness: The Anatomy of Depression*, Faber and Faber, Londres, 1999, p. 74.

4. Kempis, T. de (1418-1427), *The Imitation of Christ*, Penguin Classics, Nueva York, 1952. [Edición en castellano: *La imitación de Cristo*, Herder, Barcelona, 1991.)

y Wakefield han liderado una especie de contramovimiento ante la insidiosa degradación de la tristeza. Su campaña ha intentado rehabilitar la tristeza «normal», diferenciarla de la enfermedad clínica que es la depresión y concederle el lugar que se merece en la gama de las emociones humanas comunes.

Para normalizar la tristeza de este modo, un punto de partida evidente es su desafortunada ubicuidad y universalidad. Nadie es inmune a las vicisitudes del destino, a las estremecedoras experiencias de pérdida y de duelo. En tales casos, la tristeza es una respuesta totalmente apropiada. Los recordatorios discretos de la universalidad de semejantes tragedias pueden propiciar cierto grado de aceptación de la propia pérdida, y de la tristeza como respuesta «correcta». El Buda adoptó esta actitud hace más de 2.500 años, y una visión similar ha proporcionado consuelo a cientos de millones de personas desde entonces, budistas y no budistas. Kisa Gotami, una madre en duelo, sufrió la peor pérdida para una madre, el fallecimiento de su hijo. Desesperada, le pidió al Buda que le diera alguna medicina que le devolviera milagrosamente la vida a su hijo. Con sabiduría compasiva, el Buda le respondió que podría ayudarla. Le pidió a Kisa que le trajera un puñado de semillas de mostaza, pero le puso la singular condición de que estas procedieran de una casa donde nadie hubiera perdido a un ser querido. Kisa fue melancólicamente de puerta en puerta, con la esperanza de encontrar un hogar donde jamás hubieran sufrido una pérdida. Como cabía esperar, en cada casa se encontró con una historia de aflicción que sus ocupantes compartieron con ella, y ese sentimiento de pérdida acabó creando una conexión entre ellos. Esto no alivió el sufrimiento de Kisa, pero la ayudó a alcanzar una comunión con otras personas que habían sufrido una pérdida semejante, lo cual le demostró que su duelo era algo muy humano. Al final, empezó a aceptar su pérdida y comprendió que la muerte está implícita en el entramado de la existencia.

El budismo, en su forma de cultivar la aceptación, habla de «dos flechas». Cuando perdemos a alguien nos atraviesa un dolor intenso.

Esta, o cualquier otro tipo de herida, es la primera flecha, que es ya de por sí muy dolorosa. Pero con mucha frecuencia arremetemos contra esa reacción inicial y empezamos a sentirnos tristes por estar tristes (o, en otro contexto, a estar enfadados por estar enfadados, por ejemplo). Esta respuesta secundaria, conocida en psicología como «metaemoción» (es decir, una emoción *sobre* otra emoción), es la segunda flecha. Puede ser tan dolorosa como la primera, y a veces hasta más dañina. Puede que sea imposible sacar la primera flecha para atenuar la pérdida o el dolor que sentimos en experiencias como el duelo. Sin embargo, si somos capaces de aceptar nuestros sentimientos —quizá viéndolos como cargas que todos debemos llevar en ciertos momentos de nuestra vida—, al menos podremos reconciliarnos con ellos y eliminar el dolor que nos ocasiona la segunda flecha.

No tenemos que ser budistas para apreciar este concepto de las dos flechas. De hecho, el *ethos* budista de la aceptación es un elemento importante de casi todas las tradiciones religiosas y, más en general, del discurso terapéutico y espiritual. Por ejemplo, un sinfín de personas de todas las clases sociales y ámbitos profesionales, y creencias, han sentido consuelo y las ha ayudado a orientarse la famosa «Oración de la serenidad» de Reinhold Niebuhr, que expresa bellamente el concepto de la aceptación:

Dios, dame la serenidad para aceptar las cosas que no puedo cambiar,
el valor para cambiar las que puedo cambiar
y la sabiduría para reconocer la diferencia.

No obstante, aunque tratemos la tristeza como algo «normal», aunque esto nos ayude a hacer las paces con ella, puede que sigamos viéndola como una emoción no deseada e ingrata. El mero hecho de que algo sea natural o normal no necesariamente lo justifica o ennoblece. Al fin y al cabo, las enfermedades son «naturales», pero estoy seguro de que la mayoría de las personas desearían erradicarlas de sus vidas. Por consiguiente, es crucial que vayamos un poco más allá e intentemos identificar algún *valor* en la tristeza. Esto es importante, no solo porque puede significar que aceptamos la presencia de la tristeza en nuestras vidas, sino porque aprendemos a *apreciarla*, al menos hasta cierto punto. Podemos darnos cuenta de que, a pesar de su apariencia melancólica, puede desempeñar un papel importante en ayudarnos a tener una vida plena y satisfactoria. Básicamente, nos entristecemos cuando las personas, los lugares o incluso los objetos que nos importan están en peligro, sufren algún percance o los perdemos. Visto de esta manera, somos conscientes de que la tristeza es básicamente una expresión *del amor y de la preocupación*.

Para ilustrar esta idea y ver sus matices, te invito a que imagines un paisaje en tu interior poblado por una serie de figuras angelicales y gráciles. Como ya he mencionado en la «Introducción», al hablar de estas figuras no me refiero a nada que sea extraño, ni las estoy comparando con fenómenos asociados a la «locura», como oír voces o la personalidad múltiple. Son figuras metafóricas, una serie de personificaciones poéticas de las distintas formas en que actúa la tristeza en nuestro interior como expresión de preocupación. En este capítulo veremos siete de esas figuras. La primera es el *Médico de Campaña*.

El Médico de Campaña

A veces, la tristeza puede colarse en nuestra conciencia lenta y discretamente, sin que nos demos cuenta. Otras veces puede golpearnos con fuerza como si nos asestaran un martillazo, haciéndonos entrar repentinamente en un estado de profundo pesar.

Yo he sufrido, como les ha sucedido a muchas personas, uno de los reveses más habituales: que te abandone tu pareja. Aunque, al recordar este penoso incidente, ahora reconozco que no fue el fin del mundo, en aquellos tiempos me lo pareció. En mi adolescencia, me enamoré perdidamente de mi primera novia. En aquel entonces era inocente, decepcioné a mis amigos, a mi familia y al final hasta a mí mismo, lo sacrifiqué todo por este nuevo y excitante sentimiento. La caída era previsible, y llegó. A los dieciocho años, la seguí a otra ciudad lejana donde ella iba a iniciar sus estudios universitarios. En el plazo de una semana, me abandonó para incorporarse a su nuevo grupo de amistades. Tuve un profundo bajón, la tristeza se apoderó de mí. Todas aquellas personas que han sido relegadas de este modo entenderán lo que sufrí. El dolor no fue pasajero, me acompañó durante meses.

No obstante, me fui recomponiendo gradualmente. Eso supuso un lento esfuerzo ascendente, caracterizado por una intensa búsqueda espiritual, intentos de experimentar con el afecto, una escapada a China —de la cual hablaré en el siguiente capítulo— y una acumulación gradual de confianza y fortaleza. No obstante, antes de llegar a eso, pasaron meses de oscuridad. Fue una etapa terrible. La tristeza que sentí al ser abandonado a la deriva estaba compuesta por otros sentimientos discordantes: traición, confusión (estaba perdido en un laberinto de «porqués»), autoestima herida y una prolongada soledad. Curiosamente, me quedé en aquella lejana ciudad universitaria tres meses, a pesar de haber hecho pocos amigos y de estar en una especie de exilio penitente y autoimpuesto, pero estaba decidido a quedarme hasta Navidad. Trabajé a tiempo parcial en una zapatería (lo cual odiaba), y también tuve una breve experiencia, destinada al fracaso, de barman en un hotel (me despidieron ignominiosamente, al cabo de unos pocos turnos y tras romper una enorme mesa de cristal). Aparte de eso, rara vez salí de casa. Es decir, sumido en mi tristeza y mi dolor, me retiré del mundo. Esta es la primera función de la tristeza que trataremos aquí: el instinto de conservación.

Hay veces que la vida puede ser una batalla, y es inevitable que nos hieran, especialmente en las relaciones. Pero si volvemos al tema principal de este capítulo recordaremos que nos hieren porque nos preocupamos por alguien, porque amamos a esa persona, y esa preocupación, ese amor, es algo muy valioso. Pero también hemos de velar por *nosotros mismos*, y la tristeza puede ayudarnos a conseguirlo. Cuando nos sentimos más vulnerables, esta hace que nos desentendamos y que nos retiremos, incitándonos a buscar refugio, a alejarnos de la contienda. La imagen que me viene a la mente es la de un médico de campaña, que trabaja en la zona de guerra para poner a salvo a los soldados heridos. Cuando nos han herido y nuestra tristeza nos retira del mundo, es como nuestro médico interior, que corre a nuestro lado y nos dice «Hemos de sacarte de este caos» y nos da la esperanza de conducirnos a un lugar seguro donde podamos recuperar nuestras fuerzas.

Esta función protectora, en psicología, a veces se contempla como una forma de sufrimiento mental,[5] que se equipara al sufrimiento físico. Es fácil reconocer el valor del sufrimiento físico; la señal corporal de que un estímulo en particular es perjudicial o que tenemos una herida, por lo que se necesita una acción de remedio y de protección. El dolor físico que sentimos al tocar una llama es la lección más pura y directa que podemos recibir sobre los peligros del fuego. Asimismo, el dolor que padecemos por la quemadura en la mano es la forma que tiene nuestro cuerpo de decirnos que nuestra carne ha sido lastimada y que requiere atención. Por consiguiente, aprendemos a tener cuidado. A veces, el punzante dolor emocional de la tristeza puede tener un propósito similar. Es una señal visceral de que cierta situación es dolorosa y de que hemos de retirarnos para ponernos a salvo. Es nuestro *Médico de Campaña* interior, que nos está evacuando del campo para protegernos. Sin esta incitación a retirarnos podríamos quedarnos en medio del peligro, arriesgándonos a que nos hicieran más daño.

---

5. El concepto de que la tristeza actúa para hacer que nos desentendamos de lo que nos ocasiona el sufrimiento fue formulado por Eric Klinger. Véase Klinger, E., «Consequences of commitment to and disengagement from incentives», *Psychological Review, 82*(1) (1975), pp. 1-25. Véase también Nesse, R. M., «Is depression an adaptation?», *Archives of General Psychiatry, 57*(1), 2000, pp. 14-20.

Al final, mi tristeza me condujo a darme por vencido respecto a mi exnovia y a que abandonara mis infructuosos intentos de reconquistarla. Por supuesto, hubo momentos de desesperación en los que me dejaba llevar e intentaba contactar con ella para implorarle que nos diéramos otra oportunidad, en un delirante intento de volver a la batalla. Estos momentos eran escasos y cada vez más espaciados. En esencia, lo que consiguió mi tristeza fue apartarme de la lucha y que renunciara a lo que sabía que era una causa perdida. Esto fue muy importante. Aunque en aquellos momentos fuera doloroso, era lo que necesitaba. Tuve que experimentar estar privado de toda esperanza respecto a la relación para salirme de en medio y, al final, encontrar un camino más conveniente para mí.

No obstante, una vez que nos hemos retirado, debemos reponernos y recuperarnos. Entonces es cuando se presenta el siguiente avatar de la tristeza: la *Enfermera Protectora*.

La Enfermera Protectora

«El médico» nos ha escoltado para sacarnos del campo de batalla, fuera del peligro, pero ¿y ahora qué? Aunque retirarnos del mundo durante un tiempo sea beneficioso, dejar que esa desconexión se vuelva permanente puede ser peligroso. Al fin y al cabo, la mayoría de las relaciones no son luchas, la vida no suele ser una zona de guerra, y nos quedan muchas cosas por vivir una vez que estamos preparados. Esto no significa que tengamos que «olvidar» nuestras pérdidas. En caso de duelo, por ejemplo, el dolor siempre nos acompañará. Y, de hecho, puede ser el hilo vital que nos conecta con los seres queridos que hemos perdido (véase «El Guardián de la Llama», página 38). Pero a pesar de todo hemos de remontar, desempolvarnos y seguir adelante con nuestro viaje. Seguimos caminando, porque esto es lo que hace la gente. Además, lo hacemos con esperanza, puesto que desconocemos qué acogedor y soleado valle puede haber en el horizonte. Por otra parte, si la desvinculación perdura, si la tristeza se prolonga, corremos el riesgo de caer en una depresión clínica.

No me estoy refiriendo a juzgar cuándo se llega exactamente a esta situación. Según la Asociación Estadounidense de Psiquiatría (APA, por sus siglas en inglés), dos semanas de estado de ánimo bajo, junto con otros síntomas (como la falta de energía), justificarían un diagnóstico de depresión. Pero un criterio tan estricto no siempre es apropiado. Por ejemplo, durante mis pocos meses de tristeza después de que mi novia me abandonara, es posible que *técnicamente* estuviera deprimido, según los criterios de la APA. Por otra parte, un médico sensato, al escuchar mi historia, en lugar de dar ese diagnóstico, puede que hubiera considerado mi melancolía como la reacción natural de un joven que se sentía perdido y vacío. De ahí que el tiempo «aceptable» de la tristeza probablemente sea distinto para cada persona y, de hecho, para cada situación. Como ya he dicho, te animo a que vayas al médico si consideras que tu tristeza se intensifica o prolonga demasiado.

Por supuesto, se espera que al final recuperemos la salud y que sintamos que podemos reincorporarnos al torbellino de la vida. Esta es la segunda función de la tristeza: mantenernos a salvo y protegidos, mientras recuperamos fuerzas. El *Médico de Campaña* nos sacó a toda prisa de la línea de fuego, apartándonos de una situación dolorosa, y después la tristeza se encargó de que permaneciéramos en nuestro refugio hasta que nos encontráramos lo bastante fuertes como para volver a la acción. Y es «la Enfermera Protectora» quien cuida de los soldados heridos hasta que están lo bastante bien como para tenerse de nuevo en pie. Los neurobiólogos ven este proceso como una forma de «hibernación».[6] Del mismo modo que algunos animales se

---

6. Thierry, B., Steru, L., Chermat, R. y Simon, P., «Searching-waiting strategy: A candidate for an evolutionary model of depression?», *Behavioral and Neural Biology*, 41(2), 1984, pp. 180-189.

retiran de la crudeza del invierno, acomodándose en la calidez de un envolvente nido, la tristeza puede ser un oscuro envoltorio, pero al final termina siendo rejuvenecedor. Nos acurrucamos en su seno cuando nos sentimos heridos, y de este modo conservamos nuestros recursos y recargamos nuestra energía. La tristeza también es la voz dulce y tranquilizadora de la enfermera, que nos calma para que podamos dormir, que nos ordena que nos acostemos sanos y salvos hasta la llegada de los rayos del sol.

Así que la tristeza nos protege y ampara cuando somos más vulnerables. Una de las formas más potentes en que lleva a cabo su función es incitando a nuestros allegados a que nos cuiden. Imagina un niño que se echa a llorar. Aunque no lo conozcas, su tristeza es evidente. ¿Cómo responderías? La mayoría enseguida intentaríamos ayudarle: la desolación de un niño despierta el instinto humano de acercarte, consolar, ayudar. No faltan razones para que la tristeza y las acciones asociadas a ella, incluido el llanto, sean consideradas potentes formas de «señalar» una conducta.[7] Señalar es sacar a la luz nuestro mundo interior, transmitir nuestro estado emocional a quienes nos rodean, alertarlos de nuestro malestar. Es una forma de atraer a nuestros protectores, cuidadores y seres queridos: nuestros ángeles de la guarda, que nos vigilarán y cuidarán hasta que recuperemos la salud.

Pero la tristeza en la fase rehabilitadora de protección y recuperación no sirve solo para atraer ayuda. Al entrar en la fase de hibernación, también se nos presenta la oportunidad de reflexionar y revaluar los acontecimientos y las decisiones que nos condujeron a esta etapa de decaimiento. Al introducir una etapa temporal de descanso de nuestra habitual y frenética tendencia a actuar y aparentar estar ocupados, la tristeza crea el tiempo y el espacio necesarios para que tenga lugar el proceso esencial de cuestionamiento. A veces, simplemente necesita-

---

7. Barr, R., Green, J. y Hopkins, B., (editores), *Crying as a Sign, a Symptom, and a Signal*, Cambridge University Press, Cambridge, 2000.

mos echar el freno y plantearnos algunas preguntas vitales. ¿Adónde voy? ¿Es este el camino correcto para mí? ¿Por qué he ido en esta dirección? Una vez que nos hemos detenido, exhaustos y vulnerables, puede que hasta seamos capaces de vislumbrar algunos caminos nuevos entre los matorrales que posiblemente no habríamos descubierto en nuestro precipitado paso por la vida. Vemos cosas que no habíamos visto antes y tenemos revelaciones sobre temas que antes no comprendíamos. Es en estos momentos de claridad cuando nos visita una tercera encarnación: el *Testigo de la Verdad*.

El Testigo de la Verdad

A veces, las lágrimas de la tristeza pueden hacer caer las costras que tapan nuestros ojos. Son como las largas y copiosas lluvias monzónicas que limpian la tierra y la acumulación de mugre y suciedad. Puede que empecemos a ver las cosas más claras y que nos reorientemos hacia el bien. Mi tristeza por la pérdida de mi novia me ayudó a ver con penosa pero al final sanadora claridad lo inestable que había sido nuestra relación. Desperté a la verdad de la situación: tenía que valerme por mí mismo, ser yo mismo. Estas revelaciones me condujeron a que, a pesar de encontrarme en ese estado de tristeza e inestabilidad, dijera adiós a la *Enfermera Protectora* y diera un gran salto al futuro emprendiendo un viaje a China. Vi con claridad el camino que quería tomar; un camino que no había visto antes de mi desengaño, porque estaba demasiado ocupado como para descubrirlo. En la tristeza podemos convertirnos en el *Testigo de la Verdad*. Puede resultar doloroso al principio, pero en última instancia es por nuestro bien.

La idea de que la tristeza puede generar mayor claridad y conciencia ha sido corroborada en los laboratorios de investigación. En concreto, en un ingenioso estudio realizado por los psicólogos Joseph

Forgas y Rebekah East.[8] En primer lugar, consiguieron que dos docenas de estudiantes universitarios (¡a los estudiantes suelen engatu-
sarlos para hacer este tipo de experimentos!) se metieran en una sala
del campus. En la mesa había un sobre que contenía una entrada para
el cine, que podían cogerla o dejarla. Al salir de la sala, se le dijo a
cada uno que cuando grabaran las entrevistas en vídeo con los investigadores negaran que habían cogido la entrada, independientemente de que lo hubieran hecho o no. Por consiguiente, Forgas y East
grabaron los testimonios de los que decían la verdad (los que habían
dejado la entrada sobre la mesa) y de los mentirosos (los que la habían cogido). En ese punto es donde empezaba la parte más importante del experimento. Forgas y East reunieron a otro grupo de estudiantes y les pidieron que diferenciaran entre los que decían la verdad
y los que mentían. Pero lo más importante es que antes de ver los
testimonios de los otros alumnos dividieron al grupo en tres y expu-
sieron a cada subgrupo a una «inducción» (de una lista de tres) a un
estado anímico», durante la cual unos vieron una película alegre,
otros una triste y otros una neutra. Resultó que los estudiantes que
habían visto la película triste fueron mucho mejores detectando el
engaño. La tristeza les sirvió de ventana hacia la verdad.

Este tipo de testimonio puede aparecer en cualquier clase de crisis,
abrirnos los ojos a la realidad de la situación y orientarnos hacia otra
parte. Por ejemplo, recientemente me llamó la atención el caso de un
joven, al que llamaremos Spencer, que se encontró haciendo realidad su
sueño de adolescente cuando un sello discográfico descubrió a su grupo
musical y lo catapultó al éxito. Durante unos cuantos años, su vida
fue excitante: giras por el mundo y compartir escenario con sus ídolos.
Hasta que un día, cuando Spencer todavía tenía veinte y pocos años, el

---

8. Forgas, J. P. y East, R., «On being happy and gullible: Mood effects on skepticism and
the detection of deception», *Journal of Experimental Social Psychology*, *44*(5), 2008, pp.
1362-1367.

sello rescindió el contrato que tenía con el grupo y así puso fin a su carrera musical. Aunque ese no fue el final de su historia.

A veces es bueno perseverar: dar un puñetazo, caer al suelo, volver a levantarse y seguir luchando. Pero en otras ocasiones tenemos que aceptar que la lucha no vale la pena, que todo está demasiado en nuestra contra, que debemos alejarnos. Spencer debió de sentir una gran pena cuando de pronto sus sueños quedaron destruidos. Y sin embargo, esta tristeza seguramente le ha ayudado a abrir los ojos a la dura y cruda realidad de la industria discográfica. Es posible que en tus momentos bajos hayas tenido algún tipo de revelación similar. Por ejemplo, reconocer que tu jefe no es especialmente leal contigo, o el triste descubrimiento de que alguien que considerabas tu amigo era solo un compañero para los buenos momentos. Con lo que había aprendido, Spencer hizo algo poco habitual y valiente: se alejó. Reflexionó sobre si perseguir la fama era lo más conveniente para él y, con serena claridad, se dio cuenta de que no. Con humildad, llegó a la conclusión de que necesitaba seguir formándose, así que fue a su antiguo instituto para ver si podía retomar sus estudios donde los había dejado. Le dijeron que sí, y durante un año se sentó tímidamente entre otros alumnos mucho más jóvenes. Esta acción le permitió descubrir aspectos de sí mismo que no sabía que tenía, y facultades intelectuales que hasta entonces habían permanecido ocultas. Se graduó con un promedio alto, lo que le permitió solicitar el ingreso en una universidad, y luego se formó para ser profesor. Ahora está prosperando y es motivo de inspiración para otros. Es un testimonio vivo del poder que tiene la tristeza para encauzar mejor nuestra vida.

De modo que, como *Testigo de la Verdad*, puede que encontremos la fortaleza para observar nuestra vida, protegerla de los obstáculos y actuar por nuestro propio bien. Pero no se trata solo de nosotros. Cuando somos testigos de la verdad nos volvemos más sensibles a los pesares de los demás y empezamos a observarlos. Esto nos lleva a una de las funciones más importantes de la tristeza: *el Ángel del Pesar*.

El Ángel del Pesar

El año pasado, en París, me sentí arrastrado al Père Lachaise, un cementerio tan inmenso y grandioso que cruzar sus imponentes verjas de hierro forjado es como entrar en la ciudad de los muertos. Los cementerios ejercen un misterioso poder sobre mí. Quizá sea porque, en su recogimiento ultramundano, las insidiosas cargas de la vida cotidiana se vuelven insignificantes y podemos relativizarlas desde la perspectiva de la mortalidad. Quizá sea porque estos lugares fantasmagóricos parecen existir en un plano ligeramente distinto al de la realidad, desvinculados del tiempo humano, a la deriva en el austero espacio de la eternidad. Mis pasos resonaban por el sendero adoquinado, y de pronto me quedé sobrecogido ante un enorme motivo de piedra que se encontraba sobre una descuidada tumba casi en ruinas: un ángel llorando. En mi estado mental melancólico, me imaginé a este ser etéreo observando el mundo y llorando por su sufrimiento. Por triste que fuera aquella imagen, su belleza me cautivó, como si tuviera algún significado divino. Pero lo más importante es que en aquel momento sentí el profundo y misterioso vínculo que existe entre la tristeza y una de las cualidades humanas más importantes: la compasión.

En nuestra tristeza podemos ser testigos de muchas verdades distintas, desde las crudas realidades de la profesión que hemos elegido (como le sucedió a Spencer) hasta decepciones con nuestros compañeros. Pero, por encima de todo, la sensibilidad y la profundidad que nos confiere la tristeza pueden ensalzar nuestra conciencia del sufrimiento. De pronto, detectamos la marca secreta de la soledad en el vecino con el que nos cruzamos todos los días en la calle. Vemos la preocupación en los ojos de un compañero de trabajo. Ya no apartamos la mirada cuando vemos a un mendigo que se acurruca en silencio, rechazado por la sociedad, en el portal de una casa. Vemos el maltrato que recibe el personal de servicio que intenta ganarse la vida. Esto no es lástima. No miramos a esas personas menos afortunadas que nosotros con condescendencia. Con la tristeza, nuestro corazón se inflama de compasión y canaliza al etéreo *Ángel del Pesar*. No solo reconocemos nuestra afinidad con estas personas, el sufrimiento que compartimos, sino que nos sentimos impulsados a hacer algo, a ofrecerles nuestro amor y preocupación.

Vi clara la conexión entre tristeza y compasión cuando estuve unos cuantos años trabajando de auxiliar de enfermería en un hospital psiquiátrico. Aquel trabajo podía ser una montaña rusa: arranques de ira y agresividad ocasionales de los pacientes con ansiedad; largos periodos de inactividad y aburrimiento; incluso algunas risas y diversión al disfrutar del curioso juego del dominó o del fútbol. Pero, ante todo, cabe destacar que el hospital estaba impregnado del sufrimiento que soportaban los pacientes: voces atormentadas, perseguidos por su propio odio hacia sí mismos o, sencillamente, perdidos y solos en el mundo. No me atrevería a comparar mis penurias con las suyas, pero también pasé mis propias pruebas de tristeza en aquel lugar. En concreto, en las guardias para vigilar a los suicidas: la parte más importante de mi trabajo. En algunos casos, bastaba con echar un vistazo al paciente cada quince minutos. Sin embargo, había otros casos en los que alguno de nosotros tenía que estar permanentemente cerca del paciente, por lo desesperado que era su deseo de poner fin a todo. En algunas ocasiones, el paciente y yo hablábamos de su estado, pero la mayoría de las veces estábamos sentados en silencio.

En esos momentos me pesaba mucho el corazón y la tristeza me penetraba hasta los huesos. Estas situaciones hacían que se despertara mi propia melancolía, reflejaban mis propios miedos y mi tristeza, pero también eran misteriosamente significativas, era como si me sacaran un velo y traspasara el umbral para adentrarme en un ámbito sagrado. Las preocupaciones humanas comunes —los problemas triviales que se acumulan en nuestro día a día— se detenían. En su lugar se implantaba la silenciosa conciencia del aterrador misterio de la vida, de su valor y fragilidad. Mi tristeza despertaba en mí un profundo sentimiento de conexión con mis compañeros humanos y de compasión por su sufrimiento. Y no me pasaba solo a mí. Estaba rodeado de muchos compañeros de trabajo que se sentían igualmente conmovidos por la situación de las personas que estaban a nuestro cuidado. De hecho, aunque mi carrera de enfermería fue relativamente corta, muchos de mis compañeros habían dedicado toda su vida de adultos a cuidar de los demás. Su ejemplo es una continua fuente de inspiración y guía para mí.

Mientras se desarrollaba en mí ese filón de compasión, albergaba la esperanza de que los pacientes pudieran hallar algo de consuelo cuando estaban conmigo... a pesar de que siempre dudé de mi competencia como enfermero y ponía en duda mi utilidad. Sea como fuere, durante los años que trabajé en el hospital tuve momentos de claridad y entendimiento que jamás olvidaré. Eran intensamente significativos, como si estuviera sirviendo a un propósito más grande, a algo mucho más beneficioso para el mundo que mis habituales intentos egoístas. Sé que muchos de mis compañeros compartían esta visión. Algunos hablaban abiertamente de ello; sobre todo los que eran religiosos, que lo consideraban una forma de servir a su fe. Pero me atrevería a decir que los otros también lo sentían, aunque rara vez hablaran de ello. En esos momentos de conexión, todos trascendíamos nuestras pequeñas preocupaciones personales y pasábamos a formar parte de algo más grande que nosotros. De hecho, según algunos expertos, esta es la definición de una vida con propósito.[9]

A veces, sin embargo, quizá la mayor parte del tiempo, la tristeza nos la provoca alguien que ya no está entre nosotros. Esto sigue siendo

---

9. El fundador de la psicología positiva, Martin Seligman, ha escrito: «El sentido consiste en conocer tus puntos fuertes y utilizarlos para integrarte y servir a algo que consideres más grande que tú mismo.» Véase Seligman, M. E. P., Ernst, R. M., Gillham, J., Reivich, K. y Linkins, M., «Positive education: Positive psychology and classroom interventions», *Oxford Review of Education* 35(3), 2009, pp. 293-311, en p. 296.

una expresión del amor, aunque en realidad es una de las voces más importantes de la tristeza: *el Guardián de la Llama.*

El Guardián de la Llama

De todas las causas y razones para la tristeza, quizá la más difícil de soportar y, por desgracia, también la más común es la pérdida de un ser querido. Al escribir estas palabras, me doy perfecta cuenta de lo inadecuado que es el lenguaje para transmitir el sufrimiento que se padece durante el duelo, más todavía para aliviarlo. El corazón necesita pasar el duelo y curarse, a su manera y a su propio ritmo. Extremo la cautela si cabe, antes de sugerir que este proceso de duelo puede ser «beneficioso». Aunque este libro contiene el mensaje de que las emociones aparentemente negativas pueden ser de gran valor, lo último que quiero hacer es enmascarar el duelo diciendo que es «positivo». No es descartable que algunos acontecimientos trágicos y otro tipo de traumas puedan cambiar nuestra vida de una manera no *del todo* negativa. Como, por ejemplo, volver a reunir a los miembros de una familia que se había distanciado, o que en una persona se despierte el deseo de ahondar en su propia espiritualidad. (En el último capítulo veremos estas posibilidades, cuando exploremos la idea del «crecimiento postraumático», una expresión poco elegante que siempre me choca cuando la oigo, pero que se ha puesto muy de moda para describir este tipo de proceso de redención.[10]) Sea como sea, el duelo y la pérdida *son* tragedias y han de ser respetadas como tales.

No obstante, me gustaría replantear nuestra forma de pensar sobre el pesar y la tristeza que sentimos cuando perdemos a alguien. Ya he mencionado la desafortunada tendencia de los médicos de catalogar la

---

10. Tedeschi, R. G. y Calhoun, L. G., «The posttraumatic growth inventory: Measuring the positive legacy of trauma», *Journal of Traumatic Stress, 9*(3), 1996, pp. 455-471.

tristeza como un «trastorno», especialmente cuando esta se prolonga y se trata con medicamentos como si fuera una depresión leve. He de admitir que la etiqueta «depresión» está garantizada en algunos casos de duelo. Pero, en general, la tristeza que se experimenta después de una pérdida es normal y apropiada. Además, si nos replanteamos el pesar del duelo, podríamos argüir que no es una pérdida del amor *per se*, sino una *expresión* del amor. Es una de las formas en que seguimos en contacto con los seres queridos que ya no están con nosotros. Según esta perspectiva, la tristeza y la alegría son manifestaciones del amor y las dos caras de una misma moneda: el amor en presencia de su «objetivo» se manifiesta como alegría, y en su ausencia, como tristeza.

Esto me recuerda a Robert M. Pirsig, el autor de la insuperable obra *Zen y el arte del mantenimiento de la motocicleta*. Este libro me impresionó sobremanera cuando tenía diecisiete años, y creo que lo he leído una docena de veces desde entonces. Es una historia singular escrita por un autor que es un verdadero genio, aunque algo complicado. Básicamente, es una indagación filosófica sobre el concepto «calidad», enmarcada en un relato basado en hechos reales de un viaje por carretera por la zona central de Estados Unidos que Pirsig hizo con su hijo Chris, que en aquel entonces tenía doce años. Sin lugar a dudas, todas sus estrambóticas y esotéricas ideas rompieron mis esquemas mentales de adolescente, pero lo que realmente impresiona de su relato son los detalles personales. Durante todo el viaje, Pirsig lucha contra sus propios demonios, contra los fantasmas de la locura, mientras intenta conectar con Chris y cumplir con sus responsabilidades de padre. Sin embargo, al final, parece que llega a una especie de resolución y el libro termina con unas palabras optimistas: «A partir de ahora todo irá mejor».[11]

---

11. Pirsig, R. M., *Zen and the Art of Motorcycle Maintenance*, Arrow Books, Londres, 1989, p. 416. [Edición en castellano: *Zen y el arte del mantenimiento de la motocicleta: Una indagación sobre los valores*, Sexto Piso, Madrid, 2010.]

Por desgracia, no fue así. Mi ejemplar de la segunda edición, publicada diez años más tarde, contiene un terrible epílogo donde el autor da a conocer al lector que Chris fue asesinado a los veintiún años, a las puertas de un centro zen. Esta noticia me cortó la respiración, y en ese escrito se percibe claramente su desconcierto. No obstante, luego, con un singular arte, Pirsig nos da a entender que Chris, en cierto sentido, sigue vivo. Escribe que el hijo por el que está de duelo no era tanto un «objeto» vivo sino un «patrón». Una parte de él era su aspecto físico, por supuesto, pero también había algo mucho más grande que eso que los incluía a ambos, a padre e hijo, a todas las personas que conocían, e incluso lugares y pertenencias. El duelo es tan doloroso porque el centro de este patrón nos es arrebatado de golpe, y el resto del mundo nos parece insoportablemente vacío. Pero Pirsig describe cómo, con el paso del tiempo, halló sentido en mantener, honrar y amar el patrón general, aunque su centro físico hubiera desaparecido. Este pesar es el que hace que mantengamos viva la llama del amor para que la persona, en cierto modo, siga estando viva y siendo amada en nuestro corazón.

Esta tristeza puede llegar a ser tan importante o significativa que puede moldear y definir nuestro carácter. Así es cómo veremos al penúltimo aspecto de la tristeza: *el Escultor de Almas*.

El Escultor de Almas

El inmortal poeta de la condición humana, el libanés-estadounidense Kahlil Gibran, escribió: «Cuanto más hondo cave en vuestro ser la tristeza, más capacidad tendréis para llenaros de alegría».[12] Hay algo en esta frase que resuena con fuerza en mi interior y, de hecho, tam-

---

12. Gibran, K., *The Voice of Kahlil Gibran: An Anthology*, R. Waterfield editores, Arkana, Londres, 1995, p. 167. [Edición en castellano: *El profeta*, Obelisco, Barcelona, 1990.]

bién en la mayoría de las personas que la leen. La idea de que nuestra tristeza ejerce una influencia primordial en perfilar el contorno de nuestra alma y el temple de nuestro carácter encierra una gran verdad. Del mismo modo que el escultor utiliza la fuerza para esculpir haciendo incisiones en la piedra y creando un objeto hermoso, nuestro sufrimiento nos convierte en las personas únicas e inimitables que somos. No obstante, Gibran no se limita a decirnos que todos cargamos con nuestra propia cruz, y que es esta carga la que nos ayuda a definirnos. Es más radical, y nos da a entender que existe una profunda conexión entre la tristeza y la alegría. Es como si nuestra tristeza creara el espacio para poder fluir, de la misma manera que un escenario vacío permite a los actores brillar en su elemento. Si utilizamos la metáfora central de este libro, diríamos que las estrellas pueden brillar gracias al telón de fondo de la oscuridad, y que la luz del amanecer es muy bien recibida.

Infinidad de personas han hallado consuelo en la idea de que la hora más oscura es justamente antes del amanecer. Nos habla de un sentimiento de esperanza, de la posibilidad de redención de ese sufrimiento. Y de que, al igual que todo lo demás, también pasará y nos conducirá al amanecer de un día más brillante. Pero el mensaje de Gibran abarca todavía más: la luz existe y brilla *porque* existe la oscuridad. Solo cuando nos visita la tristeza podemos apreciar el verdadero poder y valor de la felicidad. Gibran ahonda todavía más y expresa la inspiradora idea de que cuanto más profunda es la tristeza que hemos soportado, más grande es la dicha que seremos capaces de sentir. Esto no es una justificación del sufrimiento o de la tristeza: seguramente, la mayoría de las personas preferirían vivir en un agradable desahogo, sin correr peligros emocionales. No obstante, aparte del hecho de que una existencia totalmente exenta de preocupaciones es poco menos que imposible, en semejante vida, probablemente, seríamos menos capaces de *apreciar* nuestra felicidad. También podemos verlo como la diferencia entre un miembro de la aristocracia y alguien que ha nacido en la pobreza y consigue llegar a los puestos más altos de la escala social. El aristócrata probablemente considerará que es normal tener una gran fortuna, mientras que el que nació pobre será muy consciente de los privilegios de los que goza en su vida.

Quizá nadie haya analizado estos conceptos con la misma elocuencia que Jalāl ad-Dīn Muhammad Rūmī. Más conocido como, simplemente, Rumí, este erudito, místico y poeta persa del siglo XIII fue autor de parte de la poesía más atemporal que se ha escrito jamás. También es conocido por ser el fundador de la orden Mevleví, una rama de la tradición esotérica sufí (conocida comúnmente como «derviches giróvagos» por su práctica de alcanzar el éxtasis espiritual a través de dar vueltas en estado meditativo). Rumí nació en lo que actualmente es Afganistán en 1207 y pasó gran parte de su vida en el sultanato de Rum, un estado de Anatolia. A los veinticinco años heredó la dirección de una madrasa (una escuela religiosa) de su padre, que ocupaba un cargo oficial muy respetado. Pero en 1244, su vida dio un giró radical cuando conoció al místico itinerante, Shams-e-Tabriz. Al instante, los dos hombres sintieron un profundo amor espiritual mutuo y pasaron los cuatro años siguientes juntos, en un estado de felicidad intensa.

Un día, en 1248, Shams desapareció de repente, posiblemente asesinado a manos de los seguidores de Rumí, que lo más seguro es que estuvieran celosos de la atención que este le profesaba a su maestro. En las décadas siguientes, Rumí escribió algunos de los poemas de amor más fervientes que se han escrito, tan sublimes como desgarradores. Su profundo anhelo por Shams se transformó en una búsqueda espiritual, en una sed trascendente de unión con lo sagrado. Su poesía es una verbalización profunda de la extraña dinámica del florecimiento, un antiguo precursor de los sentimientos que, siete siglos más tarde, expresaría magistralmente Gibran:

La tristeza te prepara para el gozo.
Saca violentamente todo lo que hay en tu casa,

para que la nueva alegría halle espacio para entrar.
Sacude las hojas amarillas de las ramas de tu corazón,
para que nuevas y verdes hojas puedan crecer en su lugar.[13]

Se podría decir que, para Rumí, la tristeza que sintió por la pérdida de Shams se convirtió en un estado extático de anhelo espiritual. Y a través de sus conmovedoras palabras podemos ver la última función de la tristeza: el *Poeta de la Melancolía.*

El Poeta de la Melancolía

Una tarde, hace varios años, experimenté con especial intensidad el poder de esta última figura. Fue en el Forrest Café, una cooperativa en el corazón del Old Town de Edimburgo. Servía de refugio a los marginales de la ciudad —paganos y punks mezclados con artistas y trabajadores sociales—. A esta extraña mezcla se sumaban sofás reciclados, comida casera, exposiciones de arte experimental y fiestas caóticas. Pasé muchas largas noches en aquel local durante los nueve maravillosos años que viví en la ciudad. Después de graduarme en la Universidad de Edimburgo me quedé allí un poco más, viviendo una existencia dualista. Pasaba la mitad del tiempo trabajando en el hospital psiquiátrico. La otra mitad la dedicaba a mis excitantes pero fútiles intentos de dedicarme a la música, mi pasión canalizada en un marchoso y emotivo grupo de música ska. Así que muchas veces me paseaba por la cuerda floja: entre la desesperación del hospital y el entusiasmo por la vida de músico.

Esa tarde estaba especialmente alicaído. Mi turno en el hospital había sido pesado y duro, había estado sentado durante horas con un paciente muy trastornado. Di gracias por recuperar mi libertad cuando salí

---

13. Rumí, J., *The Rumi Collection: An Anthology of Translations of Mevlâna Jalâluddin Rumi* (K. Helminski, editor), Shambhala, Boston, 1998, p. 228.

a la calle y sentí el frío aire vespertino, pero no podía sacarme de encima la melancolía. No me pesaba solo la tristeza del día, sino un sentimiento más penetrante de soledad y fracaso. No tenía suerte en el amor, me lamentaba de los errores que había cometido en el pasado y anhelaba en vano encontrar algún tipo de conexión. Con ese anhelo de encontrar compañía llegué al Forrest como pude, con la esperanza de encontrar algún rostro conocido. Fue alentador encontrarme con una velada de música acústica en pleno apogeo, así que me fui a un rincón tranquilo y me senté para relajarme con las suaves melodías del dúo que estaba actuando. A la media hora, alguien del público me sacó de mi ensoñación solicitando a los músicos que interpretaran «Hallelujah», de Leonard Cohen, el poeta arquetípico de la melancolía.

La historia de la creación de «Hallelujah» es casi tan legendaria como la propia canción. Bob Dylan le preguntó una vez a Cohen cuánto había tardado en escribir la canción y se quedó atónito cuando este le respondió: «Casi dos años». (Cohen, a su vez, le preguntó a Dylan cuánto había tardado en escribir «I and I», y se quedó igualmente atónito al oír que la había compuesto en unos quince minutos.) A lo largo de los siglos, desde poetas como John Keats hasta pintores como Vincent van Gogh, los artistas han profundizado en sus penas personales para explorar el éxtasis y el sufrimiento que ocasiona el amor. Pero, para mí, «Hallelujah» es incomparable; concretamente, supone la apoteosis de la versión eterna de Jeff Buckley.

«Hallelujah» es una palabra hebrea que significa «alabemos al Señor». El himno de Cohen es un himno de alabanza al divino y aterrador misterio del *amor*. Es un testimonio de que el amor puede elevarnos hasta los cielos y hundirnos en la desesperación. Como escribió C. S. Lewis en su libro *Los cuatro amores*: «Amar es ser vulnerable. Ama algo y se te retorcerá el corazón y, posiblemente, se te romperá».[14]

---

14. Lewis, C. S., *The Four Loves*, A Harvest Book/Harcourt Brace & Company, Nueva York, 1988, p. 121. [Edición en castellano: *Los cuatro amores*, Rialp, Madrid, 2012.]

Estar en el centro del amor es tristeza —una preocupación melancólica, quizá por su fragilidad; o un miedo silencioso por el pensamiento de perderlo— fabricando su rica y delicada textura. Lo realmente importante es que esa tristeza no es una aberración del amor, sino su propia esencia, el precio que hemos de pagar por estar enamorados. Hemos de poner nuestro destino y felicidad en manos de «otro» sin garantía alguna de la reciprocidad de su amor, en manos de alguien cuyas acciones no podemos controlar. Para enamorarnos hemos de saber aceptar con gracia este sorprendente riesgo, esta mezcla trascendente de luz y oscuridad. Según Zygmunt Bauman: «amar significa abrirse a ese destino, a la más sublime de las condiciones humanas, en la que el miedo se mezcla con la alegría formando una aleación que ya no permite que sus ingredientes se separen».[15]

Para Leonard Cohen, a pesar de cuál sea la suerte que nos depare el amor, de cualquier pena y herida que pueda ocasionarnos, debemos seguir alabándolo. Simplemente, porque no existe ningún estado superior en la Tierra. Como tal, visto desde los ojos del *Poeta de la Melancolía*, hasta la tristeza que provoca el amor puede adoptar una belleza etérea. De hecho, con esta sensibilidad poética podríamos transformar todo tipo de tristezas —no solo la melancolía amorosa— en fragmentos de belleza.

Esa noche en el Forrest experimenté en primera persona esa potente belleza. Ante la petición de que cantaran «Hallelujah», los músicos, que no la conocían bien, preguntaron en la sala si había alguien que la supiera tocar. A pesar de mi bajo estado de ánimo, o quizá gracias a él, me levanté y me dirigí hacia el escenario. Me gustaría pensar que canalicé el poder sobrenatural de Jeff Buckley e hice la actuación de mi vida, pero no tengo la menor duda de que saqué la voz

---

15. Bauman, Z., *Liquid Love: On the Frailty of Human Bonds*, John Wiley and Sons, Nueva York, 2013, en p. 6. [Edición en castellano: *Amor líquido: acerca de la fragilidad de los vínculos humanos*, Fondo de Cultura Económica de España, Madrid, 2007.]

como pude dentro de mi inseguridad. Sin embargo, a pesar de todo, me dejé llevar por el momento. Percibí que cambiaba algo en la sala. Y entonces puedo asegurar que me sentí transportado a otro lugar. Mi tristeza ardió como una llama. Durante unos minutos sentí que todos los asistentes estaban unidos, que todos los corazones eran vulnerables a las mismas esperanzas y temores. En esta comunión, creo que trascendimos la mera tristeza y casi la convertimos en una cuestión de belleza.

En realidad, todo este capítulo ha sido un intento poético de ir más allá de la superficial oscuridad de la tristeza, no solo para comprender su valor, sino para percibir su silenciosa y opaca estética. Como expresión del amor y de la preocupación, hemos visto la refracción de su poder en diferentes cualidades, desde la protección del *Médico de Campaña* hasta la compasión del *Ángel del Pesar*. Estos instrumentos poéticos no solo nos sirven para reconocer el poder sutil de la tristeza, sino que quizá también nos animen a reconciliarnos con sus diferentes aspectos y a valorar su digna presencia en nuestra vida.

Y con todo ello podremos avanzar y salir del valle de la tristeza con un corazón renovado y elevado. Además, la revaloración benigna de la tristeza que hemos realizado puede darnos la fuerza necesaria para pasar a la siguiente etapa de nuestro viaje: el inestable camino de la ansiedad. Pues igualmente descubriremos que, aunque la ansiedad pueda ser problemática, también desempeña un papel esencial en hacer que no perdamos el rumbo en nuestra vida.

2

La ansiedad

El sendero por el territorio de la ansiedad no es llano. Mientras la tristeza es como una sensación de pesadez, la ansiedad nos hace sentir una aceleración interna, una agitación nerviosa y palpitante. La tristeza baja nuestras pulsaciones cardíacas, la ansiedad las dispara de manera alarmante. A pesar de sus diferencias, las palabras «tristeza» y «ansiedad» enseguida nos llaman la atención por sus connotaciones negativas. Siempre pensamos en la ansiedad como «algo malo». Sin embargo, como sucede con la tristeza y, en realidad, con todas las emociones oscuras que trato en este libro, puede ser una sorprendente aliada cargada de recursos para nuestra búsqueda del florecimiento y la plenitud.

Para entrar en materia, retrocedamos hasta 1921. En una tranquila zona de San Francisco, un psicólogo llamado Lewis Terman analizaba los resultados de un gran número de pruebas de inteligencia que se acababan de realizar en los colegios de la ciudad. Fascinado por la inteligencia, quiso saber qué era lo que hacía que unas personas destacaran del resto, así que se propuso recopilar la mayor cantidad posible de datos sobre los aproximadamente mil quinientos alumnos de once años, excepcionalmente brillantes, que sacaron los resultados más altos en las pruebas. Esos eran los primeros tiempos del campo de la psicología, y todo el mundo estaba entusiasmado con la última moda de responder cuestionarios con los que se suponía que se podían medir cualidades humanas tan misteriosas como la personalidad. De ahí que 1.528 niños se sentaran en sus polvorientas aulas, lápices en mano, para responder a las preguntas que Terman creía que revelarían los aspectos más profundos de su carácter y los secretos de su éxito.

No obstante, eso no fue más que el principio del gran proyecto de Terman. Tanto él como su equipo siguieron en contacto con los niños cada equis años para hacer un seguimiento de sus vidas a través de las tumultuosas décadas del siglo xx. Terman falleció en 1956, pero sus colaboradores siguieron con la investigación hasta 1986, que fue cuando los 769 participantes restantes —ya en el crepúsculo de sus vidas— fueron evaluados por última vez. Terman se había propuesto investigar hasta qué extremo ciertos factores presentes en la infancia (como la personalidad) determinan los destinos de las personas en fases posteriores de su vida: desde la posición social y el éxito profesional hasta la salud y la felicidad. Los resultados fueron sorprendentes. La personalidad de la infancia parecía dejar un legado a largo plazo que afectaba a todos los aspectos de la vida, incluida la mortalidad.

A principios de la década de 1990, un investigador llamado Howard Friedman revisó las pruebas originales de 1921. Pretendía aclarar si había algunos factores distintivos en el longevo grupo de los supervivientes (que estaban vivos en 1986) que los diferenciara de los que habían fallecido a lo largo de las seis décadas y media anteriores.[16] Y, de hecho, los había. Lo más curioso es que la ansiedad parecía desempeñar un papel principal, pero de una manera bastante peculiar. En aquellos tiempos, la opinión general entre psicólogos y médicos era que el estrés y la ansiedad le costaban muy caro al cuerpo humano. Por ese motivo, la mayoría recomendaba a las personas que intentaran reducir estas cargas por el bien

---

16. Friedman, H. S., Tucker, J. S., Tomlinson-Keasey, C., Schwartz, J. E., Wingard, D. L. y Criqui, M. H., «Does childhood personality predict longevity?», *Journal of Personality and Social Psychology*, 65, 1993, pp. 176-185.

de su salud, bienestar y longevidad. En el estudio de Terman, según parece, los niños que estaban muy preocupados y nerviosos en 1921 cayeron enfermos en años posteriores. Sin embargo, el análisis de Friedman reveló que los miembros de la cohorte original con disposiciones alegres y brillantes tampoco parecían haber sido especialmente agraciados con una mayor longevidad. Más bien, la clave de la longevidad parecía ser la *minuciosidad*: los que mostraban una especie de diligencia ansiosa —descrita a veces como «neuroticismo saludable»— durante la infancia solían disfrutar posteriormente de vidas más longevas y saludables que sus compañeros.

Utilizar la ansiedad

Al hablar del valor potencial de la ansiedad hemos de trazar de nuevo una línea igualmente fina, como hemos hecho en el capítulo anterior. En este vimos que si la tristeza traspasa ciertos límites de gravedad o de duración puede convertirse en depresión. Asimismo, hemos de diferenciar entre ansiedad «saludable» y «patológica». En cuanto a dónde se encuentra esta línea, vuelvo a decir que sigas las recomendaciones de la Asociación Estadounidense de Psiquiatría, que encontrarás en la sección «Otros medios de ayuda y recursos» al final de este libro. Si también te preocupa que tu ansiedad se esté volviendo patológica —quizás esté afectando a tu rutina diaria o sientes que está siempre presente—, te repito que vayas a tu médico, que te podrá ofrecer la orientación y el apoyo que necesitas. No obstante, mientras la ansiedad no se vuelva «patológica» puede ser muy valiosa y útil. Pero muchas veces nos olvidamos de esto. Del mismo modo que se suele incluir a la tristeza dentro del concepto de la depresión y se la trata como si fuera inherentemente problemática, también es fácil que tengamos la tendencia de considerar disfuncionales todos los tipos de ansiedad.

La ansiedad es, básicamente, nuestra antena emocional que nos advierte del riesgo, que explora nuestro entorno en busca de amenazas. Se ha ido perfeccionando a lo largo de millones de años de evolución, para proporcionarnos un radar interno que nos garantice que vamos a estar alerta ante los fenómenos que pueden perjudicarnos. Desde una perspectiva darwiniana, esto es bueno; no solo eso, sino que es esencial para nuestra supervivencia. De lo contrario, no nos daríamos cuenta de que se nos acerca un tigre de dientes de sable para convertirnos en su almuerzo. También es cierto que este radar puede «funcionar mal» de tanto en tanto. Puede estar hipervigilante y activarse al más mínimo estímulo. O, aunque nos proporcione advertencias justificadas, su frenetismo es totalmente desproporcionado para la gravedad de la amenaza o la posibilidad de que se produzca. O la alarma puede seguir sonando implacablemente aunque la amenaza ya haya desaparecido. Si persiste alguno de estos problemas, podría ser una señal de que la ansiedad de esa persona se ha vuelto patológica y se podría considerar un trastorno. Pero cuando la ansiedad funciona bien, realiza varias funciones vitales para nuestra seguridad y prosperidad.

Para entender mejor estas funciones, imaginemos una comunidad antigua que vive relativamente aislada. La amenaza de una crisis inminente —por ejemplo, la escasez de alimentos— obliga a sus miembros a reunir a un equipo de elite que tendrá que aventurarse a salir para buscar una solución. Cada uno de ellos ha sido elegido por poseer una habilidad esencial, de la cual dependerá el éxito de la misión. En primer lugar tenemos al *Profeta*, un gran vidente, que ha sido el primero en percibir la peligrosa situación en la que se encuentra la aldea y en reconocer la necesidad de pasar a la acción. En segundo lugar tenemos al *Entrenador*, que es el responsable de la planificación y la preparación previas. En tercer lugar tenemos al *Motivador*, un entusiasta animador que es capaz de convencer al equipo de que pase a la acción y lo impulsa a ello. En cuarto lugar tenemos al *Vigilante*, los ojos y los oídos vigilantes del grupo, el que está en guardia por la amenaza inmanente.

Por último nos queda el atrevido líder que va al frente, el explorador *Pionero*, que guía sin miedo al escuadrón por un territorio desconocido. Estas cinco figuras simbólicas, juntas, personifican las cualidades y las habilidades relacionadas con la ansiedad a las cuales podemos recurrir en nuestro paso por la vida.

El Profeta

El primer personaje clave es el vigilante y observador que abre camino, el primero que se percata de que pasa algo. Mientras todos están felizmente ocupados en sus tareas, el *Profeta* se da cuenta de que las reservas de alimentos están disminuyendo, que se acumulan nubes de tormenta en el horizonte y que unos cambios sutiles en el aire auguran una crisis inminente. Y lo mismo sucede con nuestra mente: la ansiedad es nuestra sirena que nos alerta de los posibles peligros que se avecinan. En realidad, los humanos estamos equipados con un sistema de alarma *dual*: un arsenal que está compuesto por la ansiedad y el miedo.[17] La diferencia entre ambos es básicamente temporal. El miedo es una amenaza urgente del peligro en el *presente*, que nos motiva a pasar inmediatamente a la acción. La ansiedad, por el contrario, es un foco de búsqueda que sondea el oscuro y nebuloso reino del *futuro*, identificando los problemas potenciales que pueden llegar a suceder. Por tanto, la ansiedad es más difusa y menos específica que el miedo. Puede que no seamos capaces de discernir el origen de nuestra preocupación e incluso, aunque podamos, su naturaleza impredecible implica que nos cuesta saber si el asunto requiere nuestra atención o no. A pesar de todo, al alertarnos de posibles calamidades,

---

17. Barlow, D.H., *Anxiety and its Disorders: The Nature and Treatment of Anxiety and Panic* (2.ª edición), Guilford Press, Nueva York, 2002. Véase p. 104, para las definiciones del miedo y de la ansiedad.

la ansiedad desempeña la valiosa función de incitarnos a la acción para evitar el desastre o, al menos, de prepararnos para él y minimizar su impacto.

Los seguidores de la famosa serie *Juego de tronos* estarán familiarizados con las oscuras advertencias de Jon Snow sobre la amenaza que se esconde detrás del muro. Quizás el nombre del personaje esté inspirado en el personaje real, pues en 1854 alguien con, el mismo nombre tuvo la lucidez de dar la voz de alarma respecto a una crisis muy real que estaba teniendo lugar en las sombrías y adoquinadas calles del Londres victoriano. Por todas partes se respiraba la amenaza mortal del cólera: una maligna infección intestinal estaba causando estragos en la abarrotada capital de Inglaterra, dejando miles de cadáveres a su paso. En aquellos tiempos se creía que esta epidemia se había propagado a través de algo descrito vagamente como «miasma» sulfúreo, una especie de veneno fantasmagórico que impregnó el fétido aire. No obstante, en medio del pánico general, un joven anestesista llamado John Snow llevó a cabo un remarcable acto de pronosticación que acabó salvando miles de vidas en Londres, y, posteriormente, millones de vidas en todo el mundo gracias a los cambios en las prácticas de salud pública que propuso. Snow, un Sherlock Holmes médico de la vida real (o un Gregory House médico, para los fans de Hugh Laurie), sospechaba intuitivamente que el cólera se contraía por beber agua contaminada. Esto fue un gran don: ser capaz de ver lo que nadie había percibido hasta entonces. Pero su presagio bien podía haber quedado relegado de no haberse implicado en el audaz acto del empirismo que le llevó a fundar el campo de la epidemiología (el estudio de la propagación de las enfermedades).

Snow tuvo la ingeniosa idea de hacer un mapa de la epidemia; una táctica que, en la década de 1850, era mucho más revolucionaria y valiente de lo que pueda parecernos ahora. Vivía en el Soho, donde en aquella época se aglutinaban una serie de mugrientos pozos de agua potable y mataderos. La brutal epidemia de cólera se estaba produciendo a las puertas de su casa. Mantuvo la calma a pesar del pánico de sus vecinos y se propuso demostrar que podía circunscribir el origen de la enfermedad a una sola fuente de agua contaminada. Tuvo el coraje —dado que existía la creencia generalizada de que la infección se transmitía por vía aérea— de ir a visitar a las familias que todavía estaban de luto por la pérdida de alguno de sus miembros y entrevistarlas. Con esta acción descubrió que todas las muertes se habían producido en la cercanía de una de las bombas de agua, concretamente en la de la esquina de Broad Street y Cambridge Street. Snow ya tenía identificado al culpable. Pero, como era un buen científico, buscó más pruebas. Tomó una muestra del agua de esa bomba y, como cabía esperar, contenía rastros del letal microbio del cólera. Con la fuerza que le dio su descubrimiento, fue a hablar con las autoridades, a las que tuvo que rogarles que clausuraran esa bomba de agua, a lo cual acabaron accediendo a pesar de su considerable escepticismo. El brote cesó casi de inmediato.

Las investigaciones de Snow repercutieron directamente en el agua potable y en los sistemas de desagüe que actualmente utilizamos miles de millones de personas en todo el mundo. Gracias a él y a otros pioneros de la medicina, muchos de los horrores epidemiológicos que sufrieron generaciones del pasado, hoy, afortunadamente, son historia.

Por desgracia, otros *Profetas* han sido condenados a ser las Casandras modernas. (Apolo otorgó el poder de la clarividencia a Casandra, pero después de que ella le rechazara en varias ocasiones la condenó al tormento de que nadie creyera sus predicciones.) Uno de estos personajes es la formidable Brooksley Born, una expresidenta de la Commodity Futures Trading Commission (Comisión de Comercio de Futuros de Productos Básicos), la agencia estadounidense que regula el arcano mundo del comercio de las materias primas. Born, al poco tiempo de haber aceptado su puesto en 1994, se dio cuenta de que existía todo un ámbito bajo su jurisdicción —el mercado terriblemente complejo de instrumentos financieros conocido como derivados— que se manejaba en la clandestinidad. Era una «caja negra», no regulada, de transacciones esotéricas que pocas personas entendían. Peor aún, las sumas de dinero que se manejaban a través de estos canales secretos eran fenomenales. En 2007, en vísperas de la gran crisis, el mercado de los derivados alcanzó el alucinante valor de 595 billones de dólares, y los bonos subyacentes (el valor de los depósitos de riesgo), la escalofriante cifra de 3,2 billones de dólares.

Born, aterrorizada ante este hecho, predijo acertadamente, a finales de la década de 1990, que la implosión de este mercado desataría un tsunami de impagos y pérdidas que trastocarían la economía mundial. Mientras continuaba el desenfreno, ella imploraba a las autoridades que rectificaran el sistema antes de que se produjera la catástrofe. Pero parecía que no la oían, más bien daba la impresión de que no *querían* escucharla. Bajo la presión de miles de lobistas financieros, el Congreso de los Estados Unidos llegó a saltarse la ley y prohibió a la agencia de Born que siguiera regulando el mercado de los derivados. Furiosa y frustrada, dimitió en 1999 y pasó a formar parte de una larga lista de Casandras cuyas frenéticas campanadas de alarma han sido ignoradas o acalladas por voces que gritaban más.

De modo que aquí la primera lección es: si el *Profeta* habla, si oyes campanadas de aviso sonando en tu interior, por leves que sean, presta atención y escucha. Puede que tras indagar un poco te des cuenta de que eran una falsa alarma, en cuyo caso puedes descansar tranquilo. Pero nuestra antena para captar los problemas suele ser bastante sensible y fiable, así que es posible que haya que escucharla y hacer algo respecto a la advertencia. Este es un punto clave: los profetas no sirven de nada si no se les escucha. Así que, si nuestra antena capta una señal de peligro, hemos de pasar a la acción. De lo contrario, la ansiedad no dejará de intentar morderse la cola, irá dando vueltas y más vueltas en una espiral invertida de preocupación y miedo. Para que la ansiedad sea útil, ha de generar intentos de corrección para enfrentarse a su causa. De modo que, una vez que nuestro *Profeta* interior ha identificado un posible problema acechando en el horizonte, hemos de estar preparados para su inminente llegada. Dicho esto, es el turno del *Entrenador*.

El Entrenador

Es el mes de mayo de 2001, Chris Hadfield está a punto de hacer algo que ha soñado toda su vida, y que muy pocas personas tienen el aterrador privilegio de experimentar: un paseo espacial. Allá arriba, en la solitaria y fría inmensidad, sale con cuidado por la escotilla de la Estación Espacial Internacional. Este frágil milagro de la ingeniería humana orbita a unos 430 kilómetros por encima de la Tierra, a una velocidad de 28.163 km/h. Handfield está agarrado a ella en el exterior, prácticamente, cara a cara con Dios. No solo eso; además, tiene la misión sumamente delicada de instalar una pieza que cuesta muchos millones de dólares: un nuevo brazo robótico. Tras cinco largas horas de estar totalmente inmerso en su tarea, percibe algo extraño. Han aparecido, de no sabe dónde, unas gotitas de humedad que flotan ominosamente dentro de su casco. Entonces, de pronto, ¡pum!, le entra en el ojo izquierdo una de esas gotitas y nota una fuerte punzada. El dolor va en aumento, pero, al no haber gravedad, el líquido no puede salir de pronto, el ojo empieza a lagrimear, y las lágrimas tampoco pueden salir. No tarda en quedarse sin visión en su ojo izquierdo. Luego, cuando sus lágrimas saladas aumentan de volumen, se extienden por el puente de la nariz hasta llegar a su ojo derecho, por el que todavía veía. Al cabo de poco, está totalmente ciego. Consciente de que las mentes más brillantes de Estados Unidos están siguiendo minuciosamente cada uno de sus movimientos desde la Tierra, con una sangre fría preternatural, parafrasea la inmortal frase: «Houston..., tenemos un problema».

Probablemente, este escenario habría paralizado de miedo a la mayoría de los mortales. Pero en su famosa biografía,[18] Hadfield explica que el riguroso entrenamiento que recibió en la NASA le permitió, tanto a él como al resto de la tripulación, permanecer relativamente tranquilos mientras ellos, metódicamente, realizaban un diagnóstico en aquellas circunstancias excepcionales y le recomendaban unos ejercicios gimnásticos para resolver problemas. Al final, Hadfield y sus compañeros pudieron burlar el miedo paralizante que muchos de nosotros sentiríamos en una situación tan precaria, porque ya habían sido sometidos a situaciones de extrema ansiedad y habían aprendido a superarla. Describe que los entrenadores de la NASA sometían a los futuros astronautas a innumerables simulacros de «malas noticias» para estar preparados para todo tipo de emergencias, desde un incendio hasta el brote de una enfermedad. Esta preparación intensa, que básicamente se basaba en la prevención de saber manejar colectivamente la ansiedad, hizo que los astronautas estuvieran más preparados para afrontar cualquier adversidad en la vida real. Como escribe Hadfield: «Verte obligado a confrontar el problema de un fracaso cara a cara —estudiarlo, diseccionarlo, separar todos sus componentes y consecuencias— realmente funciona. Cuando llevas unos cuantos años haciendo eso a diario, ya te has creado la armadura más fuerte posible contra el miedo: has adquirido una merecida competencia». Es cierto que una ceguera súbita en un paseo espacial no se había planteado nunca en el entrenamiento. Pero ese entrenamiento permitió a Hadfield guardar la calma bajo una situación de presión, mientras él y su equipo trabajaban para buscar una solución. (Abrió una válvula del casco y las gotitas desaparecieron en el espacio.) Cuando hubo recuperado la vista, retomó tranquilamente su tarea y acabó de instalar el brazo robótico.

---

18. Hadfield, C., *An Astronaut's Guide to Life on Earth*, Macmillan, Londres, 2013, p. 54. [Edición en castellano: *Guía de un astronauta para vivir en la Tierra*, Ediciones B, Barcelona, 2014.]

Chris Hadfield es un apasionado y un gran defensor del «poder positivo del pensamiento negativo», y no solo en la enrarecida atmósfera espacial, sino en todas las dificultades de la vida. Habla con perspicacia sobre las técnicas del «pensamiento positivo» que tan de moda están, de esas estrategias de «visualizar el éxito» levantando el puño que puedes esperar oír de un formador profesional para empresas. Puede que te estés preguntando: «¿Qué hay de malo en visualizar el resultado de tu sueño cuando has de enfrentarte a un reto importante?» Por ejemplo, el mero pensamiento de asistir a una entrevista de trabajo puede que te provoque sudores fríos. Entonces, ¿no es mejor imaginar a los entrevistadores ofreciéndote el trabajo en el acto y aplaudiéndote al salir de la sala de entrevistas? Deleitarte con estas fantasías puede ser muy agradable. Sin embargo, a la fría luz del día, es mejor que sepamos manejar y utilizar nuestra ansiedad.

De ahí que el segundo miembro de nuestro equipo metafórico sea el *Entrenador*. Tras haber escuchado las perspicaces advertencias del *Profeta*, el *Entrenador* organiza las rutinas de prácticas y los planes de contingencia que nos permiten afrontar posibles contratiempos. Como un mariscal de campo que prepara regularmente a sus tropas para la batalla, o un entrenador de futbol que estudia con diligencia a sus próximos rivales, la preparación proactiva impulsada por la ansiedad nos da muchas ventajas para afrontar cualquier cosa que nos traiga la vida.

Veamos esa entrevista de trabajo, por ejemplo, una de las situaciones de la vida cotidiana que más ansiedad provoca. Cuanto más se aproxima la fecha, lo más normal es que la mayoría de las personas sientan que aumenta su preocupación. Tu *Profeta* interior te estará advirtiendo de las posibles meteduras de pata, desde llegar tarde y desarreglado hasta tartamudear. Pero esto es bueno, porque significa que tu antena de riesgo te ha alertado de los posibles problemas que se avecinan. A estas alturas, el *Entrenador* puede dar un paso al frente y llevar a cabo acciones de preparación para mitigar estas amenazas.

¿Preocupado por llegar tarde? De acuerdo, es una preocupación lógica, pero puedes hacer algo al respecto. Calculemos una hora más de desplazamiento hasta el lugar y planifiquemos la ruta con antelación. ¿Te preocupa no saber qué decir cuando te hagan preguntas? Identifiquemos algunas posibles preguntas y ensayemos las respuestas clave que impresionarán al equipo entrevistador. Yo mismo pude comprobar el poder de esta técnica cuando tuve una entrevista que suponía un verdadero punto de inflexión en mi carrera. Apenas tenía expectativas de conseguir el trabajo, puesto que implicaba un tremendo avance en mi profesión. Sin embargo, estuve practicando las respuestas que pensaba que me harían destacar con varios días de antelación. Las estuve ensayando hasta el último momento, como un actor nervioso antes de que suba el telón. Y funcionó: contra todo pronóstico, me dieron el trabajo.

Así que si la ansiedad llama a tu puerta, escúchala y sigue su consejo. Utilízala hábilmente para prepararte, porque eso aumentará la probabilidad de que logres tus metas, sean cuales sean. Pero la función de la ansiedad no termina aquí. Nuestra siguiente figura nos muestra el papel crucial que puede desempeñar para que alcancemos nuestros objetivos.

El Motivador

Seguramente habrás oído historias fantásticas sobre de *El Secreto*. Este *bestseller* mundial, que se encuentra tentadoramente situado en los estantes de los libros de autoayuda, nos promete algo que es demasiado bueno para ser cierto: pide y se te dará. Presenta al universo como una lámpara de Aladino celestial… o, para usar una metáfora más apta, como un servicio gigante de venta por correo. La engañosa idea que presenta dicho libro es que hemos de visualizar el deseo de nuestro corazón y, gracias a la misteriosa «ley de la atracción», el universo nos complacerá y nos lo concederá. Es comprensible que el sueño de que se cumplan nuestros deseos nos resulte atractivo, y seguramente se trate del mismo impulso que incita a la oración religiosa de petición («Dios mío, por favor, te ruego que me concedas...»).

Por desgracia, es probable que *sea* demasiado bueno para ser cierto. De hecho, ya existe un buen número de estudios que sugieren que este tipo de visualización positiva puede llegar a ser contraproducente y alejarnos todavía más de nuestros sueños.[19] Según parece, la visualización del éxito puede tranquilizar seductoramente a nuestra mente haciéndole creer que, hasta cierto punto, el premio ya está en la bolsa. Por lo tanto, nos relajamos y empezamos a celebrarlo mucho antes de que ni siquiera estemos cerca de cruzar la línea de meta. A la inversa, cuando dudamos de que podamos conseguir un resultado, cuando tenemos miedo de que la recompensa que esperamos desde hace tanto tiempo nos sea arrebatada, seguimos luchando, intentando superarnos y avanzando rápido. Entonces, una vez que hemos identificado la necesidad de la misión (por cortesía del *Profeta*) y hemos sido meticulosos en la preparación (gracias al *Entrenador*), necesitamos al *Motivador*, el animador de equipo que concentra a las tropas y lleva a cabo la misión.

Para triunfar hemos de tener fe en nuestro talento y, al menos, creer en la posibilidad del éxito. Pero para gozar de esta autoconfianza es mejor estar ansioso y preocupado, en vez de relajado y satisfecho. Esta connotación negativa incita a las personas a alcanzar los altos niveles de compromiso que son necesarios para conseguir las metas

---

19. El primero es: Kappes, H. B. y Oettingen, G., «Positive fantasies about idealized futures sap energy», *Journal of Experimental Social Psychology*, 47(4), 2011, pp. 719-729. El segundo es: Kappes, H. B., Sharma, E. y Oettingen, G., «Positive fantasies dampen charitable giving when many resources are demanded», *Journal of Consumer Psychology*, 23(1), 2013, pp. 128-135. El tercero es: Kappes, H. B., Oettingen, G. y Mayer, D., «Positive fantasies predict low academic achievement in disadvantaged students, *European Journal of Social Psychology*, 42(1), 2012, pp. 53-64.

más difíciles. Veamos el ejemplo de una de nuestras auténticas leyendas del deporte actual, David Beckham. Aunque su icónico estatus social se deba, en parte, a su cuidado aspecto de galán y a su simpatía, vale la pena recordar que jugó 115 partidos con la selección inglesa gracias a su habilidad como futbolista. Este tipo de logros solo se puede conseguir uniendo el talento natural y una gran dedicación. En el caso de Beckham, este se entregó al tipo de práctica constante que solo es posible realizar si tu *Motivador* interior te incita a seguir adelante una temporada más, una hora más, un día más, año tras año. Cuando era pequeño, probablemente, tendría compañeros que tenían mejores condiciones como futbolistas. Pero él pasaba muchas horas en el parque con su padre —hasta mucho después de que oscureciera— practicando sin parar los tiros libres que más tarde le harían famoso mundialmente. Su ascenso al pináculo de su deporte es un testimonio de una apasionada búsqueda de la perfección. Nunca sucumbió a la complacencia, ni tampoco deberíamos hacerlo nosotros cuando nos esforzamos por ascender a nuestra propia cúspide del éxito, sea cual sea.

Dejando a un lado la determinación ejemplar de héroes como Beckham, Heather Kappes y Gabriele Oettingen supieron captar maravillosamente el valor que tiene la ansiedad, como poderosa fuerza motivadora, en una serie de imaginativos experimentos. Sus estudios forman parte de la respuesta del mundo científico a *El Secreto,* y pudieron demostrar una especie de *anti*ley de la atracción. En un estudio, Kappes y Oettingen pidieron a un grupo de estudiantes que fantaseara positivamente sobre la siguiente semana, que la viera llena de éxitos personales y académicos, y a otro grupo le pidió que la visualizara como se le antojara.[20] Al cabo de una semana, todos los participantes hablaron de sus logros. Según parece, el primer grupo

---

20. Kappes, H. B. y Oettingen, G., «Positive fantasies about idealized futures sap energy», *Journal of Experimental Social Psychology, 47*(4), 2011, pp. 719-729.

había conseguido bastante menos que el segundo. Era como si, sin la energía de la ansiedad, sus motores nunca se hubieran puesto realmente en marcha. En un segundo estudio, dos años más tarde, las mismas investigadoras descubrieron que fantasear sobre una resolución positiva de una crisis importante —como el hambre en África— tenía un impacto negativo en la filantropía. Visualizar el éxito final de un proyecto parecía influir negativamente en la disposición de las personas a ofrecer grandes cantidades de dinero, tiempo o esfuerzo a la causa.[21] Estos insidiosos efectos de las fantasías positivas no se limitaron a los experimentos de laboratorio. En un tercer estudio, Kappes y Oettingen utilizaron un curso de orientación vocacional para alumnos de clases socioeconómicas castigadas.[22] Al contrario de lo que esperaban los organizadores del curso, los alumnos que imaginaron un futuro brillante y de color de rosa para sí mismos, debido a su participación en este esquema, faltaron más a clase y, al final, sacaron peores notas que sus homólogos más negativos.

Esto no significa que menospreciemos estas iniciativas y sus metas. Pero sería más conveniente combinar el optimismo con una preocupación leve, en lugar de considerarlas vías seguras hacia el éxito. De hecho, Kappes y Oettingen diseñaron una técnica para facilitar este tipo de delicado acto de equilibrio, que ellos llaman «contraste mental». Esto implica alternar sistemáticamente entre pensamientos positivos y negativos sobre el futuro: un sueño despierto por aquí, un poco de preocupación y nerviosismo por allá. El contraste mental parece ser un método eficaz para promover un cambio de conducta duradero, como hemos visto, por ejemplo, en una intervención terapéutica que se rea-

---

21. Kappes, H. B., Sharma, E. y Oettingen, G., «Positive fantasies dampen charitable giving when many resources are demanded», *Journal of Consumer Psychology, 23*(1), 2013, pp. 128-135.

22. Kappes, H. B., Oettingen, G. y Mayer, D., «Positive fantasies predict low academic achievement in disadvantaged students, *European Journal of Social Psychology, 42*(1), 2012, pp. 53-64.

lizó para promover hábitos de comer saludables.[23] La mezcla de esperanza (acerca de vivir de un modo más saludable) y ansiedad (acerca de desviarse del camino), en su justa medida, parece que fue lo que necesitaban los participantes para encaminar a sus recalcitrantes cuerpo y mente en la dirección correcta. Y los mejores *Motivadores* internos, precisamente, nos aportan esa beneficiosa combinación: inspirándonos a través de la esperanza y la positividad, a la vez que nos ayudan a avanzar a través del interés y la preocupación.

Ahora que el *Motivador* conduce al equipo, la misión ya está bien encaminada. Pero para asegurarnos de que estamos atentos a las nuevas amenazas que puedan presentarse por el camino, hemos de recurrir al cuarto miembro de nuestro escuadrón: el *Vigilante*.

El Vigilante

El *Vigilante* es los ojos y los oídos de la misión, la figura que garantiza que el grupo llegue sano y salvo a su destino. Aquí nos estamos refiriendo a la ansiedad en su función de precaución, de ojo vigilante, de explorar el territorio en busca de indicios de peligro (al revés que el *Profeta*, cuyas advertencias se basan en una comprensión intuitiva de las amenazas que podemos encontrarnos en el camino). Me imagino a este centinela como un personaje solitario y robusto, luchando solo contra los elementos, un ángel de la guarda que vigila mientras todos duermen.

De hecho, cuando pienso en el *Vigilante*, mi mente siempre recuerda la inolvidable historia del *Titanic*. Me pregunto por qué, después de más de un siglo, esta tragedia sigue cautivando la imaginación

---

23. Stadler, G., Oettingen, G. y Gollwitzer, P. M., «Intervention effects of information and self-regulation on eating fruits and vegetables over two years», *Health Psychology*, 29(3), 2010, pp. 274-283.

del mundo. Una de las razones quizá sea que la calamidad casi se pudo haber evitado. A lo largo de las décadas siguen resonando las historias de numerosos *Vigilantes* sensitivos que intentaron avisar de la catástrofe inmediata, pero cuyas voces nadie quiso escuchar. Incluso antes que el ominoso crucero saliera de puerto, Maurice Clarke, el inspector de seguridad, advirtió a la White Star Line que necesitaba al menos un 50% más de barcos salvavidas.[24] Por escandaloso que parezca, a Clarke se le dijo que cerrara la boca o tendría que atenerse a las consecuencias. Luego fue Cyril Evans, el telegrafista del SS *California*, un barco que navegaba en solitario por el Atlántico esa oscura noche del mes de abril de 1912. Al divisar icebergs, el capitán del *California* le dijo a Evans que se lo notificara a otros barcos, y este cumplió las órdenes. Por desgracia, puesto que el *California* estaba tan cerca del *Titanic*, los avisos de Evans llegaban en un tono muy alto a los auriculares de Jack Phillips, el operador que manejaba el sistema inalámbrico del *Titanic*, mientras estaba intentando escuchar otra llamada. Así que la alarma nunca llegó a darse. Y, por supuesto, estaba el joven de veinticuatro años Frederick Fleet, que era el vigía de guardia en aquella fatídica hora. Fleet, oteando las calmadas aguas en una gélida noche sin luna —factores meteorológicos que dificultaban especialmente su tarea—, fue el primero en reparar en el amenazador iceberg. Llamó al puente frenéticamente, pero su aviso llegó demasiado tarde para que el barco pudiera cambiar de rumbo. Pocas horas después fallecerían 1.517 almas de las que se encontraban a bordo.

Acontecimientos de los que hacen época, como el hundimiento del *Titanic*, ponen de relieve la importancia de no desoír las advertencias de aquellos que velan por nosotros. Probablemente, todos encontraríamos ejemplos más cercanos en los que nos hubiéramos beneficiado de escuchar los consejos de un *Vigilante* ansioso. Por ejemplo, cuando

---

24. Robinson, M., «Titanic needed "50% more lifeboats" and had just six life buoys as new documents reveal astonishing cover-up of safety warnings», *Daily Mail*, 31 de octubre de 2012.

tenía seis años, mis padres me inscribieron en un grupo local para jóvenes llamado Woodcraft Folk. Básicamente, era una especie de versión *hippy* y socialista de los Boy Scouts..., si es que eres capaz de imaginar algo semejante. Mezclaba la solidaridad y el pacifismo de izquierdas con el respeto por la naturaleza inspirado en los nativos americanos. También había más actividades prosaicas, como una feroz rivalidad en el futbol, con los Boy's Brigade (¡nosotros éramos mejores!) y, en mis últimos años de adolescencia, conciertos improvisados en estado de embriaguez alrededor de la hoguera del campamento durante nuestras salidas regulares de fin de semana. Me encantaban aquellas aventuras fuera de casa. Aparte de algún que otro peligro ocasional, como los chaparrones típicos del verano británico, o perdernos en el bosque, eran escapadas mágicas.

Curiosamente, entre mis recuerdos más vívidos de aquellos tiempos se encuentra la sobrecogedora presencia de Maurice. Creo que, antaño, sus hijos habían formado parte del grupo, antes de que se marcharan al hacerse adultos. Pero Maurice seguía allí, como uno de los líderes de un pequeño grupo de idealistas. Era un hombre robusto amante de la naturaleza —algo brusco, e infundía respeto—, pero era un apasionado de hacer las cosas bien, del «espíritu de Woodcraft». Y, por encima de todo, le apasionaba nuestro bienestar. También tenía un don para la educación y *nos* enseñó a cuidarnos. Nos vigilaba constantemente. Sus ojos de águila podían distinguir una tienda mal montada a más de un kilómetro de distancia, y siempre parecía saber cuándo iba a caer una lluvia inminente. Aparecía de improviso para decirnos que empaquetáramos nuestras cosas, o para regañar a algún niño que corría en la tienda de la cocina. Para mí era la encarnación de una de las figuras literarias más evocadoras, el Guardián entre el Centeno, del libro de J. D. Salinger con el mismo nombre. Al protagonista de la novela, Holden Caulfield, le preguntan qué quiere ser cuando sea mayor. Lo primero que le viene a la mente en ese momento es la imagen de un inmenso campo de centeno, delimitado por un pronunciado acantilado, sobre el que juegan muchos niños. Al final, responde que su mayor deseo —su vocación en la vida— es, simplemente, patrullar por el borde del acantilado y evitar que ningún niño caiga al precipicio. Aunque Holden es un alma atormentada, a la que nadie debería intentar emular, esta imagen siempre me ha parecido muy poderosa e inspiradora. Cuando recuerdo a Maurice, me doy cuenta de que representaba a esa figura, siempre vigilando a cientos de torpes y despistados niños, intentando conducirlos por el buen camino.

Como es lógico, no siempre valoré positivamente su vigilancia, y durante mis primeros años de adolescencia estaba medio atemorizado ante la posibilidad de convertirme en el centro de sus amonestaciones. Pero a medida que me fui haciendo mayor empecé a ver el respeto que le tenían otros adultos y la sabiduría de sus consejos. Falleció cuando yo todavía era muy joven, sufrió un ataque al corazón caminando por las montañas a las que tanto amaba. Pero todavía le recuerdo, como recuerdo lo importante que fue la protección que nos brindó con sus cuidados. No siempre hago caso de sus consejos. Mi vida está plagada de estúpidos arañazos y de escapadas por los pelos. Pero en mis mejores momentos procuro seguir su ejemplo. Cada vez soy más consciente de que este tipo de ansiedad precavida es vital para nuestro bienestar, porque nos protege del peligro. Todos podemos canalizar a nuestro Maurice interior observando, mirando a nuestro alrededor para vigilar, cambiando de camino sin brusquedad cuando sea necesario. Del mismo modo que él siempre vigilaba a los niños por el campamento, nosotros podemos convertirnos en nuestro *propio* Guardián entre el Centeno. Esto no significa que debamos reprimirnos de vivir la vida a tope. Solo implica que hemos de hacerlo con cautela y prudencia.

Veamos un ejemplo práctico. Como le sucede a mucha gente, para mí pocas cosas hay más apasionantes que hacer las maletas y cruzar el charco para expandir mi mundo, literal y metafóricamente. El problema es que soy un viajero francamente ansioso. Gran parte de esta ansiedad se debe a problemas que he tenido en el pasado durante mis andanzas, así que se basa en la razón y en los precedentes. Pero ahora utilizo estas preocupaciones para que me faciliten el camino, para que lo hagan más seguro, para estar más alerta y ser más cauteloso sobre los posibles riesgos. Una vez, en España, me robaron la cartera, donde llevaba todo lo que había recogido tocando medio día en la calle. Por eso ahora soy especialmente cuidadoso con la forma en que llevo el dinero, lo oculto bien, y estoy atento para detectar posibles carteristas. En China me salvé por la campana cuando, después de haber bebido en compañía de un grupo de desconocidos chinos, me tendieron una encerrona en un karaoke a las cuatro de la madrugada: los dueños me reclamaban todo mi dinero. Así que ahora soy más precavido con lo de irme de juerga con desconocidos, al menos hasta que no me he asegurado de que son buena gente. Una vez perdí el tren porque estaba soñando despierto mientras iba en el metro hacia King's Cross. Ahora, siempre estoy atento cuando voy en un medio de transporte.

La cuestión es que la ansiedad no tiene por qué ser una desagradable aguafiestas que acaba con toda la alegría y diversión. El *Vigilante* no te disuade de la posibilidad de vivir una aventura. Solo tienes que emprenderla con más conocimiento y prudencia. Recordemos a nuestro astronauta Chris Hadfield. Embarcarte en un transbordador espacial impulsado por cohetes aceleradores, cada uno de ellos con 1,3 millones de kilogramos de empuje al despegar —«ir montado en un misil», tal como lo describe él—, es una de las actividades más peligrosas que puede realizar un ser humano. Sin embargo, Hadfield dice que *detesta* el riesgo. En realidad, lo que quiere decir es que ha evaluado y calculado los riesgos y se ha sometido a todo el entrenamiento necesario para mitigarlos. Una vez hecho esto, se siente con fuerza para abrocharse el cinturón de seguridad y disfrutar del viaje. Deberíamos dejar que nuestra ansiedad hiciera eso por nosotros. Entonces podremos ver que la ansiedad no nos está privando de vivir una vida rica y apasionante; al contrario, hace que esta sea más probable y alcanzable.

Ahora que somos conscientes de esto, llegamos al papel más relevante que desempeña la ansiedad en nuestra vida: el *Pionero*.

El Pionero

Con el ejemplo aparentemente paradójico de Chris Hadfield —el aventurero que detesta el riesgo, que realiza cautelosamente una misión muy peligrosa— vimos que la ansiedad, en lugar de ser grilletes que nos tienen pegados al suelo, permite que la vida sea un viaje audaz y estimulante, y nos ayuda a sobrevivir lo suficiente como para disfrutarla. De hecho, se podría decir que la ansiedad es la mismísima expresión del espíritu pionero de la humanidad, de la incansable búsqueda de la innovación que nos ha conducido nada menos que hasta la Luna. Puede ser un signo glorioso de que estamos poniendo a prueba nuestros límites, de que recorremos caminos nuevos y conquistamos cimas más altas. Pues en esas situaciones es *natural* tener ansiedad, porque te encuentras en terreno desconocido, incierto e impredecible. Así que, si alguna vez tienes ansiedad, en lugar de considerarla como una señal de fracaso intenta verla como un indicativo de afirmación de la vida, de que te estás atreviendo a cruzar tus propias fronteras y asumir nuevos retos. Estos pueden ser desde embarcarte en un cohete espacial hasta, simplemente, tener la osadía de presentarte a un extraño en un bar. El principio es el mismo. La ansiedad nos indica que estamos saliendo de nuestra zona de confort, y esa es la única manera de que las personas lleguemos a aprender, crecer y desarrollarnos.

Yo lo he experimentado por mí mismo, me embarqué en una aventura que ahora me parece increíble. Animado por mi madre y empujado por mi ruptura sentimental, de la que ya he hablado en el capítulo anterior, a los diecinueve años me marché a China a enseñar inglés. Ahora que lo recuerdo, me doy cuenta de que prácticamente todavía era un adolescente. Ya sé que hay muchas personas que han realizado hazañas mucho más osadas siendo más jóvenes, pero para mí esta fue mi *forma* de salir de mi zona de confort. Mis amigos me habían ridiculizado muchas veces por lo poco espabilado que era, por mi falta de orientación —siempre me costaba localizar los países en el mapa— y, en general, por estar en las nubes. Por lo tanto, se quedaron estupefactos cuando les anuncié que me iba al otro extremo del mundo…, que, en parte, era una de las razones por las que quería hacerlo, ¡para que vieran! También fue un gran *shock* para mí.

Casi todos los aspectos del viaje fueron a prueba de nervios. Era la primera vez que vivía en el extranjero, y todos los días tenía que estar delante de sesenta adolescentes intentando hacer todo lo posible por parecer un profesor. Me adentré por ese vasto y misterioso país solo, confiando en mi rudimentario mandarín y en la amabilidad de extranjeros desconcertados. Así que, por supuesto, estuve ansioso todo el tiempo. Me estaba poniendo a prueba al máximo: mis incipientes habilidades como profesor, mis límites emocionales y físicos, mi resiliencia y capacidad de adaptación. Siempre me sentía inseguro, fuera de lugar, y tenía que esforzarme constantemente. Y, sin embargo, *por esta misma razón*, mi viaje a China transformó mi vida. Hice muchas cosas nuevas, superé mis propias expectativas de múltiples formas, me adapté como ser humano y regresé a casa siendo un hombre nuevo. A medida que se me planteaban los retos, empecé a ver mi ansiedad como una señal de que estaba traspasando mis propios límites *autoimpuestos* y adentrándome en un terreno desconocido.

La rejuvenecedora idea de la ansiedad, como indicador del *Pionero*, puede verse con mayor claridad en la vigorizante obra de los existencialistas. Hasta sus nombres parecen estar impregnados de su espíritu valeroso. Nos recuerdan imponentes cimas de montañas, como Heidegger y Kierkegaard, o a valerosos combatientes de la resistencia, como Sartre y Camus. Estos filósofos compartían el afán de explorar la «condición humana», y cada uno, a su manera, mostró un especial interés en la ansiedad. Además, probablemente estarían de acuerdo en que esta es la condición para aceptar la vida, la «etiqueta del precio» para vivir audaz y plenamente. Veamos, por ejemplo, a Søren Kierkegaard, el teólogo danés considerado el padre del existencialismo. En su clásico de 1844, *El concepto de la angustia*, escribió: «Todo aquel que haya aprendido a angustiarse en la forma apropiada ha aprendido lo esencial».[25] ¿Qué puede significar esta misteriosa frase? Tengo mis reservas sobre intentar transmitir una filosofía tan matizada y sutil como la de Kierkegaard en unas pocas frases. Pero creo que sería justo decir que adoptó una visión casi metafísica de la ansiedad, que él entendió como un sentimiento de libertad. Según sus propias palabras, «la angustia es la posibilidad de la libertad». Vivir la vida al máximo implica ser consciente de la casi infinita gama de posibilidades que tenemos ante nosotros —los cruces de caminos, la infinidad de decisiones que hemos de tomar, desde las más insignificantes hasta las que pueden caracterizar nuestra vida— y luego elegir sabiamente y con decisión.

Todas y cada una de las decisiones que tomamos nos conducen por un camino y dejan otros por recorrer. Es normal que nos angustien las consecuencias de nuestras elecciones. Pero ¡así es la vida! Es inevitable y, sin embargo, la única forma de evitar esta preocupación es no hacer el viaje, que básicamente es como renunciar a vivir. Por este motivo, cuando notemos que empezamos a angustiarnos, intentemos verlo como una afirmación existencial. Es una señal visceral de que *realmente* estamos viviendo, de que estamos aprovechando las oportunidades de la vida, de que nos lanzamos de cabeza a las oportunidades. Tal como dijo Kierkegaard, «la angustia es el mareo de la libertad, la conciencia de la posibilidad de ser capaz de algo».[26] Por consiguiente, a

---

25. Kierkegaard, S. (1844), *The Concept of Anxiety*, Princeton University Press, Princeton, Nueva Jersey, 1980, p. 155. [Edición en castellano: *El concepto de la angustia*, Alianza Editorial, Madrid, 2013.]

26. Kierkegaard, S., *The Essential Kierkegaard* (H. V. Hong & E. H. Hong Editores), Princeton University Press, Princeton, Nueva Jersey, 2000, p. 138.

medida que empezamos a entender las diferentes funciones que desempeña la ansiedad en nuestra vida —el *Profeta* que predice los posibles problemas, el *Entrenador* que nos prepara para el viaje, el *Motivador* que nos mantiene en el camino, el *Vigilante* que está alerta y, por último, el *Pionero* que nos conduce con audacia a territorios desconocidos— podemos apreciar realmente las complejas formas en que esta nos ayuda a florecer.

Dicho esto, abandonamos la pedregosa ruta de la ansiedad y nos aventuramos en el tórrido desierto de la ira. Las dos comparten que son expresiones de preocupación cuando pasa algo en nuestro mundo. Pero, aunque tengamos que escuchar las advertencias de la ansiedad, podemos utilizar la energía de la ira para mejorar nuestro mundo, como expongo en el capítulo siguiente.

3

La ira

Imaginemos la siguiente situación. Pones las noticias y ves al nuevo miembro del parlamento impecablemente vestido con un traje caro, estrenándose en la política después de haber tenido una lucrativa carrera en el mundo empresarial. Sonriendo a las cámaras, anuncia una nueva y atrevida iniciativa: subasta de bebés. Nos dice que, durante demasiado tiempo, el amor humano y la procreación han estado al margen de las «tendencias de los mercados». Ha llegado la hora de incluir el objetivo del beneficio económico en la producción de niños y, por fin, poder ofrecerle a la gente su, durante tanto tiempo, denegado derecho de vender a su progenie al mejor postor. ¿Cómo te sentirías? Supongo que totalmente horrorizado y encolerizado.

Philip Tetlock y sus colaboradores se encontraron justamente con esas mismas reacciones cuando propusieron esta escalofriante idea —y otras situaciones «tabú»— ante un anonadado grupo de voluntarios, que no dudaron en preguntarse en qué siniestro plano de la realidad habían aterrizado.[27] En todo el panorama político, desde los socialistas hasta los conservadores, todos los participantes del experimento expre-

27. Tetlock, P. E., Kristel, O. V., Elson, S. B., Green, M. C. y Lerner, J. S., «The psychology of the unthinkable: Taboo trade-offs, forbidden base rates, and heretical counterfactuals», *Journal of Personality and Social Psychology, 78*(5), 2000, pp. 853-870.

saron su repulsa ante esta violación de la santidad del amor y de la dignidad de los seres humanos, reconociendo que algunas cosas eran sagradas y que debían permanecer por encima del ruin mundo comercial. No solo eso, estaban tan indignados que prometieron realizar cierto tipo de «limpieza moral» —como si se sintieran sucios por el mero hecho de contemplar semejante propuesta—, como participar en una campaña contra la subasta de bebés.

Por inquietantes que puedan ser estos experimentos, ponen de relieve una idea importante e incluso redentora: la ira puede ser una emoción *moral*. He de admitir que no siempre es así: a veces simplemente se manifiesta como una agresión destructora, sin justificación ni valor alguno. Pero, de la misma manera que (se supone) aprendemos a calmar nuestros impulsos violentos e irracionales a través de la experiencia y de la madurez, también podemos empezar a reconocer en qué momentos nuestra ira puede ser una señal moral: una respuesta visceral contra alguien que se ha pasado de la raya y ha incumplido la ética.

Esta interpretación de la ira no parece estar muy bien aceptada últimamente. En el capítulo 1 vimos la desafortunada tendencia de que la tristeza sea incluida dentro del abanico de la depresión, y que el estamento médico tiende a tratarla como una manifestación leve del trastorno. Del mismo modo, se suele ser bastante crítico con la ira y se considera un estado emocional peligroso y disfuncional. Si bien es cierto que, muchas veces, lo es. En este capítulo deberíamos prestar atención a las manifestaciones de la ira que solo son formas de agresividad destructiva y que, por ende, han de ser controladas y silenciadas. Pero también hemos de comprender que la ira, si la escuchamos con atención y utilizamos hábilmente, a veces puede ser una brújula moral que puede conducirnos a un futuro más brillante. Como han demostrado los grandes movimientos progresistas de los últimos años, desde el feminismo hasta los derechos civiles, una ira *justa* puede inspirar el cambio social y, en última instancia, crear una sociedad más justa. Aunque sea un cambio que tarde en llegar y nos parezca que el esfuerzo nunca va a terminar, la solidaridad que sentimos al unirnos en una campaña, al trabajar con los demás al servicio de un ideal más grande, tiene su valor. Además, también podemos tener nuestras recompensas aunque estemos solos en nuestra campaña. Ser fiel a un valor que tenga sentido para nosotros y vivir de acuerdo con él es un acto de dignidad y merece la pena.

Diferenciar entre la ira, la frustración, la agresividad y el odio

En el último párrafo había una frase esencial: «si la escuchamos con atención y utilizamos hábilmente». Hemos de avanzar con precaución, porque dejarse llevar por la ira es como encender un fuego: es una potente fuerza y, aunque bien canalizada puede ser útil, normalmente, es caótica y destructiva, y es probable que tú seas uno de sus principales perjudicados. Procura recordar la última vez que te enfadaste. Puede que te lo provocara algo que te hizo mucho daño, como la traición de un amante. O puede que se debiera a algo más prosaico, como la frustración desesperante de encontrarte en un interminable atasco de tráfico, o que se te estropee el ordenador y pierdas horas de trabajo. En todo este espectro de provocaciones, la ira en sí misma se siente de un modo bastante similar, al menos al principio. Enciende la chispa de la rabia, que empieza a hervir en tu interior con mucha energía: una fuerza explosiva, un anhelo de venganza y una predisposición a estallar violentamente.

Volvamos a la frase «si la escuchamos con atención y utilizamos hábilmente». Los ejemplos que acabo de mencionar encierran dos lecciones esenciales. En primer lugar, hemos de recordar que no toda la ira es moral. A veces nos enfadamos, simplemente, porque la vida no es cómo nos gustaría, y sentimos que nuestros deseos se van a ver frustrados. En tales casos, quizá lo más acertado sería hablar de *frus-*

tración, en lugar de ira. Es la espinosa irritación que sentimos cuando estamos estancados y aparentemente no podemos hacer nada, ya sea en un interminable atasco de tráfico o con un ordenador portátil que se niega a obedecernos. Igual que niños, damos patadas en el suelo, como exigiéndole al universo un arreglo que se ajuste más a nuestras necesidades. Dicho esto, aunque esta frustración no es una emoción moral, todavía podemos aprender de ella. Nuestro enfado por estar en un atasco, si reflexionamos sobre él, puede generar algunas revelaciones útiles. Por ejemplo, puede ayudarnos a que nos demos cuenta de que estamos demasiado estresados e incitarnos a hacer algunos cambios importantes en nuestra vida. Puede hacer que admitamos que nos falta paciencia y capacidad de aceptación, y conducirnos a tomar clases de meditación para cultivar esas valiosas cualidades. Puede animarnos a reflexionar sobre nuestros medios de transporte y hacer que cambiemos de ruta. Pero jamás hemos de perder de vista que estas frustraciones, en realidad, no son más que irritaciones menores, y que su resolución no debe equipararse a una cruzada moral. Considerarlas como algo más que eso nos hará un flaco favor cuando lleguen esos momentos en los que la ira sí es un tema moral.

La segunda lección es aún más importante. Cuando la ira empieza a manifestarse y a bullir con su potencial explosivo, es esencial usar esta energía hábilmente y canalizarla para mejorar la vida. Esto exige deliberación y cuidado. A nadie le hace un buen servicio, a ti menos que a nadie, un arranque de agresividad reactivo e irreflexivo. La ira pura y dura, si no está bien canalizada, puede degenerar fácilmente en enfurecer a nuestra bestia interna. Seguro que existe algún aspecto moral en alguna parte, pero incluso este noble impulso puede contaminarse por el egoísmo y caer en manos de la agresividad interior. Del mismo modo que nuestro carácter contiene muchos elementos maravillosos, como vemos a lo largo de este libro, también alberga impulsos más lamentables, los demonios internos que están sedientos de destrucción, violencia y odio. Hemos de protegernos de estos elementos para evitar que se adueñen de la ira justificada y la utilicen con fines egoístas hostiles. Si dejamos que eso suceda, la energía de la ira puede convertirse en un odioso incendio que puede llegar a consumirnos y a afectar a todas las personas que nos rodean, indiscriminada y gratuitamente. Es una situación en la que no hay ganadores; especialmente, tú eres el que más pierde. Como dijo el Buda: «Aferrarnos a la ira es como agarrar una brasa con la intención de lanzársela a otra persona, eres tú quien se va a quemar».[28]

Utilizar la ira

De acuerdo con la advertencia del Buda, en este capítulo explicaremos cómo utilizar la ira con habilidad y conocimiento. Aristóteles dijo hace más de dos milenios: «Cualquiera puede enfadarse, eso es fácil, pero enfadarse con la persona correcta en el grado correcto, en el momento correcto, por la razón correcta, no está al alcance de todo el mundo y no es fácil».[29] Pero a riesgo de estar en desacuerdo con el venerable filósofo, con la necesaria reflexión, la mayoría podemos aprender a usar la energía de la ira para impulsarnos a avanzar de maneras positivas.

La mayoría nos hemos sentido traicionados alguna vez por un ser querido o algún allegado. Quizá todavía estés en contacto con la persona que te hirió, ya sea una expareja que te engañó, un amigo en el que no puedes confiar o un compañero desleal. En tal caso, tu ira pue-

---

28. Citado en McLynn, F., *Marcus Aurelius: Warrior, Philosopher, Emperor*, The Bodley Head, Londres, 2011, p. 588. [Edición en castellano: *Marco Aurelio: guerrero, filósofo, emperador*, La Esfera de los Libros, Madrid, 2011.]

29. Eterovich, F. H., *Aristotle's Nichomachean Ethics: Commentary and Analysis*, University Press of America, Washington DC, 1980, p. 40.

de que te incite a realizar una afirmación elocuente de tus derechos en la que no solo aclaras que te mereces un trato más justo, sino que lo exiges. Por otra parte, quizá la persona que te hizo daño sea una figura fantasmagórica que te atormenta desde las inalcanzables sombras del pasado, como un padre o una madre que te maltrató de niño, pero que ya ha fallecido. En tal caso, tu ira puede formar parte de tu brújula moral. Si eres consciente del daño que te hizo esa persona, puedes proponerte como misión en la vida intentar contrarrestar sus malos actos. Deja que tu ira te lleve por el mejor de los caminos, que te ayude a ser una persona más amorosa. Utilízala para ser todo lo que esa persona no fue.

Para ver cómo se puede usar la ira para manejar hábilmente estas injusticias, reflexionemos sobre cómo se puede plantear el delito. Primero, un *Ciudadano Vigilante* puede ser testigo en primera persona de la mala acción. Luego, un *Detective Agudo* se dedicará a recopilar pruebas, antes de que un *Agente de Policía con capacidad de Discernimiento* identifique y arreste al malvado. En el tribunal de justicia, un *Fiscal Elocuente* hace una rigurosa exposición contra el acusado, mientras que un *Jurado Benevolente* deliberará detenidamente, manteniéndose justo y razonable durante todo el juicio. Un *Juez Sabio* dictará sentencia una vez que se haya llegado a un veredicto, procurando que esta sea apropiada de acuerdo con su interpretación profunda de la ley. Por último, el *Director de Prisión Rehabilitador* se encarga de aplicar cualquier castigo correctivo que considere oportuno, pero la meta principal seguirá siendo la rehabilitación, no la venganza.

El Ciudadano Vigilante

Imagínate que vas en un bote de remos por un río. Tu familia y tú estáis disfrutando de un día tranquilo en el agua, dejándoos llevar tranquilamente por la corriente. Por supuesto, estás atento, vigilante. En el capítulo anterior hemos visto que siempre debemos procurar estar atentos ante posibles amenazas si queremos disfrutar plenamente de la vida. Y se presenta una de esas amenazas. Tu tranquilidad se ve alterada de golpe por el sonido de una agresiva sirena. Te incorporas y miras, tienes delante una pesada barcaza que se dirige hacia ti. Aunque se mueve lentamente, sigue avanzando. De ahí la sirena, el patrón espera que seas tú el que haga las maniobras necesarias para apartarte de su camino. Pero no puedes, porque tu bote es pesado y voluminoso. Por el contrario, el patrón de la barcaza podría poner su potente motor en marcha atrás y retroceder hasta parar. Pero lo deja todo en tus manos y las de tu familia, y tu preocupación se convierte en pánico. Le haces señas con los brazos al capitán intentando atraer su atención, pero es inútil, no está a la vista. Cuando la barcaza está más cerca, te preparas para el impacto. El choque proyecta tu bote violentamente hacia la orilla.

Tu primera reacción, tras comprobar angustiosamente que nadie haya resultado herido, es una llama de ira acalorada. ¿Cómo puede ser que el capitán haya cometido semejante negligencia? Este estallido inicial de ira es una señal de alarma interna, un indicativo de que hemos sido maltratados. Cabe esa posibilidad. Aunque nos hierva la sangre, la mayoría no abordaremos el barco y cerraremos los puños dispuestos a atacar al patrón. Seguramente, estaremos indignados, pero lo más habitual es que impere la confusión y la necesidad urgente de respuestas. *¿Por qué* chocó la barcaza contra nosotros? Subes a la barcaza que ha encallado en la orilla unos metros río abajo. De pronto, se te pasan por la cabeza una serie de posibilidades. ¿Y si la barcaza no tiene tripulación? No había patrón, la embarcación había soltado amarras y navegaba a la deriva. ¿Y si el capitán está dentro pero tenía una avería en el motor y no podía parar? ¿Y si está tirado en el suelo de cubierta porque ha sufrido un infarto? ¿Qué sucede entonces con tu ira?

Nuestra tendencia a dar por sentado que alguien tiene la culpa de algo, en psicología se conoce como «error de atribución fundamental».[30] La mayoría de las veces atribuimos la conducta de una persona a su disposición natural y somos incapaces de reconocer cualquier factor situacional atenuante. Por ejemplo, tu jefe pasa por tu lado en el pasillo y no responde a tu alegre saludo. Puede que llegues a la conclusión de que no te tiene mucho aprecio y que no valora tu duro trabajo. Pocos llegaríamos a la conclusión de que cabe la posibilidad de que esté teniendo un mal día, y que no nos haya visto porque estaba preocupado. O que un amigo no venga a tu fiesta. O es una persona detestable que es incapaz de cruzar la ciudad para verte, o tú eres una persona detestable y debes haberle hecho algo terrible para que te haga ese desplante. Las explicaciones circunstanciales mucho más razonables, como que nunca recibió la invitación o que salía tarde del trabajo, no suelen tenerse en cuenta. Pongamos el caso de un conductor que te cierra el paso en un cruce. Indudablemente, piensas que es un ogro que se abre paso egoístamente hacia su casa en lugar de pensar que puede ser un padre angustiado que corre porque su hijo está enfermo y lo lleva al hospital. Estas «injusticias» aparentes nos enfurecen constantemente y encienden la indignación de nuestra ira. Pero cuando nos enteramos de los factores atenuantes esta se disuelve de inmediato, como si pincháramos un globo.

En cada uno de nuestros tres posibles escenarios para la barcaza, la ira se evaporaría de repente para ser sustituida por la preocupación. No se puede culpar a nadie, no hay ningún agresor que merezca nuestra ira. El accidente ha sido solo una de esas cosas imprevisibles e inevitables. Así que, si notamos que empezamos a calentarnos por la ira, lo primero que hemos de hacer es ser precavidos y recordar que no

---

30. Ross, L., «The intuitive psychologist and his shortcomings: Distortions in the attribution process», en L. Berkowitz (editor), *Advances in Experimental Social Psychology*, Academic Press, Nueva York, 1977, pp. 173-220.

todas las agresiones son intencionales; por consiguiente, no toda la ira es moral. Antes de entrar en el tema de utilizar hábilmente la ira, en primer lugar hemos de aceptar que muchas veces no está garantizada ni justificada. A veces es el destino el que nos arruina el día. Así es la vida, como se suele decir. Nadie tiene la culpa, así que no se puede reparar ninguna injusticia. El autobús que has tomado para ir a trabajar pincha una rueda y llegas tarde a una reunión importante. Es molesto, por supuesto, pero no es culpa de nadie, así que no merece tu ira. En tales situaciones, hemos de reconciliarnos con el hecho de que ese día teníamos las cartas en contra.

Si la ira empieza a manifestarse hemos de comportarnos como el *Ciudadano Vigilante,* que espía a una figura fantasmagórica que actúa de manera sospechosa en la calle. Quizás algo no va bien, puede que se cometa un delito en breve, pero hay que prestar más atención. No hemos de saltar agresivamente para enfrentarnos a un desconocido, soltando toda nuestra violencia irreflexiva. Por el contrario, hemos de controlar la situación cuidadosamente. Quizás ese desconocido está esperando a un amigo. En cuanto llega el amigo se disipa nuestra ira, y podemos dar gracias por no haber reaccionado con beligerancia antes de conocer los hechos. Por otra parte, ¿y si la conducta sospechosa del desconocido persiste y desaparece en las sombras del jardín del vecino? En tal caso, hemos de recurrir al *Detective Agudo* para seguir investigando.

El Detective Agudo

Llegamos a la conclusión de que tenemos razones para estar enfadados. Dios sabe que no faltan razones. Por ejemplo, en la sociedad occidental, las personas de origen africano han sufrido durante siglos la injusticia y la discriminación colectivas. El origen de su opresión se halla en la barbarie de la esclavitud, que ha mancillado a la humanidad desde el origen de los tiempos, y que es un ejemplo perenne de la «inhumanidad del hombre hacia el hombre», según palabras de Robert Burns. Pero estas iniquidades no son simplemente un capítulo amargo de la historia, confinadas a los vergonzosos anales del pasado. En la actualidad todavía persisten, como podemos ver por el movimiento masivo que se ha generado en Estados Unidos después de los asesinatos de jóvenes negros a manos de agentes de policía blancos, y que reivindica que la «vida de los negros importa».

Al reflexionar sobre las injusticias que han de afrontar las personas de raíces africanas y, de hecho, todas las personas que sufren malos tratos, a la mayoría se nos enciende la sangre. Este ejemplo es para que entendamos la idea principal de este capítulo: la ira puede ser una emoción *moral*. Más concretamente, Paul Rozin y sus colaboradores han propuesto una teoría muy influyente que presenta a la ira como la respuesta humana universal a la violación de la *libertad*.[31] Se basa en el trabajo de Richard Shweder, que afirmaba que la vida humana se caracteriza por tres esferas morales, relacionadas con las tres formas fundamentales de nuestra existencia como personas.[32] La primera es que todos somos seres autónomos y únicos, no simples ladrillos de una pared o engranajes de una máquina. Esto implica que todos tenemos derechos como individuos. La segunda es que también existimos como partes de un colectivo. No solo tenemos obligaciones con nosotros mismos, sino que somos jugadores del equipo de la sociedad. Esto implica que tenemos responsabilidades con el grupo. Por último, también tenemos un pie en una dimensión sagrada. Shweder, al principio, hizo referencia a esto como la «esfera de la divinidad», que implica que

---

31. Rozin, P., Lowery, L., Imada, S. y Haidt, J., «The CAD triad hypothesis: A mapping between three moral emotions (contempt, anger, disgust) and three moral codes (community, autonomy, divinity)», *Journal of Personality and Social Psychology*, 76(4), 1999, pp. 574-586.

32. Shweder, R. A., Much, N. C., Mahapatra, M. y Park, L., «The "Big Three" of morality (autonomy, community, divinity) and the "Big Three" explanations of suffering», en A. Brandt y P. Rozin (editores), *Morality and Health*, Routledge, Londres, 1997, pp. 119-169.

las personas compartimos la divinidad de Dios. Pero, posteriormente
—en un lenguaje más apto para los seculares—, lo llamó «pureza o
santidad», en el sentido de ser conscientes de lo valiosa que es la vida.
Rozin y sus colaboradores arguyeron posteriormente que cada emoción moral que surge como respuesta a la violación de cada una de estas esferas morales es diferente: sentimos *ira* si nuestros derechos como
individuos independientes son anulados, sentimos *desprecio* si alguien
se aprovecha de la solidaridad del grupo y sentimos *repugnancia* si se
degrada la santidad de la vida.

De ahí que la esclavitud —el arquetipo de la falta de libertad— sus-
cite ira en cualquier persona con un ápice de humanidad. Sin embargo,
la opresión sistemática sigue mancillando a las sociedades occidentales y,
de hecho, a la mayoría de los países del mundo. A pesar de algunas vic-
torias notables —especialmente, la del movimiento por los derechos civiles—, las personas de color seguirán siendo víctimas de la injusticia
colectiva. Por ejemplo, las libertades y oportunidades de los afroamericanos se siguen infringiendo y transgrediendo, a pesar de la elección del
primer presidente de color de la historia de los Estados Unidos.

El *Ciudadano Vigilante* sabe que esto está mal y siente una ira justificada, pero necesita ayuda para hacer algo. Aquí es donde entra en
juego el *Detective Agudo*, que utiliza esa ira y recopila pruebas minuciosamente, que servirán para aclarar la magnitud del problema. De hecho, esto es lo que está haciendo ahora el movimiento de Black Lives
Matter (La Vida de los Negros Importa), que está denunciando, clara
y persuasivamente, el continuado maltrato sistemático a los afroamericanos. También vemos esta «recopilación de pruebas» en la utilización
de la tecnología, como el uso de teléfonos inteligentes para filmar a po-
licías dando palizas a los ciudadanos y luego difundir las filmaciones
por las redes sociales. Del mismo modo, las estadísticas, aunque sean
un medio más tradicional, pueden tener una repercusión en las personas y hacer que estas exijan una acción correctiva. Por ejemplo, uno de
cada quince hombres afroamericanos se encuentra actualmente en la

cárcel, mientras que la cifra de hombres blancos es inferior al 1%.[33] Por otra parte, la renta media anual en los hogares de los afroamericanos es de 35.398 dólares, frente a los 60.256 dólares de la población blanca.[34] Luego están los testimonios personales, que suelen tener todavía mayor repercusión. Por ejemplo, a mí me conmovió mucho la sentida polémica desatada por Dominique Matti, titulada «Por qué soy una mujer negra muy enfadada». Dominique expone claramente las múltiples razones por las que una mujer de color tiene derecho a estar furiosa, desde la destrucción de las fantasías de la infancia (a Matti le dijeron que no podía ser una princesa, porque «las princesas no son negras») hasta presenciar el trato injusto de sus seres queridos (un guarda de seguridad de la escuela roció a su hermano con gas lacrimógeno cuando este insistió, con todo su derecho, en que no tenía prohibida la entrada a un partido de fútbol. El guarda le confundió con otro joven). Gracias a su testimonio podemos apreciar realmente la ira como emoción moral, como una reacción justa y *necesaria* contra la agresión y el prejuicio.

Nuestra ira, con su disfraz de *Detective Agudo*, nos ayuda a investigar los delitos que hemos sufrido, determinar la naturaleza de nuestra queja y recoger pruebas que garanticen la justicia. La ira se puede utilizar de este modo, no solo cuando estamos luchando contra graves problemas sociales, como la opresión de los grupos marginados, sino cuando tenemos que manejar experiencias más rutinarias pero exasperantes, como la falta de reconocimiento en el trabajo. Puede que sientas que alguien te ha pasado por delante en un ascenso, o estés resentido porque tu trabajo no es valorado. En estos casos, en vez de dejar que la ira te devore, intenta «preparar una defensa» de por qué te me-

---

33. Kerby, S., «The top 10 most startling facts about people of color and criminal justice in the United States». Ficha técnica, Center for American Progress, Washington DC, 2013.

34. DeNavas-Walt, C. y Proctor, B. D., *Income and Poverty in the United States: 2014*, United States Census Bureau, Washington, 2015.

reces más reconocimiento, recogiendo pruebas de una manera clara y objetiva. Luego, preséntala con serenidad y raciocinio. Esto debería reducir el riesgo de que tu ira justificada sea tomada como un intento infantil de acaparar la atención.

Cuando tengas pruebas, puedes pasar a identificar a quienes son responsables de los daños que has sufrido. Para esto, necesitarás los servicios de tu *Policía con Discernimiento*.

El Policía con Discernimiento

Nuestra ira, en su aspecto del *Ciudadano Vigilante*, nos ha alertado de un posible delito, y en el del *Detective Agudo* ha presentado las pruebas. Ahora, sin embargo, hemos de identificar a las personas que nos han causado el sufrimiento. Al principio puede parecer fácil, pero no suele serlo. Por ejemplo, se te acerca un desconocido por la calle y te asesta un puñetazo. Es el responsable de la agresión, por supuesto. Pero *¿por qué* lo ha hecho? ¿Y si descubrimos que de niño abusaron de él? ¿Seguiría siendo responsable? Bueno, sí, pero quizá no del todo. En cuanto a la adjudicación de la responsabilidad, está claro que sus padres maltratadores tienen algo de culpa, porque, en última instancia, fueron ellos los que «provocaron» su agresividad habitual con sus malos tratos. Pero ¿cómo fue la educación de *esos* padres? Puede que incluso fuera más dura, y que se convirtiera en la causa de su naturaleza abusiva. Y así sucesivamente, retrocediendo en la historia, sigue la cadena de la causalidad. La cuestión es que, aunque podamos sentir que nuestro enfado con la persona que nos ha hecho daño está justificado, si queremos utilizar hábilmente nuestra ira es importante que nos convirtamos en un *Policía con Discernimiento* que se preocupa por llegar a la raíz del asunto que ha provocado la agresión. Esto significa intentar tener una visión global, a fin de entender mejor el complejo entramado de razones que han provocado un «delito» específico. Quizá descubramos que todos somos víctimas de alguna manera. Luego, en lugar de culpar al lobo solitario, tal vez deberíamos ver su acto de agresión como un problema que afecta a todo el sistema.

Veamos la persistente lacra del sexismo y de la injusticia que siguen soportando las mujeres en el mundo. Han pasado ya más de dos siglos desde que Mary Wollstonecraft escribió el primer libelo feminista,[35] y más de cien años desde que Emily Davison pereció bajo los cascos del caballo del rey Jorge V en nombre de los derechos de las mujeres. Sin embargo, sigue existiendo la desigualdad de género en todas las sociedades. Como sucede con el racismo, esta injusticia queda reflejada en las pocas cifras que aparecen en las estadísticas, como el hecho de que las mujeres en Inglaterra todavía ganan, como promedio, un 19% menos que los hombres.[36] También podemos acceder a numerosos testimonios de malos tratos sexistas, que no me cabe la menor duda que todas las mujeres del planeta han sufrido en algún momento de su vida. Me viene a la memoria un ejemplo reciente, especialmente ilustrativo, puesto que es absurdo (según la mentalidad de los maltratadores) y sumamente preocupante: Caroline Criado-Pérez recibió cientos de amenazas —algunas de las cuales eran *de muerte*— en los medios sociales después de atreverse a sugerir que Jane Austen debería aparecer en el reverso de los billetes de diez libras.

Esta situación tremendamente injusta —en la que las mujeres son relegadas, victimizadas y oprimidas colectivamente— tiene un nombre: patriarcado, que literalmente significa «gobierno del padre». Provoca una ira justificada, no solo entre las mujeres, sino entre todos los hombres que luchan por la igualdad. No obstante, a fin de abordar este tema deberíamos preguntarnos: ¿quién tiene la *culpa*? Para ello hemos

---

35. Wollstonecraft, M. (1792), *A Vindication of the Rights of Woman*, Prometheus Books, Buffalo, Nueva York, 1990.

36. Office for National Statistics, *Annual Survey of Hours and Earnings, 2014 Provisional Results*, Office for National Statistics, Londres, 2014.

de explorar el *sistema* del patriarcado. ¿Es simplemente la manifestación colectiva del sexismo inherente de los hombres? ¿O hay algo más profundo e insidioso en todo esto, una tela de araña de tradiciones y procesos heredados que también pueden perjudicar a los hombres? Cuando hice las investigaciones para mi doctorado —que era sobre la repercusión que tiene el género en la salud mental— leí sobre la creciente «crisis masculina». Esto se ponía claramente de manifiesto por el aluvión existente de estadísticas alarmantes, relacionadas con una extensa gama de temas, desde la salud mental (tres cuartas partes de los suicidas son hombres,[37]) hasta la delincuencia (los hombres suponen el 95% de los reclusos en Inglaterra.[38]) Es evidente que, sea lo que sea el patriarcado, y cualesquiera que sean los beneficios que otorgue a los hombres —por ejemplo, en cuanto a libertad personal o potencial para ganar dinero—, también hay muchas otras formas en las que los hombres sufren a causa de él.

Reconocer este hecho no significa absolver a los hombres de toda culpa. Cualquier hombre que maltrata o abusa de una mujer debe recibir su castigo, por supuesto. Pero esto significa que también hay grandes batallas que todavía se han de librar. Hemos de poner nuestra atención en cambiar un sistema que anima a los hombres, e incluso los obliga, a adoptar papeles que pueden ser perjudiciales para las mujeres (y, con frecuencia, también para ellos). Por ejemplo, muchas mujeres han sufrido trato sexista en el trabajo. De hecho, muchas de mis amigas y mujeres de mi familia me han contado historias inquietantes de sexismo en organizaciones que ingenuamente había creído que estaban más avanzadas. Ellas —y yo— están justificadamente enfadas. A mí me importa lo que les sucede, quiero que florezcan, así que sé que el sexis-

---

37. Office for National Statistics, *Measuring National Wellbeing-Health*, Office for National Statistics, Londres, 2012.

38. Ministry of Justice, *Statistics on Women and the Criminal Justice System 2011*, Ministry of Justice, Londres, 2012.

mo no es una batalla que han de librar solo *ellas*, sino una lucha que también me concierne a mí. Esto incumbe a todos los hombres: todos tenemos mujeres en nuestras vidas por las que nos preocupamos, así que todos hemos de unirnos a su campaña por un sistema más justo.

La palabra clave es «sistema». Cualquier maltratador que incurra en algún acto sexista debe ser sancionado, reprendido y educado. Pero también hemos de cambiar el sistema para que disminuya el sexismo que tan arraigado está en nuestra sociedad. En la comunidad académica, por ejemplo, esto implica crear iniciativas como «Athena SWAN» (la Red Académica de Mujeres Científicas), que pretende fomentar y apoyar la investigación científica femenina eliminando barreras y ejerciendo presión para unos salarios igualitarios. Estoy seguro de que en otros campos existen organizaciones igualmente loables. Todos, hombres y mujeres, deberíamos prestarles nuestro apoyo y animarlos.

Una vez que el *Policía con Discernimiento* nos ha sensibilizado respecto a la complejidad de la responsabilidad y de la culpa, debemos recurrir a la ayuda del *Fiscal Elocuente* para librar la batalla.

El Fiscal Elocuente

En uno de mis primeros recuerdos de la infancia estoy sentado a hombros de mi padre para poder ver un mar de pancartas, todo un caleidoscopio de color. Siempre hay algo de carnavalesco en una manifestación, un embriagador torbellino de espíritu y de solidaridad. He tenido la gran suerte de tener unos padres maravillosos y cariñosos, que apenas me han levantado la voz y que me han educado con amorosa amabilidad. Pero, al mismo tiempo, siempre les ha preocupado —y les sigue preocupando— la injusticia social, así que en mi infancia he vivido su pasión por la justicia. Recuerdo que muchas mañanas frías estábamos arropados entre masas de mentes afines manifestándonos por una serie de causas progresistas, desde la liberación de la mujer hasta el desarme nuclear. Éramos participantes activos en una orgullosa tradición de protestas pacíficas, cuya fuerza tuvo repercusión en el mundo entero. Esa disconformidad ha demostrado ser uno de los instrumentos más persuasivos que puede utilizar la ciudadanía al servicio de corregir la injusticia o cambiar un sistema ingrato. Es una forma de canalización precisa de la ira, es la encarnación del *Fiscal Elocuente*.

A veces, protestar exige mucho valor y determinación, especialmente en ámbitos donde hay mucha tensión. Aunque las protestas londinenses de mi infancia, en general, eran bastante seguras y sin mayores complicaciones, hay muchas otras personas que han corrido mucho peligro por alzar sus voces, hasta el extremo de arriesgar sus vidas en el intento. Las dos figuras legendarias que están más asociadas a las protestas pacíficas, Martin Luther King, creador del movimiento estadounidense por los derechos civiles, y Mahatma Gandhi, cuya ética de la no violencia inspiró al doctor King, murieron asesinados al servicio de su causa. Pero tanto ellos como sus movimientos, sin lugar a dudas, fueron más poderosos porque se negaron a renunciar a sus principios morales, con independencia de las graves provocaciones y venganzas que tuvieron que soportar. Dios sabe que los dos líderes estuvieron tentados de arremeter contra sus opresores en numerosas ocasiones. Pero, como buenos *Fiscales Elocuentes* que eran, sabían que eso debilitaría su causa ante los ojos de la sociedad y que los conduciría a que les acusaran de agitadores. Además, el doctor King predicaba con una fuerza retórica inigualable que reaccionar a la violencia genera más violencia, lo que crea una espiral destructiva de odio que perjudica a todos. Por el contrario, incitó a sus seguidores a que siguieran el código revolucionario de Jesús y a que trataran a sus enemigos con amor y compasión, a la vez que mantenían la ira justificada que impulsaba su lucha.

La búsqueda elocuente de la justicia puede asumir muchas formas. Uno de los mecanismos más poderosos de compensación que ha surgido en los últimos siglos es el movimiento sindical, que defiende y organiza la creación de mejores condiciones laborales. Como sucede con las marchas de protesta, los sindicalistas aprovechan la fuerza de la voz colectiva, utilizan la energía y el sentimiento de seguridad que puede surgir de la solidaridad por una causa común. No obstante, también ha sido un terreno peligroso para los involucrados, que han sido víctimas de las reacciones violentas de los intereses creados y de la represión de las clases dirigentes. En el Reino Unido, por ejemplo, donde el movimiento sindicalista surgió como respuesta a las inhumanas condiciones laborales creadas en la Revolución Industrial, el Gobierno declaró fuera de la ley a los sindicalistas en 1799, por temor a una revolución. A pesar de que estas leyes fueron revocadas veinticinco años más tarde, el poder político seguía estando en manos de la aristocracia pudiente, así que los sindicatos siguieron enfrentándose a una oposición poderosa y bien organizada durante muchos años más. Por ejemplo, en 1834, seis agricultores de un pueblo de Dorset —los conocidos como los Mártires de Tolpuddle— fueron arrestados por su actividad sindicalista y deportados a Australia. Incluso en la actualidad existe una represión aún mayor. En 2015, en Filipinas, Florencio Romano se convirtió en el decimoctavo líder sindical de dicho país que fue asesinado por sus actividades durante sus breves cinco años en el puesto.[39]

Está claro que enfrentarse al poder con la verdad puede ser extremadamente peligroso. Pero también ennoblece representar el espíritu de coraje y fines éticos. Personalmente, he de decir que mis padres han sido una gran fuente de inspiración para mí. Por ejemplo, mi padre, durante sus años de profesor universitario, dedicó miles de horas a su responsabilidad paralela de enlace sindical. A él le correspondía defender a cualquier empleado que estuviera sufriendo una injusticia laboral. Algunos eran cabezas de turco a los cuales habían culpado de faltas que no eran de su incumbencia, mientras que otros

---

39. Torres, E., «Philippines murder highlights the threat facing trade unionists, *Equal Times*, 24 de marzo de 2015.

tenían que enfrentarse a pruebas falsas en su contra por sus diferencias personales con las figuras de autoridad. Mi padre muchas veces
se enfurecía al ver tantas injusticias y se sentía impulsado a luchar en
nombre de las víctimas. No era un trabajo que le hiciera brillar ni que
estuviera bien remunerado, pero era digno y valía la pena. Hablaba
en nombre de los que no tenían voz ni poder, y era muy respetado.
Al final, apelaba a un jurado —generalmente, a un tribunal— para
que tomara la decisión correcta.

El Jurado Benevolente

Hay una escena muy impactante en la obra maestra de Steven Spiel-
berg, *La lista de Schindler*, donde Itzhak Stern, el contable de Oskar
Schindler y su guía moral, está conversando con Amon Goeth, el sádi-
co comandante del campo. En aquel infierno en la Tierra, Goeth os-
tentaba el poder absoluto. Y, valiéndose de él, lleva a cabo sus más viles
deseos, incluida la ejecución de niños. En un intento de despertar un
ápice de humanidad en aquel monstruo, Stern le cuenta la parábola del
rey que ejerce una autoridad total sobre sus súbditos, los cuales viven
con un miedo mortal. Un día, uno de sus súbditos es llevado ante el rey
temblando de pavor. Aunque solo era culpable de una infracción menor, el pobre estaba convencido de que sería sentenciado a muerte. Sin
embargo…, el rey le perdona y le libera. Stern mira a Goeth a sus fríos
e insensibles ojos y le susurra: «*Eso* es poder». El doble mensaje —que
el comandante no entiende, porque no tiene remedio— es que la benevolencia no es una debilidad, y que el control no tiene por qué ser
mantenido a través de la agresividad y la fuerza. Todo lo contrario, la
benevolencia es la demostración suprema del poder, y el mejor medio
para ejercer la autoridad.

No me atrevería a decir a nadie cómo ha de responder a un maltrato. Como ya he dicho antes, en este libro pretendo evitar los «debería».

Si alguien te ha hecho mucho daño, no tengo ningún derecho a decirte que debes perdonarle, que como *jurado* de su delito has de ser benevolente. Solo tú sabes el perjuicio que te ha ocasionado y qué castigo es justo. Dado que hay muchos ámbitos de la vida en los que podemos sentirnos indefensos, vapuleados por fuerzas mucho mayores que se escapan a nuestro control —desde las despiadadas corrientes de las tendencias económicas hasta leyes que afectan a nuestro día a día que son dictadas desde las torres de marfil del Gobierno—, hay un ámbito en el que todavía *podemos* ejercer control y es en cómo respondemos al maltrato. A veces es lo único que nos queda, como señaló Albert Camus en *El hombre rebelde*.[40] Aunque un esclavo esté privado de libertad y encadenado, sin posibilidad de liberarse del cruel látigo de sus amos, estos jamás podrán dominar su mente. Por más que intenten deshumanizarlo, él todavía puede decir: «No, soy un hombre». De modo que, cuando el sentimiento de culpa nos conduce a juzgar la responsabilidad de quienes nos han herido, podemos aunar algo de fuerza recordando que, al menos, seguimos manteniendo cierto grado de poder y de control. Y si *somos* benevolentes, esto puede ser importante no solo para las personas a las que estamos juzgando, sino para nosotros mismos como víctimas. Antes he hablado del peligro de permitir que la ira se convierta en odio, hecho que a menudo puede ser más destructivo para el que odia que para el objeto de su odio. La compasión puede ser una de las formas más eficaces de evitar que la ira justiciera se convierta en vitriolo venenoso. Por lo tanto, expresar la ira de una manera compasiva actúa a *nuestro* favor.

No hace mucho leí la descorazonadora historia de una mujer a la que llamaré Susan (no es su nombre real). El día antes del Día de la Madre, su preciosa hija Jill había regresado de la universidad y salió con un amigo. Esa noche, Jill la llamó para decirle que regresaría a la mañana

---

40. Camus, A., *The Rebel: An Essay on Man in Revolt*, Vintage, Nueva York, 1956. [Edición en castellano: *El hombre rebelde*, Alianza Editorial, Madrid, 2013.]

siguiente, y le dijo a su madre que la amaba. Esa fue la última vez que oyó la voz de su hija. Un par de horas más tarde, un conductor borracho colisionó contra el vehículo de su amigo y los mató en el acto. Susan tuvo que pasar el Día de la Madre identificando el cadáver de su hija. No hay palabras para describir el insondable dolor y el *shock* que debió sufrir esa mujer, pero también la rabia contra el hombre que se llevó la vida de su hija por su irresponsabilidad. Su ira se disparó en el juicio, cuando el conductor, aparentemente frío y sin muestras de arrepentimiento, se declaró inocente. Susan esperaba que dictaran una sentencia ejemplarizante, que creía que era lo que se merecía, no solo por su delito, sino por su despiadada negación a responsabilizarse de sus actos. Ella creía que su culpabilidad era irrefutable, como seguramente creería cualquiera que estuviera en su situación.

No obstante, antes de que el juez dictara sentencia, Susan recibió una carta del conductor. A pesar de su conducta durante el juicio, la misiva le reveló que era un hombre totalmente consumido por los remordimientos. En la carta le decía que había querido disculparse durante el proceso, pero que su abogado le había dado instrucciones para que no dijera nada. Le dijo que no era un sociópata desalmado, sino una persona que había cometido un grave error que le perseguiría el resto de su vida. A Susan se le había pasado por la mente perdonarle, pero había descartado la idea al ver su falta de arrepentimiento. Ahora, sin embargo, teniendo presente su sincero acto de contrición, cuando dictaron sentencia, ella terminó dirigiéndose al tribunal y le dijo: «Te perdono». Este fue un acto verdaderamente heroico y magnánimo de generosidad, que ofreció una esperanza de salvación a un hombre joven que estaba destrozado. Pero también fue un paso esencial en su propio proceso de recuperación. Ella tampoco quería vivir el resto de sus días «consumida por la amargura» y encontró algo de paz actuando como el *Jurado Benevolente*. Aun así, seguía creyendo que el conductor merecía un castigo, pero, aunque odiaba al pecado, fue capaz de sentir compasión por el pecador y verlo como un ser humano imperfecto. Al fin y al cabo, todos pecamos, aunque las consecuencias no sean siempre tan trágicas como en este caso. Todos venimos del mismo «tronco torcido de la humanidad», según la inolvidable frase de Isaiah Berlin.

La compasión y el perdón son temas importantes en este libro. En el caso de Susan, conceder su perdón la ayudó a retomar su vida. Dicho esto, no sé si yo tendría la fortaleza para hacer lo mismo, y ruego a Dios que no me vea jamás en una situación semejante. En las pruebas personales, solo tú sabrás si perdonar es lo indicado para ti y si te va a ser útil. De modo que, si otorgas el perdón como *Jurado Benevolente*, recuerda que lo más importante es que te lo otorgues *a ti mismo*. Quizá nos resulte difícil, puesto que con frecuencia solemos reservar para nosotros nuestras críticas más duras. De ahí que psicólogas como Kristen Neff recomienden ejercicios que han demostrado su eficacia para potenciar la autocompasión.[41] Por ejemplo, una de las técnicas más poderosas para generar compasión —para uno mismo y para los demás— es la meditación del amor universal.[42] Es una meditación de origen budista, pero no es necesario ser budista —o ni tan siquiera remotamente religioso— para practicarla y obtener beneficios de ella. Simplemente, es un buen punto de partida para cualquiera que desee desarrollar la compasión. Cualquier cosa que decidas hacer y comoquiera que decidas evaluar la culpa de tus agresores, intenta ser compasivo contigo mismo. Recuerda que estás haciendo lo mejor en circunstancias terribles que nadie debería tener que afrontar jamás.

Una vez que se ha establecido la culpa, necesitamos discernir la forma más apropiada y el grado en que solicitamos compensación. Para ello, hemos de recurrir al *Juez Sabio*.

---

41. Neff, K. D. y Germer, C. K., «A pilot study and randomized controlled trial of the mindful self-compassion program, *Journal of Clinical Psychology*, *69*(1), 2013, pp. 28-44.

42. Salzberg, S., *Loving-Kindness*; *The Revolutionary Art of Happiness*, Shambhala Publications, Boston, Massachusetts, 2004.

El Juez Sabio

Es el 24 de abril de 2013, por la mañana temprano. Aparentemente, otro miércoles cualquiera, en Dacca, Bangladés. Pero se está produciendo una escena inusual en el exterior de la fábrica de la plaza Rana.[43] El edificio de hormigón de ocho plantas alberga a más de 3.500 trabajadores, de los cuales el 80% son mujeres jóvenes, de edades comprendidas entre los dieciocho y los veinte años, la mayoría de los cuales trabajan hasta cien horas a la semana por 10 céntimos de euro la hora. Se dedican a confeccionar ropa que las multinacionales occidentales venderán a precios de ganga a los pudientes consumidores europeos y norteamericanos. Hoy, sin embargo, han empezado a aparecer grandes grietas en las paredes externas del edificio. Las trabajadoras, temiendo por su vida, se niegan a entrar. No obstante, las obreras de uno de los negocios alegan que fueron obligadas a entrar; las amenazaron con no pagarles ni darles de comer durante un mes. A las 08:00, las trabajadoras entran con recelo en las instalaciones y se ponen a trabajar. Cuarenta y cinco minutos después se va la luz y se activan los generadores de emergencia de la fábrica. Casi de inmediato, el edificio empieza a desplomarse. Luego, se produce una ensordecedora explosión. El edifico se hunde. Una semana más tarde, se confirma la muerte de 1.137 trabajadoras. Todas ellas habían pasado la mayor parte de su joven vida matándose a trabajar por un sueldo miserable.

Un buen número de estudios confirma lo evidente: la mayoría de las personas están indignadas por esta cruel indiferencia respecto al bienestar laboral, situaciones en las que, en la incansable búsqueda de beneficios, se descuida hasta la seguridad básica. Por ejemplo, Silvia Grappi y sus colaboradores presentaron ejemplos hipotéticos de irres-

---

43. Institute for Global Labour and Human Rights, «Factory collapse in Bangladesh», Ficha técnica, Institute for Global Labour and Human Rights, Pittsburgh, Pensilvania, 2014.

ponsabilidad corporativa a algunos voluntarios, y demostraron que la ira va en aumento según el grado de violación ética percibido.[44] Por supuesto, hasta los *Jurados más Benevolentes* considerarían culpables a semejantes empresas piratas. Pero para utilizar hábilmente nuestra ira, para que tenga un efecto, tenemos que trascender ese veredicto simple. Hemos de convertirnos en el *Juez Sabio* y determinar el tipo de «castigo» más apropiado y eficaz. Aquí, la clave es la palabra «sabio». Una venganza irreflexiva sería contraproducente. Por lo tanto, hemos de intentar imponer una pena que pueda ofrecer alguna oportunidad para cambiar la situación o corregir la conducta que nos ha parecido tan grave.

Cuando se producen faltas graves a nivel corporativo, puede que sintamos una extenuante indignación contra las aparentemente intocables multinacionales y que nos lamentemos preguntándonos: «¿Cómo pueden hacer esto? ¿Cómo pueden maltratar a los trabajadores de este modo?», dando por hecho que no podemos hacer nada para castigarlos. Pero eso no es cierto. En primer lugar, necesitamos asumir que «nosotros» somos «ellos». Una corporación carente de ética no es un animal salvaje, que causa estragos aisladamente. Por el contrario, se encuentra en el centro de una inmensa telaraña tóxica, de la cual nosotros formamos los hilos. Las rentables multinacionales son creadas y mantenidas por *nuestras* acciones y por las de millones de consumidores. Nuestro afán por comprar ropa cada vez más barata, sin importarnos si se ha confeccionado de manera ética, desempeña un papel principal en crear condiciones laborales que propicien atrocidades como la de la plaza Rana; y, en general, para la esclavitud asalariada de nuestros tiempos.

---

44. Grappi, S., Romani, S. y Bagozzi, R. P., «Consumer response to corporate irresponsible behavior: Moral emotions and virtues», *Journal of Business Research*, *66*(10), 2013, pp. 1814-1821; Grappi, S., Romani, S. y Bagozzi, R., «Consumer stakeholder responses to reshoring strategies», *Journal of the Academy of Marketing Science*, *43*(4), 2015, pp. 453-471.

Esto es muy aleccionador, pero también nos da mucho poder. Porque, si nosotros somos parcialmente responsables de la explotación de los trabajadores, podemos hacer algo al respecto. Disponemos de múltiples herramientas punitivas que pueden provocar un cambio en el mundo corporativo. Desde manifestaciones y boicots hasta las campañas de boca a boca y los medios sociales. No te olvides de que a las grandes multinacionales lo que más les importa son sus beneficios. Aunque sea desesperanzador en cuanto a ética, en términos prácticos es muy útil. Así que si recompensáramos a las compañías éticas con nuestras compras y castigáramos a las que no lo son, negándonos a comprar sus productos, conseguiríamos marcar la diferencia. Por ejemplo, pocos días antes de que empezara a escribir este capítulo, una cadena de supermercados británicos, de pronto, decidió eliminar de sus tiendas todos los puntos de recogida de donativos para obras benéficas. Esto indignó a muchas personas y no tardó en iniciarse una campaña de boicot, que fue en aumento. Al final, la cadena de supermercados, muy consciente de que quería mantener sus beneficios y su reputación, enseguida dio marcha atrás y volvió a instalar las urnas de donativos. Esto fue un buen ejemplo de con qué rapidez y éxito la presión de los consumidores puede dar resultados éticos positivos.

También podemos intentar ser un *Juez Sabio* en lo que respecta a delitos más personales. Por ejemplo, el terrible problema de los abusos domésticos que sufren un tercio de las mujeres en el mundo.[45] En tales situaciones, la prioridad más inmediata es detener el abuso, ya sea forzando al abusador a que deje de cometer los abusos o facilitando la huida de la víctima. Aquí, la labor del *Juez* es determinar cuál es la mejor forma de lograr uno de estos dos resultados. James McNulty y Peter Fincham han realizado una labor importante en este campo.[46] Investi-

---

45. MenCare, *State of the World's Fathers*, MenCare, Washington DC, 2015.

46. McNulty, J. K. y Fincham, F. D., «Beyond positive psychology? Toward a contextual view of psychological processes and well-being», *American Psychologist, 67*(2), 2011, pp. 101-110.

gan si emociones que normalmente consideramos «positivas» —como el perdón— realmente deberían considerarse como tales en situaciones de abusos. Cuando una persona ha escapado de una relación abusiva, puede beneficiarse, hasta cierto punto, de intentar perdonar a su maltratador.[47] Pero perdonar mientras todavía se está en esa situación puede ser problemático, pues puede propiciar que esta se perpetúe. Ni que decir tiene que ni McNulty ni Fincham tienen la menor intención de trasladar la culpa a las víctimas. Lo que pretenden es ayudar a las partes afectadas a conseguir que denuncien a sus agresores.

A la larga, por supuesto, tendremos que aplicar la corrección y la pena a la parte culpable. Y aquí, una vez más, es necesario que seamos cautos. Esto nos lleva a la última función de la ira: al *Director de Prisión Rehabilitador*.

El Director de Prisión Rehabilitador

Hemos visto que la ira puede ser una emoción moral, una señal visceral de que algo no anda bien en el mundo. Además, si se utiliza hábilmente, puede desempeñar un papel importante para corregir estas injusticias. Y esa utilización ha de ser hábil, porque de lo contrario se corrompe y se convierte en odio, que no hará más que empeorar la situación para todos; especialmente, para nosotros mismos. Bien empleada, sin embargo, la ira puede servir a toda una gama de funciones vitales que, en su conjunto, pueden ayudar a hacer que el mundo sea un lugar mejor. Y esta última función de este proceso la desempeña el *Director de Prisión Rehabilitador*, la figura que se encarga de aplicar el «castigo».

---

47. Lundahl, B. W., Taylor, M. J., Stevenson, R. y Roberts, K. D., «Process-based forgiveness interventions: A meta-analytic review», *Research on Social Work Practice, 18*(5), 2008, pp. 465-478.

Aquí el concepto clave es «rehabilitación». Cuando castigamos a alguien inducidos por la ira, lo más habitual es que haya un más que comprensible deseo de venganza: que el culpable sufra como hemos sufrido nosotros. El concepto de ojo por ojo es tan viejo como la propia humanidad. Y, según cómo, implica cierto sentido de justicia e imparcialidad. Pero es peligroso perseguir este tipo de igualdad punitiva. Las personas que han seguido un camino alternativo recomiendan que es mejor apuntar más alto y buscar la rehabilitación de nuestro agresor, aunque el mero hecho de pensarlo nos provoque sufrimiento. Lo que hemos de comprender es que al seguir la vía alternativa no lo hacemos por ellos, ni por su rehabilitación, sino por nosotros y nuestra propia rehabilitación. Es evidente que la rehabilitación es mucho mejor que el castigo desde la perspectiva del delincuente: la primera opción es el regreso a la civilización, mientras que la segunda es probable que les adentre más en la oscuridad. Pero puede que sintamos la tentación de decir: «¿Y qué? Se lo merecía. Una vez que esté encerrado, ¿por qué he de preocuparme de lo que le suceda?» Para crímenes realmente ruines puede que sea la única respuesta posible, y la única forma de que podamos recuperar nuestra vida. Sea como fuere, *nosotros*, las víctimas, indudablemente necesitamos una rehabilitación, y muchas veces, esto se facilita si aquellos que nos han herido también experimentan sus beneficios.

Las investigaciones han demostrado que una tragedia o delito es mucho más difícil de procesar si *no tiene sentido*; si se ha cometido sin razón o propósito. Por consiguiente, las víctimas de situaciones traumáticas que pueden hallar algún sentido en lo que les ha sucedido suelen recuperarse mejor.[48] Para algunas personas, el sentido está en percibir una dimensión espiritual en su sufrimiento, como considerarlo parte del «plan divino», o pensar que el ser querido que se ha mar-

---

48. Calhoun, L. G. y Tedeschi, R. G., *Handbook of Posttraumatic Growth: Research and Practice*, Routledge, Nueva York, 2014.

chado ha «ido a un lugar mejor». Otras hallan el sentido dejando algún tipo de legado, como las personas que tras la pérdida trágica de algún ser querido llevan a cabo investigaciones y campañas. En tales casos, la intención suele ser evitar que a otros les suceda lo mismo. Por supuesto, la persona que lidera la campaña es consciente de que no recobrará la vida de su ser amado, pero al menos tiene el consuelo de que su muerte no fue en vano y que puede surgir algo bueno de ello.

Susan siguió ese camino heroico y desinteresado. Después de haber perdonado al hombre que mató a su hija, su camino hacia la rehabilitación —el suyo propio y el del conductor borracho— no terminó ahí. Empezó a dar conferencias a los jóvenes sobre las consecuencias de conducir borracho, con la esperanza de prevenir futuras tragedias. Además, invitó al conductor a participar en esos actos. Sea cual fuere la función de rehabilitación que esto desempeñó en su vida —que seguro que la tuvo— ver al agresor al lado de la madre de la víctima debió causar un tremendo impacto en el público, debió transmitir un poderoso mensaje y estoy seguro de que salvó vidas, tal como Susan esperaba.

Cualquiera que sea tu drama, cualquier razón que tengas para tu ira hacia las personas que te han provocado el sufrimiento, puede existir salvación al aplicar la justicia de manera rehabilitadora, sobre todo para ti. Es la última parte del proceso de utilizar la ira para cambiar nuestro mundo para mejor.

Sin embargo, a veces puede que seamos *nosotros* los que obremos mal, hagamos daño a otros y nos volvamos merecedores de *su* ira. En tales casos hemos de luchar contra la culpa, como veremos en el siguiente capítulo.

4

La culpa

De todas las escenas desgarradoras de obras de teatro, pocas son tan impactantes como el escalofriante descenso de lady Macbeth hacia la locura. La vemos enajenada, intentando limpiarse rabiosamente la sangre imaginaria de sus manos, en un vano intento de borrar y expiar su complicidad en el asesinato del rey Duncan, lamentándose a gritos: «Estas manos jamás estarán limpias». Las investigaciones modernas nos confirman que Shakespeare era un sagaz psicólogo. Chen-Bo Zhong y Katie Liljenquist descubrieron que el sentimiento de culpa puede hacer que las personas deseen limpiarse, como si sus malos actos les hubieran contaminado físicamente y necesitaran purificarse.[49] Los investigadores pidieron a un grupo de voluntarios que recordaran alguna mala acción (el «grupo inmoral») y a otro que recordara una buena acción (el «grupo moral»). Todo el mundo recibía un regalo por haber participado en el experimento: un lápiz o una toallita antiséptica. Casi todos los del grupo moral optaron por el lápiz, mientras que la mayoría de los del inmoral eligieron la toallita antiséptica, quizá con la esperanza de limpiar sus pecados. Asimis-

49. Zhong, C.-B. y Liljenquist, K., «Washing away your sins: Threatened morality and physical cleansing», *Science, 313*(5792), 2006, pp. 1451-1452.

mo, en la segunda parte del estudio,[50] a otro grupo de participantes se le pidió que reflexionara sobre alguna transgresión. Luego, a algunos se les dio una toallita antiséptica para que se limpiaran las manos, mientras que otros no recibieron nada. Después se les preguntó si en el futuro querrían participar en otro proyecto de investigación. Los que se habían lavado las manos —física, pero también metafóricamente— tenían menos predisposición que los que no se las habían lavado, que presuntamente se sentían culpables de sus actos.

Dejando a un lado la fascinante interrelación entre culpabilidad y limpieza, la lección que podemos aprender de estos estudios es que el sentimiento de culpa puede hacernos mejores personas. Podemos contemplarlo como la contrapartida de la ira. Ambas pueden ser emociones morales la única diferencia es el objetivo. Mientras la ira va dirigida a otros, cuando nos sentimos culpables nos condenamos a nosotros mismos. Como he explicado en el capítulo anterior, la ira puede ser una respuesta moral a una situación injusta y puede ser un poderoso agente corrector de injusticias. De igual modo, si alguien acepta la responsabilidad de haber causado una mala acción, o de haberla defendido o contribuir a ella, el resultado puede ser muy beneficioso. La mayoría de las personas somos culpables de algo, de alguna manera, en algún momento. Nadie es perfecto, pero todos podemos esforzarnos por ser buenos o mejores de lo que somos. Este es, pues, el valor de la culpa: como sucede con la ira, puede formar parte de nuestra brújula moral. Es nuestra intuición que nos indica cómo hemos errado y, por consiguiente, es una fuente vital de información sobre la calidad de las acciones que realizamos en el pasado. Por desgracia, a veces puede que nos sintamos demasiado culpables, o que nuestro sentimiento de culpa sea injustificado. Pero una culpa *apropiada*, que ha sido reconocida a través de una autorreflexión respetuosa y compasiva, puede ser un es-

---

50. También en Zhong, C.-B. y Liljenquist, K., «Washing away your sins: Threatened morality and physical cleansing», *Science*, *313*(5792), 2006, pp. 1451-1452.

tímulo positivo que nos incite a reparar el daño cometido y nos conduzca hacia el bien.

Diferenciar la culpa, la vergüenza y la humillación

A medida que nos vamos familiarizando con el sentimiento de culpa, puede que también conozcamos a sus toscos socios: la vergüenza y la humillación. Cuando estamos perdidos en la neblina de la preocupación, a veces no somos conscientes de nuestras equivocaciones. No necesariamente se debe a que seamos insensibles, sino más bien a que estamos tan sobrecargados con nuestros propios problemas que no nos damos cuenta de que hemos irrumpido torpemente en el camino de otra persona. En tales situaciones, puede que necesitemos que alguien nos dé un buen codazo para que apreciemos el error que hemos cometido.

La vergüenza y la humillación son dos emociones muy desagradables, por supuesto. Por ese motivo, hemos de prestar atención para no confabularnos con el tipo de mentalidad popular que se deleita con el hundimiento de otros, como Jon Ronson ha descrito de manera tan alarmante.[51] Esta victimización viciosa, cuyo origen se encuentra en las masas, desgraciadamente se ha visto reforzada gracias a las redes sociales, dada la facilidad con la que ahora las personas pueden provocar una «tormenta en Twitter» e iniciar un aluvión de críticas hacia una persona que puede que haya actuado o hablado con poca sensibilidad. Esto no quiere decir que las críticas públicas deberían estar prohibidas; hay veces que son totalmente justificadas. Pero avergonzar públicamente a alguien conlleva el riesgo de que se convierta en un acto de arrogancia y agresividad, en un intento de desacreditar a una persona,

---

51. Ronson, J., *So You Have Been Publicly Shamed*, Picador, Londres, 2015. [Edición en castellano: *Humillación en las redes*, Ediciones B, Barcelona, 2015.]

por algo que puede que no haya sido más que un desafortunado *tweet*. No encontrarás generosidad de espíritu en estas cazas de brujas digitales. Ninguna de sus víctimas recibe jamás el beneficio de la duda. Sus atacantes rara vez intentan entender sus intenciones ni tampoco procuran contextualizar su conducta. Y no dan muestras de la más mínima compasión por la víctima que ha sido repentinamente humillada.

Dicho esto, si somos víctimas de que nos avergüencen o humillen en público, puede que encontremos algunos beneficios en medio de esa desagradable situación. Es decir, que encontremos diamantes en el lodo. Si cuando reflexionamos nos damos cuenta de que nos merecemos esa vergüenza y humillación, esas experiencias pueden enseñarnos valiosas lecciones. Tengamos en cuenta que, etimológicamente, la palabra «humillación» está muy relacionada con «humildad» —las dos palabras proceden de la raíz latina de «humilde»—, que siempre se ha considerado una virtud. ¿Y si intentáramos convertir nuestras experiencias humillantes en humildad, en el reconocimiento de que somos imperfectos? La vergüenza y la humillación —*siempre que sean justificadas y proporcionadas*— pueden ser los medios a través de los cuales el mundo nos está diciendo que nos hemos equivocado, de que tenemos razones para sentirnos culpables. La culpa, a su vez, puede ser una emoción moral, una fuerza motivadora que puede ayudarnos a reconducir nuestras vidas hacia un futuro más próspero. Lo mismo podríamos decir del lamento, que es básicamente una forma melancólica de culpa, el arrepentimiento por haber realizado ciertas acciones en el pasado. Hay muchas personas que dicen: «Nada de lamentos». Pero nadie es infalible, por lo que seguramente todos tendremos *algo* que lamentar. Esto puede ser positivo si aprendemos a utilizarlo bien.

Puede que después de haber herido a un ser querido te sientas culpable. No eres el único, hasta la persona más santa guarda en su interior alguna carga de este tipo. No obstante, en lugar de pretender erradicar tu sentimiento de culpa, puedes convertirlo en una poderosa experiencia de aprendizaje. Cualquier intento de entenderla indica un deseo de cambio y de convertirte en mejor persona. De hecho, cuando reflexionamos profundamente sobre nuestros errores suele ser cuando descubrimos la motivación para desarrollarnos y crecer. Así que, si hemos cometido un error, nuestro deber —y nuestra salvación— se encuentra en examinar esas equivocaciones y reflexionar sobre el daño que hemos hecho. Es importante que ese ejercicio de introspección no degenere en odio a uno mismo. Más bien hemos de reflexionar sobre nuestras acciones del pasado, con un espíritu de compasión hacia nosotros mismos, y canalizar el sentimiento de culpa de formas productivas, utilizarlo para adoptar mejores patrones de conducta. Este proceso nos ayuda a tratar a los demás con más amabilidad, consideración y respeto, lo cual, a su vez, tendrá un efecto positivo en nuestra vida. No es necesario que te consideres adepto al concepto del karma para darte cuenta de que cuanto mejor trates a las personas, mejor estas te tratarán a ti.

En este capítulo veremos cómo utilizar adecuadamente la culpa y usarla para que mejore nuestra vida. Pero, en primer lugar, hemos de entender que existen diferentes motivaciones detrás de nuestra conducta. Por consiguiente, habrá distintos tipos de culpa, como expongo a continuación.

El espectro de la motivación

En un pueblo hay una mujer que está en la cama con fiebre alta. Hans, su esposo, está comprensiblemente muy preocupado y se va corriendo al médico para pedirle ayuda. El médico le dice que Rolf, el farmacéutico del lugar, tiene un medicamento que curará a su esposa. Hans se va corriendo a la farmacia y pide el medicamento. Rolf coge la botella y le dice a Hans que cuesta 2.200 euros. Esta cifra abusiva está muy por encima de las posibilidades de Hans, así que se echa a llorar, le explica la gravedad de la situación y le ruega a Rolf que le baje el precio. Pero el farmacéutico es un insensible comerciante que jamás ha permitido que sus sentimientos se interpusieran en sus negocios. Hans intenta negociar. Le dice que le pagará 220 euros ahora (todo el dinero que tiene) y que le dará el resto a lo largo del año que viene. Rolf se sigue negando, así que Hans sale de la farmacia y empieza a llamar a todas las puertas, pidiendo a sus vecinos que le hagan un préstamo. Sus amigos son generosos, pero solo consigue recolectar la mitad del dinero. La situación parece desesperada, así que esa noche hace algo que no había hecho jamás: comete un delito. Entra en la farmacia por la ventana y roba el medicamento. Su amada esposa sale de peligro mortal y se recupera completamente.

Todos estaríamos tentados de hacer lo mismo si nos encontráramos en la misma terrible situación, y probablemente la mayoría haríamos lo que hizo Hans y robaríamos el fármaco. Pero la pregunta esencial es: ¿tenía *razón* para hacer eso? Y, si tu respuesta es: «Sí, por supuesto», ¿en qué se *basa* para tener razón? Y eso es lo que pretendía descubrir Lawrence Kohlberg cuando diseñó el escenario que acabo de describir.[52] Su investigación se centraba en el razonamiento moral: básicamente, en por qué hacemos lo que hacemos y cómo nos justificamos nuestras acciones a nosotros mismos. Planteó el dilema de Hans a miles de personas, les preguntó si creían que tenía derecho a robar el medicamento y, si era así, ¿por qué? En el transcurso de este largo proyecto de investigación, identificaron seis respuestas principales; media docena de formas generales en las que la gente intentaba explicar la conducta de Hans. De ahí que Kohlberg llegara a la conclusión de que los seres humanos actúan impulsados por seis motivaciones distintas, es decir, diferentes razones por las que pueden elegir realizar y justificar una acción concreta en su vida. Este *espectro de motivación*

---

52. Kohlberg, L., «Stage and sequence: The cognitive-developmental approach to socialization», en D. A. Goslin (editor), *Handbook of Socialization Theory and Research*, Rand McNally, Londres, 1968, pp. 347-480.

puede ayudarnos a entender nuestra conducta. Lo más probable es que la mayoría hayamos actuado impulsados por alguna —si no por todas— de las seis motivaciones en algún momento de nuestra vida. Y, si nos comportamos mal, esperamos sentir diferentes tipos de culpabilidad, según la motivación que haya impulsado nuestras acciones. Además, estos tipos de culpa no son todos iguales: unos son «mejores» que otros. Por eso, aunque nunca lleguemos a librarnos enteramente del sentimiento de culpa, al menos podemos aspirar a desarrollar formas más *positivas* y llegar a ser mejores versiones de nosotros mismos.

Las dos primeras razones que dieron los participantes para explicar y justificar la conducta de Hans se basaban en cuál sería el resultado *personal* que obtendría. Kohlberg las denominó motivaciones «preconvencionales»: que no se rigen por la «convención» (leyes o normas sociales), sino por el miedo al castigo y las expectativas de recompensa. En la primera, que Kohlberg denominó «obediencia y castigo», estamos motivados a actuar, o a no hacerlo, basándonos en la posibilidad de ser castigados. La personalización metafórica de esta motivación sería el *Sirviente Obediente*. Cualquiera que contemple la situación de Hans bajo esta perspectiva probablemente argüiría que *no debe* robar el medicamento, porque puede que lo atrapen y lo arresten. Es casi seguro que tú también habrás seguido esta línea de razonamiento —y experimentado la forma de culpa relacionada con él— si alguna vez has hecho algo que sabías que estaba mal, aunque fuera para evitar consecuencias desagradables. Uno de los principales ejemplos sería hacer algo poco ético en el trabajo por la presión de algún jefe. El segundo tipo de motivación preconvencional es cambiar el enfoque del castigo por el de la recompensa: actuamos basándonos en lo que queremos o necesitamos, aunque no sea correcto. En tales casos nos dejamos guiar por el *Ladrón de Joyas*. Desde esta perspectiva se podría argumentar que Hans *debería* robar el medicamento, simplemente, porque lo desea. Si alguna vez has hecho algo malo por puro interés egoísta —como robar algo o mentir para progresar en tu profesión—, entenderás este tipo de razonamiento y el tipo de culpa específica que genera.

Las dos motivaciones siguientes las clasificó como «convencionales», puesto que se basan en las leyes y normas de la *sociedad* más que en los temores y las aspiraciones personales. Etiquetó a la primera como la actitud del «chico bueno o chica buena». En esta motivación, la gente piensa en la aprobación de la sociedad y actúa conforme a ella. Es decir, se dejan llevar por su *Complaciente* interior. Si contemplamos el dilema de Hans bajo esta perspectiva, podríamos argumentar que debería robar la medicina, puesto que si no hace todo lo que esté en su mano para salvar a su esposa tendrá que soportar la ira de su familia y de sus amigos. Seguramente conocerás este tipo de razonamiento y el tipo de culpa que se siente si alguna vez te has visto obligado a hacer algo para encajar en un grupo o conseguir su aprobación, aunque supieras que estaba mal. El segundo motivo convencional es la «autoridad y el orden social». En este caso es la ley la que dicta nuestra conducta y nos permite racionalizarla. Esto lo abarca todo, desde la legislación por la que se rige la sociedad hasta las recomendaciones de las tradiciones religiosas. En este capítulo, he denominado a la personificación interna de esta perspectiva el *Estricto Seguidor de las Reglas*. Una persona que se guía por este aspecto puede que simpatice con Hans, pero argüirá que no debe tomarse la justicia por su cuenta. Si alguna vez has seguido estrictamente una regla —aunque estuvieras tentado de romperla—, es que te has guiado por esta línea de razonamiento. Por ejemplo, imagina a un policía que para a un vehículo que va a toda velocidad y descubre que el conductor es una madre angustiada que está llevando a su hijo al hospital, pero a pesar de todo la multa, porque su deber es el cumplimiento de la ley.

Por último, Kohlberg identifica dos tipos de motivación que etiquetó como «posconvencionales». En tales circunstancias, llegamos a la conclusión de que las leyes convencionales de la sociedad son imperfectas, así que adoptamos lo que —al menos para nuestra mente— es una perspectiva más «elevada». La primera de esas dos últimas motivaciones es la conocida como el «contrato social». Aquí reconocemos que las leyes humanas son creaciones que están sujetas a las peculiaridades de cada cultura, que con frecuencia son imperfectas y, lo más importante, son susceptibles de mejora, en caso de ser deficientes. Por ende, podemos y debemos trabajar para mejorarlas basándonos en el acuerdo mutuo. A esta motivación la llamo el *Reformador Social* interno. Desde esta perspectiva, puede que no te parezca correcto que la ley priorice sacar provecho antes que ayudar a los necesitados, y que defiendas que Hans *debería* robar el medicamento (y, de hecho, que la ley debería cambiar). Si alguna vez has trabajado para cambiar unas normas que considerabas que eran incorrectas, estarás familiarizado con el contrato social. Del mismo modo, cuando nos guiamos por la motivación final, los «principios universales», sentimos que los juicios morales se deberían basar en ideales que trasciendan el consenso social. Un aspecto de esta perspectiva suele ser el de que la vida es sagrada; por consiguiente, Hans *debería* robar el medicamento sin importarle lo que digan los demás sobre su conducta. A la personificación interior de esta motivación la llamo el *Idealista de los Principios*. Si alguna vez te has posicionado sobre algo —si has tenido que defender tu postura solo—, habrás estado bajo la influencia de esta línea de pensamiento.

Como veremos, las seis motivaciones y justificaciones que identificó Kohlberg pueden ayudarnos a dar sentido a nuestras acciones. Además, podemos usar estar reflexiones para intentar desarrollarnos y crecer como personas. Kohlberg señaló que el mundo sería mejor si hubiera más personas que se guiaran por estas últimas motivaciones, especialmente por las posconvencionales. Imaginó las seis motivaciones como los peldaños de una escalera que nos permite ascender a los niveles de desarrollo más elevados y, por consiguiente, alcanzar estados de bienestar más satisfactorios. Ahora veremos cómo podemos utilizar la culpa para ascender desde las motivaciones más bajas (el *Sirviente*

Obediente y el *Ladrón de Joyas*) hasta la cúspide del *Idealista de los Principios*. Por ejemplo, puede que te sientas culpable por la vez en que tu *Ladrón de Joyas* te incitó a comportarte de manera egoísta. Si te arrepientes de ello, puede que te sientas inspirado a seguir motivos más elevados en el futuro, como tu preocupación por los demás. Este tipo de desarrollo psicológico es importante, porque es la clave para el florecimiento, para una vida ética y rica. Tal como nos han enseñado algunos de los psicólogos de mayor renombre del mundo —desde Abraham Maslow[53] a Carl Jung[54]—, cuanto más intentamos ser mejores personas, más felices somos y más realizados nos sentimos. Veamos ahora cada una de las motivaciones recordando esto.

El Sirviente Obediente

¿Crees que serías capaz de matar a alguien? Quizás en una situación extrema, en un desesperado acto de defensa propia. Pero, de lo contrario, ¿seguro que no? Por escandaloso que nos parezca, un experimento que no tiene muy buena reputación parece indicar que podríamos ser menos inmunes a esa posibilidad de lo que pensamos. En 1961, Stanley Milgram invitó a un grupo de ciudadanos de New Haven a su laboratorio para participar en un «experimento sobre aprendizaje».[55] Repartió a los participantes en dos grupos: profesores y alumnos. Colocó a cada uno de los profesores en una habitación a solas, ante una máquina con unos botones de aspecto siniestro. Luego les dijo que uno de los

53. Maslow, A. H., «A theory of human motivation», *Psychological Review, 50*(4), 1943, pp. 370-396.

54. Jung, C. G. (1939), *The Integration of the Personality*, Routledge and Kegan Paul, Londres, 1963.

55. Milgram, S., «Behavioral study of obedience», *Journal of Abnormal and Social Psychology, 67*(4), 1963, pp. 371-378.

estudiantes estaba en otra habitación y que le harían una prueba planteándole una serie de preguntas. Si el estudiante respondía incorrectamente, el profesor tenía instrucciones de apretar el primer botón. Aquí es donde literalmente empieza lo fuerte, porque al pulsar el botón se suponía que se administraba una descarga eléctrica de 15 voltios al estudiante, tal como indicaba la etiqueta que había en la máquina. Si el estudiante cometía un segundo error, el profesor estaba obligado a apretar el segundo botón. Esta vez, el estudiante recibía una descarga eléctrica de 30 voltios. Y así sucesivamente, con incrementos de 15 voltios, hasta llegar a 450 voltios. Apretar este último botón —como indicaba la máquina— provocaría una «muerte segura». Como es natural, todo era un montaje, los estudiantes eran actores y no recibieron ninguna descarga. Pero el experimento fue muy convincente. Al principio, los estudiantes imploraban perdón. A los 300 voltios golpeaban frenéticamente la pared que los separaba, suplicando al profesor que se detuviera. Después cesaron las respuestas, aparentemente incapacitados por el dolor o por haber muerto. Como cabía esperar, los profesores —algunos de los cuales se angustiaron mucho— protestaron y pidieron a los investigadores que detuvieran el experimento. Los investigadores se limitaron a responder gritando: «¡Debe continuar!»

Antes de iniciar el proyecto, Milgram pidió a cuarenta eminentes psiquiatras que predijeran hasta dónde llegarían los profesores. Acordaron por consenso que menos del 4% apretaría algunos de los botones de más de 300 voltios, y que solo un 0,1% —básicamente, un malvado psicópata que habían conseguido infiltrar en el experimento— llegaría hasta el final. Por consiguiente, los resultados escandalizaron al mundo: dos tercios de los profesores llegaron a apretar el botón máximo de 450 voltios. Dicho de otro modo, estaban dispuestos a matar a un desconocido por fallar un estúpido juego de palabras, simplemente, porque alguien con bata blanca les decía que lo hicieran.

Aunque estos descubrimientos serían muy preocupantes en cualquier contexto, eran especialmente alarmantes por los funestos acontecimientos que estaban teniendo lugar, en aquellos tiempos, en la otra mitad del mundo. Pocos meses antes había empezado en Jerusalén el juicio de Adolf Eichmann, el oficial nazi responsable de organizar las deportaciones masivas de los judíos de Europa hasta los campos de exterminio, y seguía su curso mientras Milgram realizaba este experimento. Antes de la guerra, Eichmann había tenido una existencia de lo más normal, era un vulgar vendedor, antes de ascender a los escalafones más altos de la jerarquía nazi. De hecho, durante el juicio se le veía un hombre de lo más corriente —incluso aburrido—, más bien parecía un contable diligente que un tirano homicida. Sin embargo, fue un personaje clave en la orquestación del más vil y extenso acto de genocidio que ha visto el mundo. Hannah Arendt, a raíz del juicio acuñó la famosa frase de «la banalidad del mal», para describir esta macabra disyuntiva.[56] A medida que iban apareciendo más detalles sobre los crímenes de Eichmann, el estudio de Milgram fue adquiriendo connotaciones especialmente siniestras.

En el traumático periodo de la posguerra de la Segunda Guerra Mundial, entre las múltiples preguntas que se hacía un mundo todavía conmocionado, una de las más urgentes era: ¿fue la crueldad nazi un caso *único*? Si era así, aunque el mundo jamás pudiera olvidar o perdonar las barbaridades del Holocausto, al menos podría autoconvencerse de que fue una catástrofe aberrante que no se volvería a repetir. Pero ¿y si los nazis eran simplemente seres humanos corrientes —gente «banal» normal— que, de alguna manera, llegaron a un acuerdo para cometer actos de violencia infames? Si esto fuera así, puede que en todos nosotros haya un potencial letal latente que podría llegar a despertarse en circunstancias extraordinarias o incluso corrientes. En el tribunal de Jerusalén, Eichmann parecía indicar que esto último era lo más probable. Aparentemente, con la conciencia

---

56. Arendt, H., *Eichmann in Jerusalem*, Penguin, Nueva York, 1963. [Edición en castellano: *Eichmann en Jerusalén*, DeBolsillo, Barcelona, 2006.]

tranquila, negó toda responsabilidad por sus acciones con su célebre reivindicación de que, simplemente, cumplía órdenes. Fue una excusa tan nihilista que Milgram se interesó por investigarla. ¿Podría él convencer a un ciudadano estadounidense corriente para matar a alguien ordenándole que le diera a un botón? Pues parece ser que sí, al menos dos tercios de las veces. Su experimento mostró a la humanidad su aspecto siniestro, y el mundo reculó.

Según el planteamiento de Kohlberg, los participantes de Milgram se guiaban por una preocupación excesiva por «la obediencia y el castigo». Es decir, actuaban como *Sirvientes Obedientes*. Actuaron de ese modo, simplemente, porque una figura de autoridad les dijo que lo hicieran y temían las consecuencias de no obedecer sus órdenes. La mayoría de los participantes debían saber que lo que estaban haciendo no era correcto, de ahí sus quejas, pero en la mayoría de los casos fueron protestas superficiales. De hecho, podríamos suponer que los «profesores» estaban familiarizados con las otras figuras internas que aparecen en este capítulo, y que todas ellas estarían protestando en voz alta en el interior de sus mentes. Por ejemplo, el *Estricto Seguidor de las Reglas* es más que probable que alzara la voz basándose en que estaban infringiendo la ley al electrocutar a los estudiantes, mientras que el *Idealista de los Principios* debió defender con vehemencia lo sagrada que es la vida humana. Y, aun así, instigados por los investigadores, la mayoría de los profesores siguieron comportándose como *Sirvientes Obedientes*. Su miedo al castigo les hizo actuar con crueldad.

Probablemente todos hemos hecho cosas de las que nos hemos arrepentido por someternos a este tipo de obediencia. Quizá tu jefe te presionó para que hicieras algo que no te parecía ético, pero, a pesar de todo, lo hiciste porque temías las consecuencias o que, incluso, llegaran a despedirte por no obedecer una orden directa. Por ejemplo, cuando trabajé para una empresa de cáterin, me desagradaba mucho su política de tirar la comida que no se había consumido, en vez de donarla a organizaciones benéficas. Sin embargo, cumplía las órdenes y lo tiraba todo en el cubo de la basura, por miedo a que me dijeran algo, y después me he sentido culpable de mi aquiescencia.

Si también has sentido este tipo de culpa, me gustaría darte un par de consejos. En primer lugar, sé compasivo contigo mismo, pues no pediste verte en esa situación. Es muy difícil decir «no» a los poderosos, sobre todo si tienen en sus manos tomar represalias contra ti. De hecho, en cierto modo, puede que tu sentimiento de culpa se vea mitigado —dependiendo de la gravedad del delito— por la magnitud de la coacción por parte de las figuras de autoridad (que deberían compartir parte de la culpa). Como hemos visto en el capítulo anterior, es esencial conservar el sentido de compasión hacia uno mismo, y no sucumbir a hacernos recriminaciones que no nos merecemos. Dicho esto, mi segundo consejo es que si, al reflexionar sobre tu sentimiento de culpa, te parece justificado, procura aprender la lección y evita cometer los mismos errores en el futuro. Volvamos al experimento de Milgram por un momento. Aunque los resultados eran extraordinariamente inquietantes, había un aspecto menos conocido del estudio que era más gratificante. Podríamos pensar que todo el ejercicio fue muy humillante para los «profesores», que dejaron un doloroso legado de culpabilidad por la facilidad con la que habían sucumbido a la coacción para obrar mal. Y los participantes confirmaron que había sido una experiencia muy desagradable. Sin embargo, el 84% también dijo que estaba «muy contento» o «contento» de haber formado parte de este; solo un 1% lamentaba haber participado.

Aunque la experiencia indudablemente fue vergonzante, se sintieron agradecidos por las lecciones que aprendieron acerca de sí mismos: no solo sobre sus errores demasiado humanos, sino sobre la importancia de ser fieles a sus principios morales y no transigir o no dejarse coaccionar por la autoridad. En realidad, esta es la diferencia fundamental entre dichas personas y los monstruos como el impenitente Eichmann: las primeras sienten la presencia redentora de la *culpa*. Esa culpa puede cambiarles la vida. Por ejemplo, uno de los participantes escribió a Milgram, años después del experimento, en plena guerra del Vietnam, para darle las gracias. Le explicó que su sentimiento de culpa por su forma de actuar ese día, a partir de entonces, le había dado el valor para ser fiel a sus principios. Ahora era objetor de conciencia y había adoptado una postura desafiante que estaba dispuesto a mantener hasta sus últimas consecuencias, como la de ir a la cárcel.

Nuestro sentimiento de culpa respecto a las ocasiones en las que nos hemos dejado llevar por el *Sirviente Obediente* puede darnos fuerza para plantar cara a esa conducta en el futuro. Algo parecido puede ocurrir con nuestro *Ladrón de Joyas* interno.

El Ladrón de Joyas

Imagina que eres un atrevido ladrón de joyas, que vives lujosamente gracias a tus actividades ilícitas. Pero un día te abandona tu suerte. El dueño de una mansión majestuosa te ha visto a ti y a tu cómplice en su jardín. En ese momento, se da cuenta de que su magnífico reloj de pulsera ha desaparecido del vestidor. Llama a la policía y esta enseguida consigue arrestaros a los dos y llevaros a la comisaría. Tanto tu cómplice como tú sois claramente culpables de allanamiento de morada, puesto que la policía os ha arrestado dentro de la propiedad del dueño de la mansión. Este delito conlleva una pena máxima de un año de prisión. Pero probar que tú o tu cómplice habéis robado el reloj de pulsera —lo cual supondría cinco años de confinamiento— es mucho más complicado, puesto que ninguno de los dos llevabais encima el reloj en el momento del arresto. Por consiguiente, la acusación solo podrá garantizarse un veredicto de culpabilidad si tu cómplice o tú os traicionáis y culpáis al otro del robo.

Durante el interrogatorio os presentan cuatro escenarios posibles:

- Opción A: culpas a tu cómplice y este no dice nada. Le caerán cinco años, mientras que tú probablemente quedes en libertad (eximiéndote del cargo por allanamiento de morada como recompensa por tu cooperación).
- Opción B: tú no dices nada, pero tu cómplice te culpa a ti del robo. Tendrás que cumplir sesenta largos meses mientras él queda libre.
- Opción C: ninguno de los dos dice nada. La policía os culpa a ambos de allanamiento de morada y los dos cumpliréis la sentencia máxima de un año de prisión.
- Opción D: por desconfianza mutua, cada uno le carga la culpa al otro. Cumpliréis una pena intermedia de tres años.

¿Qué harías?

Merrill Flood y Melvin Dresher idearon una versión abstracta de este escenario en 1950 —Albert Tucker creó posteriormente su dramático entorno de la prisión—, y desde entonces se ha convertido en un experimento de pensamiento clásico de una rama de las matemáticas conocida como Teoría de Juegos.[57] Esta teoría intenta presentar y comprender los patrones de conflicto y cooperación entre agentes supuestamente racionales. De ahí que la lógica profunda del denominado «dilema del prisionero» haya sido aplicada a algunos de los problemas más letales y aparentemente sin solución de la actualidad. ¿Por qué siguen los países utilizando combustibles fósiles, si saben que hemos de reducir las emisiones contaminantes para frenar el cambio climático? ¿Por qué los Gobiernos siguen gastando partidas inmensas de sus presupuestos en armas nucleares que esperan no tener que usar nunca? La respuesta a ambas preguntas es que los países que actúan unilateralmente permiten que sus rivales cosechen los beneficios de su mayor productividad industrial o más poder mi-

---

57. Tucker, A. W., «The mathematics of Tucker: A sample», *The Two-Year College Mathematics Journal, 14*(3), 1983, pp. 228-232.

litar. Todos sabemos que el mundo entero saldría ganando si todas las naciones abolieran las armas nucleares y redujeran las emisiones de carbono, pero la desconfianza mutua hace que los países sigan aumentando su armamento nuclear y permitiendo que sus fábricas sigan contaminando. Se dejan guiar por el *Ladrón de Joyas* interno, que se preocupa solo por el futuro inmediato, por las ganancias egoístas, sin importarles las consecuencias.

Todos hemos de velar por nuestros propios intereses, por supuesto. Sin embargo, paradójicamente, el egoísmo no suele revertir en nuestro propio bien. En el dilema del prisionero, por ejemplo, sabéis que si los dos permanecéis callados y os negáis a culpar al otro, solo seréis condenados a un año de cárcel. Pero está el riesgo de que tu compañero te traicione, te denuncie y quede absuelto, mientras tú cumples cinco años de condena. Así que te «aseguras» el tanto y culpas a tu cómplice, él hace lo mismo, y eso os conduce a tener que cumplir dos años más cada uno. Los Gobiernos adoptan la misma actitud cuando dialogan sobre todos los temas, desde las emisiones de carbono hasta la carrera armamentística.

El odioso impacto que tiene el egoísmo también es evidente en un ejemplo más cercano. Por ejemplo, una relación amorosa saludable exige sacrificios mutuos: tú pospones tus anheladas vacaciones para viajar con tu pareja al lugar de sus sueños; tu pareja deja su trabajo y os trasladáis a otra ciudad para que tú puedas mejorar en tu carrera profesional. Esto incluye hasta los pequeños detalles: tú le preparas el desayuno para que pueda quedarse más rato en la cama, pero tu pareja friega los platos para que puedas relajarte después. Las relaciones que funcionan se van forjando en la intricada armonía de estos pequeños procesos de toma y daca. Sin embargo, a veces se impone cierto egoísmo. Si sospechas que realizar una tarea pesada no será ni visto ni agradecido, tomas la vía fácil y no te preocupas por hacerla. Esto genera resentimiento, y tu pareja responde no cocinando tu comida favorita como te había prometido.

Te enfadas ante el desaire y te vas de copas con tus amigos. Y así sucesivamente...

Estos patrones le resultarán familiares a cualquiera que haya sucumbido al egoísmo; es decir, a todos nosotros en algún momento de nuestra vida. En tales situaciones sufren *ambos*, porque la vida es más agradable cuando hay cooperación. Afortunadamente, en este caso, la culpa puede tener una función redentora. Es más probable que cooperemos en el futuro si reflexionamos sobre nuestro egoísmo en el pasado; así, todo el mundo sale ganando. En este aspecto, la investigación del dilema del prisionero de Timothy Ketelaar y Wing Tung Au es especialmente pertinente.[58] Su experimento reveló que los participantes a los que se les pidió que reflexionaran sobre algún caso reciente en que se hubieran sentido avergonzados tenían más disposición para cooperar que aquellos a los que no se les pidió. El primer grupo, al desear expiar su culpa, evitó el camino egoísta que tantas veces elegimos y optó por la vía de la cooperación.

Sentirnos culpables por las veces que hemos escuchado a nuestro *Ladrón de Joyas* interior puede beneficiarnos. Suele convertirnos en mejores amigos, parejas y personas. Los estudios han demostrado que un sentimiento de culpa sano está íntimamente relacionado con una conducta altruista que fomenta las relaciones, desde la predisposición a disculparse hasta «aprender lecciones» y cambiar para mejor.[59] Reflexionar —con compasión hacia uno mismo— sobre las veces que hemos sido egoístas puede evitar que repitamos dicha conducta en el

---

58. Ketelaar, T. y Tung Au, W., «The effects of feelings of guilt on the behaviour of uncooperative individuals in repeated social bargaining games: An effect-as-information interpretation of the role of emotion in social interaction», *Cognition and Emotion, 17*(3), 2003, pp. 429-453.

59. Baumeister, R. F., Stillwell, A. M. y Heatherton, T. F., «Personal narratives about guilt: Role in action control and interpersonal relationships», *Basic and Applied Social Psychology, 17* (1-2), 1995, pp. 173-198.

futuro. Hay otras veces, sin embargo, que podemos comportarnos mal por nuestro deseo de complacer a *otras* personas.

El Complaciente

Eres un empleado de una empresa dinámica y con buen ambiente. Todo el mundo se lleva a las mil maravillas. Tus compañeros y tú habéis desarrollado relaciones dinámicas que generan grandes resultados para la empresa. Alrededor de la máquina dispensadora de agua se hacen bromas simpáticas y recibes muchas invitaciones para ir a cenas y a otros actos sociales que aceptas encantado. En muchos aspectos, es el trabajo de tu vida. Pero hay algo que empieza a molestarte: te das cuenta de que ni uno solo de tus compañeros parece preocuparse por el medioambiente. En verano, el aire acondicionado está siempre funcionando a toda marcha. Las luces y los ordenadores se quedan encendidos durante toda la noche. Resmas de papel sobresalen de las bandejas de carga de las impresoras, que serán estrujadas y terminarán donde siempre, en las rebosantes papeleras. No existe ni el más mínimo indicio de reciclaje. No eres un activista del medioambiente, pero este nivel de apatía empieza a preocuparte, así que intentas mencionar tus dudas a un par de compañeros, haciendo bromas respecto a que el papel no crece de los árboles. Estos intentan esbozar una sonrisa, pero no reaccionan. Un poco más molesto, haces algo más de presión. Esta vez, uno de tus compañeros replica con desdén: «Bueno, no tienes que preocuparte por eso aquí», con un tono que implica: «Déjalo ya».

¿Qué puedes hacer? ¿Seguir forzando el tema u olvidarte del asunto? Al fin y al cabo, no se ha cometido ningún delito; es otro ejemplo más de la despreocupación y la indiferencia tan comunes en nuestro mundo actual. Sin duda alguna, sería más fácil evitar armar alboroto. A nadie le gustan los aguafiestas que fastidian el día a todos.

Así es justamente como tienen lugar muchas malas acciones, no por el miedo al castigo ni por la finalidad egoísta de tu beneficio personal, sino, simplemente, porque nos resistimos a armar alboroto. El razonamiento del *Complaciente* es hacer todo lo que esté en su mano para encajar, porque quiere ser el «buen chico o la buena chica» que consigue la aprobación del resto. La mayoría conocemos el tipo de dinámica que acabo de mencionar, caracterizada porque ir en contra de la corriente general parece que es peor que el beneficio que se va a obtener de ello. De hecho, probablemente todos hemos contribuido a malas conductas por nuestro mero deseo de complacer a la gente; ya sea activa (participando en algo que sabemos que está mal) como pasivamente (optando por no alzar la voz en contra de esa conducta). Si eres culpable de esto, no seas *demasiado* duro contigo mismo. El deseo de ser aceptado, de formar parte del grupo, puede ser muy fuerte. De hecho, es una de las fuerzas motivadoras más potentes. En realidad, ¿qué clase de tirano asocial serías si *no* quisieras encajar, complacer a las personas o sentirte aceptado? Este tipo de conducta es comprensible y perfectamente normal, y tu sentimiento de culpa por ir a favor de la corriente puede resultar desproporcionado.

Por otra parte, no es necesario que nos preocupemos por «complacer a la gente», puesto que eso puede ser tergiversado de formas altamente destructivas. Roelie Mulder y sus compañeros demostraron lo fácil que es para los trabajadores verse envueltos en el preocupante fenómeno del «acoso laboral» o *bullying*.[60] Pongamos el ejemplo de que uno de los empleados más nuevos está siendo sometido a una creciente estigmatización por parte de sus superiores. Al principio puede que sus compañeros se solidaricen para defenderle (al fin y

---

60. Mulder, R., Pouwelse, M., Lodewijkx, H. y Bolman, C., «Workplace mobbing and bystanders' helping behaviour towards victims: The role of gender, perceived responsibility and anticipated stigma by association», *International Journal of Psychology, 49*(4), 2014, pp. 304-312.

al cabo, la mayoría tenemos una brújula moral), pero en la mayoría de los casos se acaban anteponiendo los intereses personales. Los compañeros del trabajador al que le están haciendo *bullying* no quieren perder el favor y el buen trato con sus jefes y desean ser «buenos empleados» que no dan problemas, aunque sepan que deberían darlos. Así que, poco a poco, van dejando de defender a la víctima. Se impone la apatía y acceden a la discriminación, aunque no participen directamente de ella. A veces, puede incluso que lleguen más lejos y pasen a *formar parte* activa de las agresiones que realizan los que mueven los hilos del acoso.

Todavía estoy avergonzado por un penoso y aleccionador incidente de mi infancia. Tenía ocho años y me encontraba en mi pequeña escuela de primaria de West London. Estaba alborotado, pues acababa de llegar corriendo desde mi casa, por las calles secundarias, justo a tiempo para la campana de las 09:00. Mientras estaba sentado con las piernas cruzadas sobre el suelo de linóleo, en medio de mi grupo de amigos, de pronto nos llegó un hedor nauseabundo. El asombro enseguida dio paso a las bromas y gestos de rechazo, y entonces, con maliciosa crueldad, nos concentramos en el que pensábamos que era el culpable: un muchacho que solía ser el blanco de todas las burlas. Tuve la desgracia de dejarme llevar por la fiebre del momento y me metí con él, como hicieron todos los demás. Pero entonces los ojos del muchacho que tenía al lado se fijaron en mis sucios zapatos. En uno de mis tacones tenía enganchada un buen trozo de caca de perro. *Yo* era el culpable. Las burlas, enseguida, se dirigieron contra mí, que ahora estaba completamente abochornado. Todavía recuerdo, con toda suerte de detalles y en tecnicolor, la profunda vergüenza que sentí, y después la culpa por haber participado en las burlas de mi inocente compañero de clase.

Ahora, cuando recuerdo aquel día, me doy cuenta de lo valiosa que fue la vergüenza que pasé. Después de haberme burlado de una persona inocente, las risas humillantes repentinas de mis amigos fueron aleccionadoras. Ni que decir tiene que, en aquel tiempo, las burlas me parecieron terribles, pero tuvieron un efecto beneficioso para bajarme los humos. No me atrevería a decir que desde aquel día no volví a participar en una acción colectiva de esta índole, pero me sentí tan mal que siempre he *intentado* reprimirme de alegrarme por el infortunio de los demás. (A veces no lo consigo, por supuesto, ¡especialmente cuando mi equipo de fútbol vence a sus rivales!) Pero, en general, procuro ser consciente de los momentos en que no soy fiel a mí mismo, simplemente, por querer integrarme en un grupo. En aquel humillante incidente de mi infancia, me di cuenta de que era susceptible de seguir a mi *Complaciente* interior... y de que, algunas veces, no había actuado correctamente por su culpa. Esto es una gran lección. Es fantástico agradar a los demás, y nadie desea herir la susceptibilidad de otra persona sin razón alguna. Pero si participamos de un acto ruin (o, simplemente, no decimos nada) solo para ser aceptados en el grupo, nos habremos rebajado y abdicado de nuestra responsabilidad como agentes morales.

Por el contrario, tal como veremos más adelante, defender los principios puede ser ambas cosas, personalmente beneficioso y significativo. Estos actos conscientes empiezan a surgir cuando nos dejamos guiar por el *Estricto Seguidor de las Reglas*.

El Estricto Seguidor de las Reglas

Estás en un restaurante con un gran grupo de amigos; estás de buen humor porque te acabas de comer tu último trozo de más de una deliciosa tarta de merengue y limón. Mientras estás dudando si vas a pedir una última copa, ves a la joven pareja que tienes en la mesa de al lado que está reuniendo monedas para dejarle propina al camarero. Buscan en sus bolsillos, ponen un montón de monedas sobre la mesa y se marchan. Al poco, uno de los miembros de tu grupo —un conocido lejano, no un amigo íntimo— se levanta para ir al lavabo, pasa junto a la mesa de la pareja que acaba de marcharse y disimuladamente coge una de las monedas de una libra. Un simple parpadeo y no lo habrías visto, como el resto del grupo. Eres el único que ha visto al ladrón caradura. Te has quedado alucinado, pero ¿qué puedes hacer? No conoces bien a esa persona, está infringiendo la ley, pero se trata solo de una libra. ¿A quién le importa? ¿Vale la pena darle más importancia y arruinar la estupenda velada montando un numerito?

Veamos los parámetros. ¿Y si no hubiera sido una moneda de libra, sino un billete de veinte? ¿O si la pareja se hubiera dejado el monedero sobre la mesa y el sinvergüenza se lo hubiera quedado? Es evidente que ese nivel de delincuencia no se podría pasar por alto. Te consuelas pensando que te enfrentarías al personaje o, al menos, que avisarías a los empleados. Pero ¿y si no se tratase de un conocido lejano, sino de tu mejor amigo? ¿Qué harías entonces?

Adam Waytz y sus colaboradores han planteado estos tipos de situaciones a voluntarios en sus investigaciones sobre lo que se conoce como el «dilema del soplón».[61] Es el término que se utiliza para un conflicto entre dos morales opuestas: lealtad y justicia. Por una parte, la mayoría de las personas indudablemente considerarían que la lealtad es una virtud. Sin embargo, si el objeto de nuestra lealtad comete alguna infracción puede ponernos en una situación difícil. En tales casos, lo que está en juego es nuestro sentido innato de justicia, que parece estar prácticamente implantado en nuestra mente.[62] Nuestro primer instinto puede ser decantarnos por la lealtad, pero Waytz y sus colaboradores descubrieron que para la mayoría de las personas cambia la balanza; cambian los razonamientos morales y la justicia empieza a ganar terreno. Este punto de inflexión se produce en diferentes puntos

---

61. Waytz, A., Dungan, J. y Young, L., «The whistleblower's dilemma and the fairness-loyalty tradeoff», *Journal of Experimental Social Psychology, 49*(6), 2013, pp. 1027-1033.

62. Baumard, N. y Chevallier, C., «What goes around comes around: The evolutionary roots of the belief in immanent justice», *Journal of Cognition and Culture, 12*(1-2), 2012, pp. 67-80.

en cada persona, puesto que todos diferimos en la importancia relativa que conferimos a la lealtad y a la justicia. También entran en juego otros factores, incluido el de la gravedad del delito y, especialmente, nuestra relación con el que lo comete. Este último factor puede hacer que sea muy difícil delatar, puesto que generará un fuerte sentimiento de culpa *independientemente* de lo que decidamos.

Por ejemplo, un compañero ha hecho algo poco ético y tú eres la única persona que lo sabe. Si lo delatas, puede que sientas que has traicionado su confianza, que has acabado con una amistad y que has arruinado su carrera. Asimismo, si la falta es más sistémica —implica a varias personas—, puede que te acusen de deslealtad si te niegas a participar en las actividades del grupo. Por otra parte, probablemente te sentirás culpable si no haces nada al respecto y permites que se salten las reglas. Al fin y al cabo, nuestros sistemas de ley y orden son los fundamentos estructurales de la civilización, los pilares que soportan todo el edificio.

Como sucede con los otros tipos de culpa que trato en este capítulo, tu prioridad debería ser la autocompasión. Pues, aunque no sea tu falta, tendrás problemas tanto si participas como si no. Estos tipos de dilemas morales son difíciles, y es injusto que alguien pretenda cargarte con esa responsabilidad. Sea lo que sea lo que decidas hacer, aligera tu culpa con la comprensión de que estás intentando hacer lo correcto. Si al final decides hablar, puedes encontrar consuelo e inspiración en aquellas personas que han decidido seguir las reglas. Este camino rara vez es fácil. Los que tienen el valor de dar la cara suelen ser ridiculizados y castigados, al menos al principio, pero las personas dignas y comprometidas acaban siendo reconocidas. Al final, imperará… la verdad. Este es el caso de Jean Maria Arrigo.

Parecía que la sociedad se estaba recuperando en los oscuros días que siguieron al 11 de septiembre, como si estuviera saliendo de una especie de crisis nerviosa colectiva. Motivadas por un peligroso cóctel de rabia, desesperación y dolor, las personas decentes empezaron a contemplar la idea de hacer cosas malas, como torturar a los sospechosos de terrorismo para conseguir información y evitar atrocidades en el futuro. No estoy escribiendo esto para juzgar a nadie. No puedo llegar a imaginar la carga que han de soportar las personas que se encargan de velar por la seguridad de nuestros países. Pero, desde hace ya un par de siglos, las naciones más civilizadas llegaron a la conclusión de que la tortura es *intolerable* —por no decir, ineficaz, puesto que la mayoría de las personas confiesan para que dejen de torturarlas— y han redactado leyes contra ella.

Esta nueva era de desesperación y confusión alcanzó a todas las áreas de la sociedad, incluido el campo de la psicología. Jean Maria Arrigo ha dedicado su larga e ilustre carrera al estudio de la moral. En 2005, fue asignada a un comité de ética que supervisó la participación de los psicólogos en los interrogatorios de seguridad. Sus investigaciones la llevaron a sospechar que algunos psicólogos estaban implicados en el maltrato que se daba a los acusados de terrorismo, a pesar de su aparente fidelidad al estricto código ético, que les prohíbe cualquier tipo de implicación en la tortura. Así que empezó a hablar, primero dentro del propio comité y, luego, en público. La vida no se lo puso fácil. Algunos de sus compañeros no la creían y la acusaban de causar problemas innecesariamente. Intentaron silenciarla y relegarla. Pero Arrigo fue persistente, porque estaba convencida de sus pruebas. Al final, en 2015, obtuvo cierto reconocimiento: un informe legal corroboraba sus sospechas y llegaba a la conclusión de que algunos psicólogos habían colaborado en la introducción de prácticas de tortura.[63] Con la publicación de dicho informe, el campo de la psicología inició un proceso esencial de introspección, propiciando su propia sanación y

---

63. Hoffman, D., Carter, D., López, C., Benzmiller, H., Guo, A., Latifi, S. y Craig, D., *Report to the Special Committee of the Board of Directors of the American Psychological Association: Independent Review Relating to APA Ethics Guidelines, National Security Interrogations, and Torture*, Sidley Austin, Chicago, 2015.

volviendo al camino correcto. Arrigo tuvo un papel primordial en este proceso, que estuvo más que justificado, por el que recibió reconocimiento y gratitud: en 2016, la Asociación Estadounidense para la Evolución de la Ciencia le otorgó su prestigioso premio de la Libertad y la Responsabilidad Científica.[64]

A través de los animosos esfuerzos de Arrigo, a los integrantes de su profesión se les recordó la importancia de vivir de acuerdo con las reglas —legales y éticas—, las cuales hasta las instituciones con más reputación pueden llegar a perder de vista de vez en cuando. En algunas ocasiones, sin embargo, las reglas no son adecuadas, lo que nos conduce al *Reformador Social*.

El Reformador Social

En este capítulo hemos explorado lo que motiva nuestra conducta y los distintos tipos de culpa que pueden manifestarse a raíz de ella. Podemos comportarnos incorrectamente por miedo al castigo (cuando seguimos a nuestro *Sirviente Obediente* interior), por egoísmo (el *Ladrón de Joyas*) o porque buscamos aprobación (el *Complaciente*); puede que hasta nos sintamos culpables por cumplir la ley, por ejemplo, si ello conlleva perjudicar a amigos o compañeros que han obrado mal (el *Estricto Seguidor de las Reglas*). Además, hemos empezado a darnos cuenta de que estos tipos de culpa no son todos «iguales»; unos son mejores que otros. Seguir al *Complaciente* o al *Estricto Seguidor de las Reglas* suele proporcionar beneficios personales y objetivos, mientras que dejarse llevar por el *Sirviente Obediente* o el *Ladrón de Joyas* suele traer malas consecuencias. Sin embargo, las dos formas «principales» de motivación también tienen sus inconvenientes; por ejemplo, intentar complacer a la gente puede conducirnos a participar en el acoso de

---

64. Clay, R. A., «Jean Maria Arrigo wins AAAS award», *Monitor on Psychology*, 47(4), 2016, p. 8.

alguien; incluso vivir de acuerdo con las reglas puede ser problemático si estas no son justas o son inmorales.

El 22 de septiembre de 2015, el periódico *The Independent* le asestó al mundo un buen bofetón en la cara. Dio el paso sin precedentes de poner en portada —con desgarrador y vívido detalle— el cadáver de un niño ahogado devuelto por el mar en una playa. Durante meses o incluso años, en toda Europa corrían vagos rumores de la «crisis de emigrantes» que se estaba produciendo en las costas del Mediterráneo. Las palabras «Siria», «gente en barca» y «Grecia» salían de vez en cuando en las conversaciones cultas, pero no era un tema que preocupara al público en general. No estoy acusando a los occidentales de insensibilidad —la mayoría nos preocupamos por los demás—, pero todos tenemos nuestras propias batallitas, muchas de ellas cerca de casa, y los problemas de Oriente Próximo no parecían afectarnos. Sin embargo, esa portada nos despertó. De pronto nos vimos obligados a reconocer que cientos de miles de refugiados desesperados —un éxodo actual de proporciones bíblicas— huían de las masacres y la brutalidad, y buscaban asilo seguro en Europa. Las cifras ya eran impactantes por sí solas, pero fue la foto del niño de tres años llamado Aylan Al-Kurdi, que se ahogó cuando la lancha neumática que le transportaba a él y a su familia volcó ante las costas de Turquía, lo que despertó las conciencias europeas e hizo que el continente reconociera la crisis y escuchara.

El mes anterior, David Cameron —con palabras bastantes polémicas e inhumanas— había advertido de que estaba llegando un «enjambre» de inmigrantes al Reino Unido. Otros líderes europeos habían hecho comentarios alarmistas y hostiles parecidos. Se firmaron acuerdos internacionales para alejar a los migrantes, así que el *Estricto Seguidor de las Reglas* alegaba que a la mayoría de los refugiados había que «denegarles» la entrada a Europa, puesto que no cumplían los requisitos. Pero entonces, casi toda la población europea pareció darse cuenta de que las reglas eran totalmente inadecuadas para hacer frente a la catástrofe que estaba teniendo lugar. Las leyes y las convenciones tenían que ser revisadas, reelaboradas y rescritas. Se produjo un cambio colectivo entre muchas personas, lo que indicó la aparición generalizada de nuestro *Reformador Social* interno. En parte, esto lo propició el pragmatismo: era evidente que las viejas reglas ya no servían. ¿Cómo se iban a mantener unos cupos estrictos, cuando el número de refugiados eclipsaba las cifras que los legisladores habían calculado al elaborar los estatutos unos años antes? Pero mucho más importante fue el sentimiento de culpa colectivo que se originó debido a que esas reglas fueran *inadecuadas*. Mucha gente llegó a la conclusión de que el *Estricto Seguidor de las Reglas* —que exige ceñirse siempre a la ley— era inadecuado e inapropiado en esa circunstancia. En este caso, a la gente no le importó que se rompieran las reglas. De hecho, el sentimiento de culpa general estaba relacionado con las propias reglas. Aunque Europa seguía librando su propia batalla de la austeridad, las desoladoras imágenes de miles de refugiados asustados y desesperados generaron increíbles muestras de compasión y generosidad. Empezó a crearse un frágil consenso en la conciencia europea: teníamos que hacer más para ayudar. Por supuesto, no fue un consenso unánime —nunca nada lo es—, pero se podría decir que una mayoría eligió seguir a su *Reformador Social* interno, en lugar de al *Estricto Seguidor de las Reglas*.

Recordemos a los ciudadanos alemanes congregados en la estación principal de tren de Múnich para dar la bienvenida a los refugiados y sus aplausos cuando bajaban de los vagones. Recordemos a Nicola Sturgeon, la primera ministra de Escocia, que ofreció una habitación en su propia casa a un inmigrante. O recordemos la destacada labor de Rob Lawrie, el exsoldado que lo dejó todo, alquiló una furgoneta y empezó a repartir comida y ropa a los miles de refugiados que estaban abandonados en el campo de refugiados de Calais, conocido como «La Jungla». Lawrie también me viene a la memoria porque nos demuestra que, por desgracia, cambiar las normas puede ser lento. En este caso, el consenso benevolente que estaba emergiendo tardó en traducirse en acciones; mientras los políticos discutían los términos para tener más ventajas, intentado reducir las respectivas obligaciones de sus países, los refugiados seguían sufriendo. Gente como Lawrie intentó ayudar, con frecuencia asumiendo personalmente los gastos. En el campo de Calais, un hombre de Afganistán le suplicó que introdujera a su hija de cuatro años en Inglaterra para que pudiera ir con unos parientes que vivían en Leeds. Lawrie, movido por su instinto paternal —padre de cuatro hijos—, aceptó a regañadientes. Le descubrieron en la frontera, fue arrestado y tuvo que enfrentarse a la posibilidad muy real de cumplir una condena de cinco años de prisión (aunque un juez francés solidario acabó dejándole en libertad, con tan solo una multa de mil euros que fue suspendida).

El ejemplo de Rob Lawrie nos demuestra que a veces nos vemos obligados a traspasar el razonamiento moralista del *Reformador Social*. En tales ocasiones nos guiamos por nuestro *Idealista de los Principios*.

El Idealista de los Principios

El doctor Martin Luther King dijo que seguir el grado más elevado de moralidad implicaba «obedecer a lo que nadie te exige». Vemos esto en los actos altruistas y heroicos de personas como Rob Lawrie. No dirigió misiones en «La Jungla» ni intentó rescatar a una niña afgana porque alguien se lo ordenara, y además se arriesgó a ser castigado si se negaba a obedecer. Tampoco lo hizo por egoísmo para conseguir ganancias personales. (Posiblemente sentía orgullo y satisfacción, pero lo más probable es que estas emociones fueran uno de los resultados de sus acciones altruistas, no la *causa* de ellas.) Tampoco estaba complaciendo a nadie para encajar en alguna parte. (Existen formas mucho más fáciles y seguras de conseguir la aprobación social.) Ni fueron las leyes del país en el que se encontraba las que le incitaron a comportarse de ese modo (más bien todo lo contrario, con lo de intentar cruzar la frontera con la niña). Sus acciones tampoco reflejaban las características del nuevo consenso europeo. Una cosa es expresar preocupación por los refugiados y aplaudirles a su llegada a tu ciudad, y otra bien distinta cambiar tu vida para ayudarlos, poner todos tus esfuerzos en su causa y arriesgar tu libertad para ayudar a alguien que acabas de conocer. Cualquier persona que actúe de este modo está siguiendo una vocación profunda, se rige por una ley superior que «nadie te exige» que cumplas.

A veces esa vocación es de naturaleza religiosa y se inspira en los actos redentores de un modelo ejemplar, como Jesús o el Buda. Otras veces es únicamente por el sentido humano de la decencia y la compasión, como parece ser el caso de Rob Lawrie. Pero tales actos van unidos al hecho de que son genuinamente *altruistas*. Abandonamos nuestra preocupación habitual egocéntrica y la sustituimos por una preocupación noble por el bienestar de otros. Esta es la forma de sentimiento de culpa más elevada. Las personas que han ascendido hasta esta cima moral no se avergüenzan por haberse comportado mal con los demás, ni por no haber conseguido comportarse bien. Actúan así, hay algo que les dice que —por mucho que hayan hecho en el pasado— aún pueden hacer más. Además, aunque lleguen a la conclusión de que están haciendo todo lo posible —y ya no se sienten culpables personalmente— siguen sintiéndose culpables *en nombre del resto de la humanidad*. Se sienten mal porque hay muchas personas que sufren en el mundo, aunque no haya a nadie a quien culpar, y se esfuerzan por ayudar porque aman y se preocupan por los demás.

La oscuridad que suele imperar en la historia se ilumina con tantas figuras inspiradoras que excedieron con creces lo que se pedía o exigía de ellas. Son un testimonio de la increíble generosidad de la que es capaz el espíritu humano. Algunas son famosas, como Albert Schweitzer, el conocido médico y teólogo que fundó un hospital en medio del bosque lluvioso de África Central y trató a los pacientes. Otros, como la hermana Elvira Valentín Martín, no son tan famosos, pero no por ello menos importantes. La hermana Elvira nació en España, y en la madurez se sintió impulsada a viajar a Taiwán y a trabajar en una leprosería. Se quedó allí cuarenta años, cuidando con dedicación altruista de los leprosos que estaban hospitalizados. En 2005, a la edad de ochenta y dos años, recibió el Premio a la Dedicación Médica de Taiwán. Cuando le preguntaron si le parecía cansado el trabajo, respondió: «En modo alguno, porque los amo». En esta respuesta hay algo muy revelador. Si lo contemplamos desde fuera, dedicar toda una vida al servicio de los demás puede parecer una carga insoportable. Todos sabemos que realizar ciertas tareas puede ser una verdadera pesadez. Entonces, ¿la dedicación a servir a los demás de la hermana Elvira significa que sacrificó su propia felicidad? No parece que este fuera su caso. Tanto la sabiduría ancestral como la ciencia moderna sugieren que la compasión y, especialmente, cuidar de los demás pueden conducir a la satisfacción personal.

La clave para entender esta aparente paradoja reside en el concepto del «yo». El mundo moderno defiende el engrandecimiento de nuestro sentido del yo como vía infalible hacia la felicidad. Sin embargo, todas las grandes religiones del mundo —desde el budismo en Oriente hasta el cristianismo en Occidente— nos enseñan que preocuparse de uno mismo nos conduce justamente en la dirección opuesta. De hecho, contemplan el sentido del yo —y el comprensible deseo de protegerlo o recompensarlo— como la causa del sufrimiento humano. Nos pasamos la vida intentando defender esta fortaleza vulnerable, aferrándonos codiciosamente a todo aquello que pueda apuntalarla y atacando agresivamente a todo lo que la amenace. Pero casi todas las tradiciones religiosas nos indican que es mucho más probable que encontremos la felicidad, y quizá la transformación liberadora, si renunciamos a este desesperado interés personal. Y cultivar la compasión por otras personas es una de las formas más poderosas de conseguirlo.

Las investigaciones científicas están empezando a corroborar está percepción clásica. No me estoy refiriendo a que las grandes religiones necesiten pruebas científicas: todas las tradiciones tienen fieles seguido-res que han experimentado el poder redentor del altruismo. Dicho esto, a las personas más escépticas les complace ver que las pruebas científicas apuntan en la misma dirección. Por ejemplo, hay una serie de experi-mentos que han demostrado que la compasión está asociada a toda una serie de beneficios físicos, desde mejorar las respuestas corporales al es-trés[65] hasta el aumento de la actividad de zonas del cerebro que generan sensaciones positivas.[66] Además, la compasión se puede *practicar*. Por ejemplo, hay mucho interés empírico en los beneficios de la meditación del amor universal, durante la cual los practicantes intentan generar sen-timientos de compasión. Barbara Fredrickson y sus colaboradores ense-ñaron esta técnica a los empleados de una empresa de *software*, y descubrieron que, tan solo después de ocho semanas de práctica de esta meditación, el nivel emocional positivo de los participantes había au-mentado significativamente. Además, esto tuvo un efecto transformador en otros aspectos de su vida, como en sus relaciones personales.[67]

Estas figuras inspiradoras que responden a una vocación superior y que dedican sus vidas a cuidar compasivamente de los demás nos reve-lan el poder redentor de este camino. Pero no es necesario que seamos Albert Schweitzer o la hermana Elvira para empezar a recorrer el mis-mo camino. Esta vía hacia la felicidad es para todos.

En este capítulo hemos visto que podemos utilizar la culpa con consideración y autocompasión para ser mejores personas. Estamos

---

65. Cosley, B. J., McCoy, S. K., Saslow, L. R. y Epel, E. S., «Is compassion for others stress buffering? Consequences of compassion and social support for physiological reactivity to stress», *Journal of Experimental Social Psychology*, 46 (5), 2010, pp. 816-823.

66. Kim, J.-W., Kim S.-E., Kim, J.-J, Jeong, B., Park, C.-H, Son, A. R. y Ki, S. W., «Compas-sionate attitude towards others' suffering activates the mesolimbic neural system», *Neuropsycho-logia*, 47(10), 2009, pp. 2073-2081.

67. Fredrickson, B. L., Cohn, M. A., Coffey, K. A., Pek, J. y Finkel, S. M., «Open hearts build lives: Positive emotions, induced through loving-kindness meditation, build consequential personal resources», *Journal of Personality and Social Psychology*, 95(5), 2008, pp. 1045-1062.

progresando si empezamos a seguir a nuestros *Complaciente* o *Estricto Seguidor de las Reglas* internos en lugar de al *Sirviente Obediente* o al *Ladrón de Joyas*. Pero hay momentos en que puede que se nos pida más. En tales situaciones podemos recurrir al consejo del *Reformador Social* o al de nuestro *Idealista de los Principios*. El punto clave es que intentar mejorar no solo mejora nuestra reputación ante los ojos de los demás, sino también nuestro bienestar.

En el capítulo siguiente fomentaremos una trayectoria ascendente similar, que nos permitirá aprender a manejar la envidia para poder florecer y sentirnos más realizados.

5

La envidia

Es lunes por la mañana, hace un día gris, y cuando llegas al trabajo descubres que un compañero arrogante y ambicioso ha recibido un ascenso. Empiezas a sentir ira y resentimiento, que no tardan en convertirse en envidia: quieres lo que él acaba de conseguir. Te sientes ofendido y llamas a la puerta del despacho de tu jefa para pedir justicia.

Esta te explica pacientemente que, sin que tú lo supieras, tu oponente acababa de asistir a un curso de formación intensiva donde aprendió los conocimientos exigidos para la nueva tarea, habilidades que tú no tienes. Para darte ánimos, tu supervisora te sugiere que tomes el mismo curso —aunque reconoce que es muy duro y que hay que dedicarle tiempo— porque te ayudará a conseguir un ascenso similar. Reflexionas sobre el consejo que te ha dado, pero de pronto se te ocurre un pensamiento malicioso. Hace unos meses, tu compañero cometió una grave indiscreción, la cual te confesó. Si la historia saliera a la luz, sin duda alguna echaría por tierra su ascenso e incluso podrían llegar a despedirle. ¿Qué vas a hacer? ¿Trabajar duro para ponerte al nivel de tu compañero o jugar sucio para intentar hundirle?

Afortunadamente, cuando Giles Grolleau y sus colaboradores presentaron esta situación a los participantes de un experimento, solo una minoría dijo que seguirían la segunda opción.[68] Puede que aquí seamos escépticos y nos preguntemos si en el mundo real la mayoría tomaría la vía correcta. Aun teniendo en cuenta la posibilidad de que hubiera algunos participantes que no fueran del todo sinceros, bien consigo mismos o con los científicos, podemos estar seguros de que al menos algunas personas utilizarían la envidia para hacerse merecedoras de ese ascenso y realizarían el esfuerzo necesario para lograr ese puesto.

Estos estudios han conducido a una revaluación de la envidia en el campo de la psicología. De hecho, en general se está convirtiendo en un tema cada vez más destacado, dada su estrecha relación con el mareante y creciente mundo de las redes sociales. Estamos bajo el bombardeo constante de las imágenes de las vidas supuestamente perfectas de otras personas. Aunque nuestra lógica nos diga que estas imágenes son muy selectivas, tienen un profundo efecto. Reaccionamos instintivamente, envidiando lo que no tenemos y a las personas que parecen tener más dinero, posesiones, clase social, experiencias más interesantes, mejores relaciones amorosas y más felicidad que nosotros. En aproximadamente una década, la preocupación social por la prominencia de la envidia ha aumentado exponencialmente, como resultado directo de estar más expuestos a los «acontecimientos estelares de la vida» de otras personas. Al mismo tiempo, se dice que existen dos formas de envidia —viciosa y emulativa— y que son muy diferentes.[69]

La envidia viciosa —tal como indica su nombre— siempre es hostil y corrosiva. Es puro resentimiento por el éxito de otra persona, que se manifiesta en el deseo de hundirla en el fango. Por el contrario, la envidia emulativa es afín a la admiración, comprende una mezcla más

---

68. Grolleau, G., Mzoughi, N. y Sutan, A., «Do you envy others competitively or destructively? An experimental and survey investigation», 2006. Borrador.

69. Thomason, K. K., «The moral value of envy», *Southern Journal of Philosophy*, *53*(1), 2015, pp. 36-53.

edificante de deseo, anhelo y respeto. Bien utilizada, este tipo de envidia positiva puede ayudarnos a aclarar nuestras metas y valores, a iluminar nuestro camino hacia ellos y ayudarnos a avanzar para conseguirlos. En este sentido, sería apropiado hablar de envidia *moral* o incluso *espiritual*. Por ejemplo, vemos a los Nelson Mandela que hay en el mundo y envidiamos su fuerza y valor moral. Eso no solo conlleva que deseemos poseer una convicción y una fortaleza similares, sino también que intentemos seguir sus apreciados pasos.

La envidia emulativa es positiva en dos aspectos clave. El primero es que no existe resentimiento por la categoría y la gloria de la persona admirada, y la parte envidiosa jamás desearía menospreciarla o humillarla. El segundo es inspirador: nos incita a emular a nuestros héroes trabajando duramente para alcanzar su mismo nivel. Para que nuestra envidia sea positiva *deberá* ser emulativa, en lugar de viciosa. Como bien vimos en el capítulo 3, si la ira no se maneja hábilmente y con cuidado, puede convertirse en un odio corrosivo que carcoma el alma. La envidia viciosa es un veneno igualmente insidioso que poco a poco le va sustrayendo al mundo toda su alegría y color. Por consiguiente, nunca deberíamos permitir que la envidia se convirtiera en resentimiento por el éxito de los demás. En este capítulo explicaré cómo podemos evitar esta espiral descendente y destructiva.

Cuando empezamos a sentir envidia, esta se encuentra en el filo de la navaja y puede decantarse hacia un lado u otro: puede corromperse y transformarse en viciosa, o elevarse y transformarse en emulativa. La mala noticia es que es demasiado fácil tomar el mal camino; la buena es que principalmente está en nuestras manos optar por la otra vía. Podemos —y debemos— tomar una decisión consciente y firme de elegir la envidia emulativa, en lugar de la viciosa. Hay dos formas principales de hacerlo. La primera es concentrarnos en nosotros mismos, en lugar de hacerlo en el objeto de nuestra envidia. En vez de obsesionarnos por *su* buena suerte, ideamos lo que *podemos* hacer para alcanzar lo que tiene. De ahí que en este capítulo expliquemos cómo desarrollar este tipo de concentración, que implica recurrir a la envidia como fuerza motivadora que nos ayude a avanzar hacia nuestras metas.

Pero ¿y si algunas de esas metas son inalcanzables? Por ejemplo, puedo envidiar a un niño que tiene toda una vida por delante, pero jamás volveré a tener su edad por más que me esfuerce. Del mismo modo, por mucho que me esfuerce, estoy seguro de que nunca seré tan rico como Bill Gates o tendré la habilidad futbolística de David Beckham. Este es justamente el tipo de situación, cuando la disparidad parece insalvable o es *imposible* salvar la distancia, que hace que la envidia se vuelva viciosa. Pero existe una solución: en tales circunstancias podemos trabajar sobre la propia envidia y redirigirla hacia metas más alcanzables. Esta es la segunda forma de prevenir que la envidia degenere en viciosa. Además, también nos ayuda la serendipia de que estas metas alcanzables suelen ser más satisfactorias que los objetivos inviables. Cualquier cosa es posible: desde mejores relaciones hasta cultivar la autenticidad, si utilizamos bien la envidia. Y es probable que sea mucho más gratificante que las inmensas —e inalcanzables— riquezas a las que muchos aspiramos. Igual que en el capítulo anterior, donde nos hemos esforzado por desarrollar «mejores» versiones de la culpa, aquí podemos intentar cultivar formas superiores de la envidia buscando resultados que valgan más la pena y sean más dignos de nuestra atención.

Llegar más alto

Abraham Maslow tuvo unos comienzos muy duros en su vida. A principios del siglo xx, sus padres se marcharon de Rusia huyendo de las persecuciones de los judíos. Se asentaron entre la ruda clase obrera del distrito de Brooklyn, donde Maslow tuvo que soportar las consecuencias de las violentas bandas antisemitas que rondaban por el barrio. Hacía halterofilia para ver si podía infundir algo más de respeto con su cuerpo, pero le costaba mucho desarrollar musculatura debido a su complexión delgada. Después, encontró refugio en los libros y desarrolló una profunda y duradera pasión por aprender. Se benefició de los consejos de una serie de grandes mentores y, al final, acabaría emprendiendo una carrera que le llevaría a revolucionar el campo de la psicología. Tenía treinta y tres años, y dos hijos pequeños, cuando Estados Unidos entró en la guerra, en 1941. Aunque no era apto para el servicio activo, estaba atónito ante los horrores que estaban teniendo lugar en esta conflagración mundial. En lugar de hundirse en la desesperación ante el posible futuro de la humanidad, se dejó guiar por una visión urgente de paz.

La guerra estaba revelando lo que puede suceder cuando los seres humanos sacan lo peor de sí mismos. Era indudable que el mundo necesitaba saber cómo los nazis llegaron a consentir semejante extremo de barbarie —y personas como Stanley Milgram le ayudaron en su investigación, como hemos visto en el capítulo anterior—, pero Maslow se dio cuenta de que también se podía contemplar el problema desde otro ángulo. Partió de la base de que la mayoría de las personas *no* eran malvadas, violentas o sádicas, sino que, en general, eran decentes y amables. Más adelante, subió más el listón y se concentró en sus mentores: la antropóloga pionera Ruth Benedict y el psicólogo de la corriente Gestalt Max Wertheimer. Dos personas extraordinarias por las que Maslow sentía un respeto y una admiración incondicionales, a quienes consideraba modelos de amor, paz y sensatez. ¿Cómo han llegado estas personas a ser tan *buenas*?, se preguntaba.

Esta pregunta le condujo a la búsqueda de intentar comprender el potencial humano. Había legiones de científicos que intentaban determinar los defectos trágicos de la humanidad, pero casi nadie se planteaba la pregunta, igualmente importante, de cómo podemos ayudar a las personas a florecer y a alcanzar sus respectivas cumbres de desarrollo y realización. Maslow, refiriéndose a las históricas investigaciones de Sigmund Freud sobre la neurosis, dijo: «Es como si

Freud nos hubiera proporcionado la mitad enferma de la psicología y ahora tuviéramos que completarla con la mitad sana».[70] Así fue como Maslow fundó el campo de la «psicología humanística», que transformó radicalmente nuestro concepto de lo que podemos llegar a ser los seres humanos.

En su larga y distinguida carrera formuló muchas ideas hermosas, pero quizá la más conocida sea la de la «jerarquía de las necesidades». Esta idea se convirtió en una de las que más influencia ha tenido en todas las ramas de la psicología. Maslow argüía que los seres humanos tienen un conjunto de necesidades esenciales que han de satisfacer para ser felices y estar bien. Esta no era una idea especialmente novedosa, pero la genialidad de Maslow consistió en ver que tales necesidades se podían organizar jerárquicamente.[71] En la base de nuestras necesidades inferiores se encuentra: estar a salvo, alimentado, seguro, etcétera. No están consideradas «inferiores» por ser menos importantes que las otras, todo lo contrario, se encuentran en la base de la pirámide porque son nuestras necesidades más fundamentales, los pilares de toda la estructura. Sin ellas sería muy difícil —aunque todavía posible— alcanzar niveles más altos. Pero, una vez que se han cumplido estas necesidades básicas, tenemos derecho a ascender por la jerarquía. Este proceso es inquietante y excitante a un mismo tiempo.

Es inquietante porque, cuando pensamos que hemos obtenido todo lo que podíamos necesitar o desear, siempre aparece una meta

---

70. Maslow, A.H., *Toward a Psychology of Being*, Van Nostrand, Nueva Jersey, Princeton, 1968, p. 14. [Edición en castellano: *El hombre autorrealizado: hacia una psicología del ser*, Kairós, Barcelona, 2016.]

71. En sus primeros escritos, Maslow identificó solo cinco niveles. Sin embargo, en la última etapa de su vida empezó a sentir que el quinto nivel, el de la «autorrealización», era mejor dividirlo, y esto dio lugar a un sexto nivel, el de la «autotrascendencia». Véase Koltko-Rivera, M. E., «Rediscovering the later vision of Maslow's hierarchy of needs: Self-transcendence and opportunities for theory, research and unification», *Review of General Psychology*, 10(4), 2006, pp. 302-317.

superior. De modo que nos vemos obligados a seguir ascendiendo. Puede resultar cansado, pero también hace la vida más interesante. A medida que se van satisfaciendo nuestras necesidades básicas, nos sentimos impulsados a dedicar más tiempo y energía a metas más elevadas, a valores más sofisticados. Estas puede que no sean más *importantes* que las necesidades de nivel inferior, pero satisfacerlas es, sin duda alguna, más *gratificante*. Por ejemplo, el ascenso a la cima de una montaña. Los primeros pasos son tan importantes —si no más— que el último tramo hasta la cima. Pero es el último paso el que nos da acceso a la espectacular vista.

La teoría de Maslow puede ayudarnos a entender el poder transformador de la envidia. Concretamente, veremos que el poder emulativo de la envidia es una poderosa fuerza motivadora que puede impulsarnos a través de los seis niveles jerárquicos. El primer nivel incluye nuestras necesidades fisiológicas; es decir, las necesidades fundamentales que hemos de satisfacer si queremos seguir vivos: comida, agua, oxígeno, calor, sueño. Si nos falta alguno de estos elementos básicos, indudablemente envidiaremos a quienes los tienen. En este capítulo, personificaremos este aspecto de la envidia como el *Dador de Vida*, que nos empuja a satisfacer las necesidades básicas de la vida. Una vez que hemos cubierto satisfactoriamente esas necesidades —o, al menos, hemos hecho un buen progreso para conseguirlo—, podemos plantearnos dar el siguiente paso: la seguridad, que abarca nuestra necesidad de seguridad y de estabilidad. Aquí la envidia puede servirnos de *Constructor* interior, pues nos incita a garantizar la seguridad y a poner en orden nuestra vida.

Una vez superadas estas necesidades básicas, o al menos cuando las tenemos a nuestro alcance, aparece un nuevo conjunto de necesidades que exigirán nuestra atención. En primer lugar, necesitamos amor y pertenencia. Esto nos afecta a todos, por supuesto, tanto si hemos satisfecho nuestras necesidades fisiológicas y de seguridad como si no. Pero lo esencial es que, una vez que las preocupaciones de nivel inferior están resueltas, nuestra necesidad de pertenencia y de sentirnos amados pasa a ser *prioritaria;* es decir, nuestra preocupación principal. Por consiguiente, en este nivel podríamos personificar la envidia como el *Buscador del Amor* interno, que nos conduce a buscar la comunión y la conexión con los demás. Cuando ya hemos conseguido estas nobles metas, el viaje continúa. La seguridad que encontramos en la pertenencia y en sentirnos amados puede convertirse en una plataforma para acceder al siguiente nivel: la estima. En esta fase se tendrán que valorar y respetar nuestras prioridades para conseguir nuestras metas. Aquí, la envidia se convierte en el *Luchador,* que nos empuja a hacer algo con nosotros mismos. Aspiramos a alcanzar mayores logros y éxitos, inspirados por nuestros héroes y heroínas.

Cuando estas relucientes metas ya están a nuestro alcance, nos sentimos tentados a ir un poco más allá, al nivel de la autorrealización. Aquí nuestra principal preocupación ya no son los logros mundanos o cosechar aplausos por nuestros éxitos. Más bien se trata de ponernos a descubrir quiénes somos realmente, en lo más profundo, y conectar con todo nuestro potencial. Ahora la envidia se convierte en el *Explorador,* que nos guía hacia nuestro verdadero destino y a las esferas más elevadas del logro humano. Pero, entonces, el camino todavía sigue ascendiendo, se adentra en los misteriosos y neblinosos picos de lo sagrado. Aquí nos encontramos con la «envidia espiritual» de nuestro *Modelador del Alma,* que nos impele hacia la autotrascendencia. No obstante, antes de ascender a estas lejanas cimas, hemos de empezar desde el principio y dar nuestros primeros pasos esenciales por la montaña.

El Dador de Vida

A la mayoría de las personas les encantan las historias de gente que ha pasado de la más absoluta pobreza a convertirse en millonarios. Son la materia de los sueños, las citas inspiradoras y las películas de Hollywood de color sepia. Lo que nos suele fascinar no es la adquisición de una inmensa fortuna *per se*, sino la capacidad del héroe o la heroína para superarse a través del esfuerzo, de su determinación y del factor suerte merecida. La esencia de estos relatos se basa en las circunstancias del protagonista antes de que pudiera llegar a vislumbrar el éxito, cuando estaba en su etapa más baja. Por ejemplo, Jan Koum, fundador y director ejecutivo de WhatsApp, que Facebook acaba de adquirir por la friolera de diecinueve mil millones de dólares. Koum vivía en un modesto pueblecito ucraniano, antes de emigrar a California con su madre y su abuela, a los dieciséis años. Al principio, la familia tuvo que acogerse a las ayudas sociales y a los vales de alimentos. O Ursula Burns, presidenta y directora ejecutiva de Xerox, la primera mujer afroamericana que dirigió una empresa de la lista Fortune 500, y la vigésimo segunda mujer más poderosa del mundo, según la revista *Forbes*. Fue educada por su madre y vivía en un área marginal de Nueva York, en unas viviendas de protección oficial. O Dhirubhai Ambani, uno de los empresarios con más éxito de la India y patriarca de la segunda familia más rica del mundo, que según la leyenda solo tenía una rupia cuando empezó.

Es posible que nos sintamos fascinados por estas personas y que envidiemos su éxito. Pero aquí lo que importa es que todas inspiran una envidia *emulativa*. Sus historias son testimonio de la posibilidad de que todos podemos mejorar, no *pisando* a otras personas en un arranque de envidia viciosa, sino elevándonos a través de la firmeza y la determinación. Además, podemos apreciar que estos íconos, probablemente, encontraron la fuerza en su propia envidia emulativa, que los empujó a seguir los pasos de sus ídolos. Aunque sus historias puedan parecernos fabulosos cuentos de hadas, piensa en cómo debía ser su vida cuando estaban pasando verdaderas penurias, cuando se esforzaban por salir de la marginalidad, cuando luchaban contra la pobreza y la inseguridad social. El mero hecho de tener tales comienzos sin caer en los peligros que puede plantear la pobreza, desde enfermedades hasta malas perspectivas laborales, es admirable en sí mismo. Pero no se conformaron con eso, sino que triunfaron superando hasta lo inimaginable, gracias a su fuerza de voluntad.

No quiero decir que Koum, Burns y Ambani sean ejemplos de celos. Sus respectivas historias respecto a su educación no muestran el menor indicio de amargura o resentimiento por el éxito de los demás. Más bien, todos ellos encarnan el impulso de querer mejorar *su propia* situación. Mientras se esforzaban durante su juventud, seguramente se fijaron con anhelo en aquellos que ya disfrutaban de los frutos de sus exitosas vidas y carreras. Pero, por lo que sé, jamás desearon ningún mal a esas personas ni quisieron hundirlas. Por el contrario, utilizaron toda su energía y talento en crecer ellos mismos. Esta es la definición por excelencia de la envidia emulativa, y está a años luz de la viciosa.

Esta envidia positiva puede ser mucho más habitual de lo que imaginamos. Niels van de Ven pidió a sus voluntarios que recordaran sus experiencias de envidia y descubrió que su faceta beneficiosa —la emulativa— ocupaba el 40% de sus recuerdos.[72] Su proyecto también reveló que hay un abismo entre ambos tipos de envidia. Los participantes que recordaron la envidia viciosa solían dar muestras de amargura y odio. Por el contrario, los que recordaron la envidia emulativa parecían estar entusiasmados, energizados e inspirados por el recuerdo. Esto concuerda con lo que sabemos de los esfuerzos hercúleos de nuestros tres ejemplos: seguramente, sería imposible emprender viajes ambiciosos y de semejante magnitud sin la presencia de una poderosa fuerza motivadora.

Pero este capítulo no trata solo de personajes famosos que han llegado a las cimas de su profesión. El mundo está lleno de héroes desconocidos cuyos particulares logros no son menos espectaculares.

---

72. Van de Ven, N., Zeelenberg, M. y Pieters, R., «Leveling up and down: The experiences of benign and malicious envy», *Emotion*, 9(3), 2009, pp. 419-429.

Estas personas tienen la misma dedicación y a ellas las impulsa la misma fuerza, para mejorar su propia vida y la de sus familias. También son un ejemplo del tremendo poder de la envidia emulativa en su aspecto de *Dador de Vida*, un recurso motivador que nos ayuda a luchar para garantizar que podemos satisfacer las necesidades que nos mantienen con vida. Pensemos en los cientos de millones de padres de todo el mundo que luchan para proporcionar un techo, alimentos y medicinas para sus hijos. Puede que envidien a las clases altas que viven en urbanizaciones valladas en las afueras de la ciudad, y seguramente también desearían una vida tranquila y llena de comodidades, pero esta envidia los ayuda a avanzar de una manera positiva. Hacen todo lo posible para alcanzar esta meta a través de sus audaces esfuerzos. O pensemos en las generaciones de emigrantes —incluidos los padres de Abraham Maslow— que han tenido que soportar indecibles penurias en busca de un futuro más próspero. Entre ellos se encuentran los refugiados desesperados que están huyendo actualmente de Oriente Próximo, cuya trágica historia hemos relatado ya en el capítulo anterior. Lo suyo es, en parte, una *huida del* sufrimiento, del horror y de la guerra, pero también es una valiente *búsqueda de* la supervivencia y la prosperidad. No los guía el tipo de envidia superficial y de resentimiento de codiciar una vida fácil, como algunos medios han intentado hacernos creer. Lo suyo es un deseo primario de salvaguardar a sus familias, de garantizarles las necesidades básicas. Es el instinto que los mantiene con vida.

Así pues, la envidia emulativa es *Dadora de Vida*, nos empuja a satisfacer las necesidades básicas para la existencia siendo resolutivos. Sin embargo, a veces no basta con esforzarse: por más que lo intentemos, todo parece estar en nuestra contra. Me estoy refiriendo a algo más que una mala racha. Nuestro oponente —impecablemente vestido— no solo es amigo de quien nos oprime, sino que es quien ha escrito las reglas para asegurarse de no perder. Es decir, la sociedad suele estar a favor de los ricos, de los privilegiados. Los impuestos en Inglaterra y en Estados Unidos, por ejemplo, penalizan mucho menos a los ricos que a los trabajadores que trabajan mucho por muy poco y que carecen de seguridad laboral, como el personal de limpieza de las mansiones de los ricos. Desde la crisis de 2008, las mil familias más ricas de Gran Bretaña han aumentado el doble su patrimonio neto global, hasta alcanzar los quinientos cuarenta y siete mil millones de libras, mientras que la clase más necesitada de la sociedad ha empobrecido en un 57%.[73] Estas estadísticas —tan duras e injustas— son chocantes y, como es natural, generan resentimiento. Los ricos intentan desoír estas quejas calificándolas de «política de la envidia», como si todo el mundo tuviera envidia de su «éxito». En cierto sentido tienen razón, porque es verdad que hay envidia. Pero más bien se trata de una envidia emulativa por el tipo de sociedad que *podríamos* tener: una que fuera más justa y humana. Esto nos conduce al segundo nivel de la jerarquía de Maslow: el *Constructor*.

El Constructor

Cada vez que vemos un gráfico de los países más felices del mundo, o los más sanos, o con mayor conexión social, es muy probable que los países escandinavos estén entre los diez primeros. Vamos a ver el Informe Mundial sobre la Felicidad (la mejor evaluación sobre la satisfacción) realizado por algunos de los mejores economistas, psicólogos y políticos sociales. En 2016, los cinco países nórdicos ocupaban las posiciones uno, tres, cuatro, cinco y diez.[74] Y no fue por azar; llevan apareciendo en los diez primeros puestos desde que se publicó el primer índice en 2011. La investigación se basa en una metodología bastante simple. Se pide a personas de todo el mundo

---

73. Broughton, N. Kanabar, R. y Martin, N., *Wealth in the Downturn: Winners and Losers*, Social Market Foundation, Londres, 2015.

74. Helliwell, J. F., Layard, R. y Sachs, J. (editores), *World Happiness Report*, United Nations Sustainable Development Solutions Network, Ginebra, 2016.

que evalúen la calidad de sus vidas en una escala del 0 al 10. Cero es la peor vida imaginable, el infierno en la tierra, mientras que 10 sería la mejor de las existencias, el paraíso. Entonces se saca un promedio de todas las respuestas recibidas de cada país. Así, en 2016, los diez países más felices según el informe fueron en este mismo orden: Dinamarca, Suiza, Islandia, Noruega, Finlandia, Canadá, Holanda, Nueva Zelanda, Australia y Suecia. Todos tenían puntuaciones tan espectaculares como un promedio de 7-8, que está a años luz de los desoladores promedios de los países que estaban al final de la lista: República de Benín (3,48), Afganistán (3,36), Togo (3,30), Siria (3,06) y la trágica Burundi (con casi un inimaginable 2,90).

La conclusión obvia es que los países más felices también son los más ricos, mientras que los más desgraciados están desgarrados por la más absoluta miseria. Esta lógica tiene cierto sentido. En concreto, debido a la importancia de tener cubiertas las necesidades fisiológicas básicas, como he mencionado antes. Si tu país es de los que están al final, luchando por proporcionar las necesidades básicas a su gente para que sigan vivos, una entrada de dinero en efectivo puede ser de gran ayuda (siempre y cuando sea distribuido equitativamente, en lugar de que los poderosos se adueñen codiciosamente de él). Los que dicen que el dinero no puede comprar tu felicidad se equivocan…, al menos, en parte. El dinero puede comprar comida, ropa y medicinas, que a su vez sirve para aliviar el espectro de la enfermedad, el hambre y la muerte. Cualquier país que sea capaz de hacer eso, indudablemente, subirá en la escala de la felicidad.

Pero una vez que se han garantizado esas necesidades básicas, tanto individualmente como para toda la sociedad, seguir adquiriendo más deja de tener un efecto significativo sobre la felicidad. La diferencia entre pasar hambre y comer regularmente o, dicho de otro modo, entre vivir o morir no cabe duda de que es infinita; pero después, poder permitirnos un banquete cuando nos plazca no nos hace más felices. De hecho, como descubrió Barry Schwartz, demasiada elección puede ser abrumadora e incluso puede hacernos más desgraciados.[75] (Volveremos a este tema en el capítulo sobre el aburrimiento.) El economista Richard Easterlin fue el primero en darse cuenta del —por aquel entonces— inesperado patrón, en la década de 1970.[76] Aunque países como Estados Unidos y Reino Unido se hacían cada año más ricos, sus habitantes no eran más felices que antes. Este fenómeno pasó a ser conocido como la «Paradoja de Easterlin»,[77] pero nos parece paradójico porque nos han estado lavando el cerebro con anuncios inteligentes y a través de políticos manipuladores durante todo un siglo, y nos han convencido de que el dinero hace la felicidad. Como he dicho antes, esta equivalencia no es apta para países especialmente pobres (y su gente): puesto que cuando tienen garantizadas sus necesidades básicas aumenta su felicidad. Pero en cuanto esos países alcanzan un nivel de prosperidad, en el que la mayoría de la población tiene acceso a las necesidades básicas la mayor parte del tiempo, el dinero extra ya no tiene un efecto especial en su felicidad.

Una vez que se ha llegado a ese punto, el factor más importante es el de la *distribución* de la riqueza. Esta es justamente la razón por la que Maslow diseñó esta jerarquía de necesidades. Una vez que están cubiertas las necesidades fisiológicas, otros temas como la ley y el orden, la educación universal y la protección social empiezan a adquirir relevancia. Pero ante todo, tal como Richard Wilkinson y Kate Pickett han demostrado de manera tan convincente, el nivel de *igualdad* social

---

75. Schwartz, B., «Self-determination: The tyranny of freedom», *American Psychologist, 55* (1), 2000, pp. 79-88.

76. Easterlin, R. A., «Does economic growth improve the human lot? Some empirical evidence», En R. David y R. Reder (editores), *Nations and Households in Economic Growth: Essays in Honor of Moses Abramovitz*, vol. 89, pp. 89-125, Academic Press, Nueva York, 1974.

77. Easterlin, R. A., «Will raising the incomes of all increase the happiness of all?», *Journal of Economic Behavior and Organization, 27* (1), 1995, pp. 35-47.

es el factor determinante para su bienestar.[78] Cuanto más desigual es una sociedad (mayor es el abismo que separa a los ricos de los pobres), peor funciona en casi todos los aspectos: salud mental, índice de delincuencia, nivel de confianza, competencia educacional. Además, en este tipo de sociedades no solo les va mal a los pobres. *Todo el mundo* se ve afectado, incluidos los ricos. Por supuesto, pueden aislarse, solo hasta cierto punto, escondiéndose en urbanizaciones valladas y pagándose seguros médicos privados. Pero aun así no se libran de tener que conducir por calles donde impera el miedo, la desconfianza y la falta de conexión real entre las personas. Como dijo una vez John F. Kennedy: «Si una sociedad libre no puede ayudar al elevado número de pobres, tampoco puede salvar al escaso número de ricos». Así que no estaría mal no solo envidiar la mayor felicidad de los escandinavos, sino lo más importante, emular las razones de esa felicidad.

Su fórmula es sencilla: obtienen mejores resultados en las clasificaciones de la liga del bienestar porque son mucho más igualitarios que sus homólogos como Estados Unidos y Reino Unido (que tienen una riqueza comparable). Han reducido la desigualdad que genera el capitalismo del mercado libre, aplicando impuestos elevados y estableciendo sólidos Estados de bienestar. Si la sociedad fuera una casa, los países nórdicos han sabido construir mejor la suya. No hay cámaras doradas para una elite privilegiada, mientras la mayoría se ve obligada a apiñarse en sobrias habitaciones con paredes que se desmoronan y ventanas que no cierran. En esta casa, los ricos ayudan a mantener los barrios de los pobres y todo el mundo tiene lo básico para sobrevivir.

Aquí la lección que hemos de aprender como sociedad es que hemos de construir mejor nuestra casa, y podemos hallar motivación para hacerlo en nuestra envidia emulativa de las soberbias construcciones de los pueblos escandinavos. No tendría sentido intentar derribar sus ca-

---

78. Wilkinson, R. G. y Pickett, K., *The Spirit Level: Why More Equal Societies Almost Always Do Better*, Allen Lane, Londres, 2010.

sas (como haría la envidia viciosa), sino más bien trabajar juntos para construir algo parecido para nosotros. En este nivel de la jerarquía de Maslow —la necesidad de una comunidad segura y próspera— hemos de implicarnos y ayudar a mejorar nuestra sociedad. Podemos hacerlo de una manera muy simple a través de las urnas. Al fin y al cabo, está al alcance de nuestro poder democrático votar y hacer campaña por los candidatos que defienden una sociedad más igualitaria. O podríamos ser más proactivos y ofrecer nuestro tiempo, entusiasmo y habilidades a una causa que valga la pena, como actos de beneficencia en nuestra zona.

Una vez que estemos trabajando para conseguir una sociedad mejor podemos plantearnos el siguiente nivel: el *Buscador del Amor*.

El Buscador del Amor

No se trata solo de la casa. Tener una estructura firme y bien mantenida que proporciona amparo a todos es esencial. Pero, luego, lo que realmente empieza a preocupar es la relación entre esas personas. El nivel anterior del *Constructor* no solo se refería a mantenernos vivos satisfaciendo nuestras necesidades fisiológicas básicas, sino también a cultivar una sociedad próspera y equitativa que reúna las condiciones de seguridad. Todos nos beneficiamos cuando una sociedad está protegida de la delincuencia (una buena fuerza policial y un sistema legal justo), de que nos sintamos apoyados cuando somos débiles o tenemos mala suerte (sólida provisión social), etcétera. Pero ¿basta con eso? ¿Qué me dices de los momentos que iluminan nuestro día, como el beso de un ser querido, una palabra amable de un compañero o la sonrisa de un desconocido? ¿Y si no podemos confiar en nuestros vecinos, no tenemos amigos a los que recurrir o ir a trabajar es un castigo, porque no nos llevamos bien con nuestros compañeros? Para indagar sobre estas preguntas volveremos a Escandinavia. Esta vez, sin embargo, la discusión nos conducirá a algo más que una simple celebración de la región, porque incluso en estos pináculos de la civilización existen notables diferencias en la salud y la felicidad. Muchas de ellas tienen su origen en el *Buscador del Amor*: nuestra necesidad de pertenencia y de ser amados.

A principios de este siglo, Markku Hyyppä y Juhani Mäki dirigieron un estudio mítico en la costa oeste de Finlandia.[79] Afincada en el seno de la mayoría de habla finlandesa de la región, existe una minoría de habla sueca, un legado de los siete siglos en que Finlandia estuvo gobernada por su vecino del oeste. Aparte de su diferencia lingüística, los dos grupos son muy similares. Comparten perfiles genéticos casi idénticos, parecido físico, niveles de rendimiento escolar, perspectivas laborales, estatus socioeconómico, acceso a los servicios (como servicios sanitarios), etcétera. Si utilizo la metáfora anterior, los dos grupos comparten casa. Su contexto ecológico también es idéntico, por supuesto: respiran el mismo aire, comen el mismo pescado, contemplan las mismas estrellas. Sin embargo, los miembros de la minoría de habla sueca viven mucho más que sus compatriotas de habla finesa. Ocho años más, en el caso de los hombres. ¿A qué se debe?

Tras analizar los patrones de conducta de los dos grupos, Hyyppä y Mäki consideraron que había un factor que podía explicar la diferencia en la esperanza de vida: el «capital social». Todos estamos familiarizados con el concepto de capital *económico*: el dinero que tenemos en nuestra cuenta bancaria, los recursos financieros que nos permiten comprar lo que necesitamos y gastar en caprichos. El capital social es la suma total de nuestros recursos *sociales*: el número de personas a las que sabemos y sentimos que podríamos pedir ayuda, el grado de con-

79. Hyyppä, M. T. y Mäki, J., «Why do Swedish-speaking Finns have longer active life? An area for social capital research», *Health Promotion International, 16*(1) 2001, pp. 55-64; Hyyppä, M. T. y Mäki, J., «Social participation and health in a community rich in stock of social capital», *Health Education Research, 18*(6), 2003, pp. 770-779.

fianza que tenemos en nuestros vecinos, el grado en que consideramos que formamos parte de una comunidad, la calidad de nuestras amistades, el número de actividades comunitarias en las que participamos, la profundidad del amor que recibimos de nuestros allegados, etcétera. Aunque todos los participantes del estudio disfrutaban de niveles (altos) de capital económico, los de habla sueca parece ser que disfrutaban de un capital social más alto. Durante las entrevistas tenían una mayor tendencia a hablar de temas como las relaciones, el apego, la reciprocidad y la afiliación. En su vida solían frecuentar más clubes sociales y organizaciones de voluntariado y pasar más tiempo con los amigos y, en general, tenían un sentimiento de pertenencia a la comunidad más arraigado. Estos patrones de conducta parecían beneficiar a su salud de dos maneras importantes: no solo estaban físicamente más en forma que sus vecinos de habla finesa, sino que tenían más fuentes de apoyo para ayudarlos en los momentos de estrés. También eran más felices, lo cual no es de extrañar, pues era mucho más probable que cumplieran los requisitos para el tercer grado de las necesidades de la jerarquía de Maslow: la necesidad de pertenencia y de sentirse amado.

¿A quién hemos de envidiar entonces? ¿A los que están en buena situación económica cargados de riquezas y posesiones materiales o a los que disponen de un gran capital social? Bien, si nos estamos esforzando por sobrevivir, si nuestras necesidades fisiológicas y de seguridad fundamentales no están cubiertas, entonces, como es lógico, tendremos que conseguir el capital económico que necesitamos para seguir viviendo dignamente. Pero una vez que se han cubierto esas necesidades sería una buena idea elevar nuestras preocupaciones y fijarnos unas metas más altas, porque acumular más posesiones y riqueza no necesariamente nos dará más felicidad. En esta fase sentimos la necesidad imperiosa de tener una comunidad y estar integrados en ella. Deberíamos envidiar a los finlandeses de habla sueca.

Deberíamos utilizar esta envidia de manera emulativa y constructiva, usándola como nuestro *Buscador del Amor* motivador. No me estoy refiriendo a que la única forma de hallar la felicidad sea estar desesperadamente «enamorados». Más bien significa reconocer el valor de participar y formar parte de algo. Existen muchas formas de conectar, socializar y de construir puentes con otras personas en nuestras comunidades. Cualquiera que sea tu *hobby* o tu forma de pasar el tiempo, desde bailar salsa hasta jugar al ajedrez o lanzarte en paracaídas, habrá un grupo de mentes afines que se reunirán para disfrutar de esa actividad. Una actividad es una buena excusa para hacer nuevos amigos. Por ejemplo, un amigo mío ha creado un club de punto de media que se reúne en los pubs de la zona (de ahí su nombre: los Genios del Punto de Media Borrachines). A veces, me uno al grupo, aunque no sé hacer punto (así que oficialmente soy un «medio-genio»), solo para disfrutar de tomar una cerveza con un grupo de personas interesantes. Todos sabemos que hacer nuevas amistades puede ser difícil, sobre todo cuando nos hacemos mayores. Es menos probable que entremos en un pub y que entablemos conversación con un desconocido (especialmente si somos ingleses). Por eso, este tipo de clubes sirven al propósito de facilitar las tan necesitadas presentaciones de una manera estructurada y amistosa. Están específicamente diseñados para que la gente se conozca.

Me gustaría añadir que no es necesario que intentes convertirte en el alma de la fiesta cuando entras en un nuevo grupo social, y que también está bien estar solo de vez en cuando. Todos tenemos cierto grado de sociabilidad y, por contrapartida, cierto grado de introspección, que nos parece natural y justo para nosotros (como veremos en el capítulo de la soledad). Pero a veces nos hace falta un empujoncito para salir de nuestros caparazones, ver más allá de nuestras murallas defensivas y llegar a las personas que están al otro lado. Además, el sentido de pertenencia nos aporta una plataforma segura que nos puede servir para seguir ascendiendo en la jerarquía de las necesidades de Maslow. Pisa tierra firme y date impulso para subir al siguiente nivel, donde el *Luchador* te está esperando para guiarte.

El Luchador

La primera vez que me encontré con la dolorosa realidad del *Luchador* fue durante una etapa bastante siniestra y oscura de mi vida. Es en este nivel de la jerarquía de Maslow cuando nuestra necesidad de que respeten nuestra dignidad y de ser reconocidos por nuestra labor se vuelve de vital importancia. Justo después de terminar la universidad, parecía que todos mis planes empezaban evaporarse, como los sueños que se olvidan cuando te despiertas e intentas aferrarte a unos pequeños fragmentos. En este difícil periodo empecé a apreciar la profunda necesidad de estima que todos tenemos. Principalmente, porque sentía que era algo que no podía decir que me sobrase, ya que me encontraba en un estado de ánimo bastante bajo en el que me compadecía de mí mismo. Sin embargo, también empezaba a comprender cómo puede ayudarnos a satisfacer esta necesidad la envidia emulativa. En primer lugar, quiero decir que para las personas que están intentando satisfacer sus necesidades de los «niveles inferiores» fisiológico, de seguridad y de pertenencia, la estima también es importante. Un sin techo solitario que intenta sobrevivir es evidente que necesita —y merece— ser tratado con dignidad y respeto. Pero esto no será necesariamente su preocupación principal hasta que haya cubierto sus necesidades más inmediatas.

Estos conceptos se me fueron aclarando a través de una serie de acontecimientos que, al reflexionar sobre ellos, me doy cuenta de que me ayudaron a definir el futuro rumbo de mi vida. Durante mi etapa universitaria, para consternación de mis tutores, me fascinaba el mundo de la música local, y formé mi singular y maravilloso grupo de música ska. Atrapado por el entusiasmo de actuar en directo, estuve a punto de dejar los estudios para dedicarme de lleno a la música, pero gracias a los sabios consejos de mis padres no lo hice. No obstante, después de licenciarme tenía planes de concentrarme en «triunfar» en la industria de la música. Pero, unos meses más tarde, todo se vino abajo. Habíamos pasado la mayor parte del verano encerrados en un estudio de grabación trabajando en nuestro primer álbum, pero casi al final del proyecto rompimos con nuestro mánager, todo quedó interrumpido y no volvió a ponerse en marcha. Ya no teníamos el viento a nuestro favor y el grupo se disolvió.

Lo peor de toda esta situación es que no tenía un plan B. La mayoría de mis compañeros de clase empezaban a embarcarse en nuevas y fascinantes aventuras, desde lucrativos trabajos para licenciados hasta viajes alrededor del mundo. Pero había estado tan obcecado con la idea de que el grupo iba a triunfar que de pronto me sentí perdido. Fue entonces cuando la envidia empezó a adueñarse de mi alma. Ya había tenido episodios de celos anteriormente —cuando contemplaba anhelante a las personas que parecían poseer alguna ventaja o talento que a mí me faltaba—, pero ahora esas comparaciones habían alcanzado un nuevo nivel. Despiadada e irrefutablemente, descubrí que tenía carencias en muchos aspectos de mi vida. Mis compañeros habían zarpado felizmente hacia futuros más prósperos y mejores mientras yo me había quedado abandonado en una isla desierta, porque había perdido el barco. Se estaban labrando carreras prometedoras, mientras yo trabajaba por un salario mínimo como auxiliar de enfermería de psiquiatría.

Tuve una relación complicada con ese trabajo. Por una parte, seguía albergando vagas esperanzas de ejercer la psicología, quizá como terapeuta, y sabía que ese puesto me aportaría una buena base de experiencia. Además, el trabajo en sí mismo era muy gratificante. Tal como he mencionado en el capítulo de la tristeza, hubo momentos de paz, quizás aquellos en los que tuve que estar sentado junto a un paciente, durante el silencio sobrenatural de la noche, y que me parecían casi sagrados. Pero al mismo tiempo era un trabajo física y, sobre todo, mentalmente muy duro. Y lo peor de todo es que me sentía insignificante, un fracasado.

Me compadecía de mí mismo y envidiaba a la mayoría de mis conocidos de una manera u otra. Pero empecé a darme cuenta de que ese desagradable caldo de cultivo contenía algunos ingredientes extraordinariamente nutritivos. Para empezar, mi envidia me ayudó a aclararme las ideas sobre lo que creía que me faltaba en la vida. Me proporcionó el autoconocimiento que me permitió entender lo que yo valoraba realmente. Ser consciente de esas cosas no siempre fue agradable: por ejemplo, me di cuenta de que contrariamente a lo que me decía a mí mismo, ambicionaba estatus y reconocimiento. Pero al concentrarme en *la persona* a la que envidiaba, mi meta se fue perfilando. No envidiaba especialmente a mis compañeros de clase, los cuales se habían adentrado en las enormes fauces de la City, o seguían el vertiginoso esquema de nuestra formación de licenciados, de alcanzar los objetivos por la vía rápida. Envidiaba a aquellos compañeros que se estaban abriendo paso en el campo de la psicología. Yo también sentía que ese era mi camino, aunque me hubiera quedado algo rezagado. Me consolaba pensando que, al menos ahora, tenía un poco más claro hacia dónde quería ir. Además aprendí a utilizar mi envidia emulativa, que me proporcionó la motivación necesaria para ponerme al día. Decidí poner toda la carne en el asador y empecé a estudiar por mi cuenta para conseguir un puesto de investigación para posgraduados. Tardé cinco años en que me brindaran esa oportunidad. En parte porque, por un extraño giro del destino, el grupo se renovó y arrancó de nuevo, volviendo a acaparar toda mi atención. No obstante, durante esos cinco años, mi admiración —mi envidia— por mis compañeros de psicología siguió guiando mis pasos y dirigiéndome hacia la carrera que acabaría ejerciendo.

Nuestra envidia puede impulsarnos a esforzarnos más para alcanzar el reconocimiento y el respeto que todos anhelamos, ayudándonos a convertirnos en el *Luchador*. Sin embargo, cuando empecemos a alcanzar cierto reconocimiento y estima, puede que empecemos a trascender este tipo de validación externa. No me refiero a que deje de importarnos el respeto de los demás, sino más bien al hecho de que necesidades que hasta ahora habían permanecido ocultas empezarán a adquirir mayor relevancia. Aquí es donde nos encontramos con el *Explorador*.

El Explorador

¿A quién admiras más? No me estoy refiriendo solo a las personas que han conseguido un éxito notable en sus campos profesionales ni a las que han hallado la felicidad en sus vidas. Ese tipo de admiración pertenece al nivel del *Luchador*. Por el contrario, intenta imaginar seres humanos que simplemente parecen vivir en un plano superior al resto de los mortales. Esas personas tienen más visión, piensan más rápido, andan con la cabeza bien alta. Juzgan con más sabiduría, hablan con más claridad y se mueven con más gracia. El propio Maslow admiraba a una serie de personajes ilustres, modelos que no solo iluminaban sus propios campos —Einstein revolucionó la ciencia, Beethoven compuso obras para la eternidad, Lincoln transformó la política—, sino que los trascendieron ofreciendo sus dones al mundo. Elogiaba a Lincoln, por ejemplo, no únicamente por ser un gran político, sino por ser una gran persona. De hecho, una de las mejores que han existido. Todas esas personas parece que alcanzaron la cumbre del desarrollo humano. No necesariamente por ser más inteligentes, hábiles o valientes. Más bien, fue la combinación de sus cualidades y experiencias únicas la que creó figuras destacadas de genuina nobleza. Maslow las llamó «autorrealizadoras»: personas que habían actualizado (o realizado) todo su potencial.

Cuando oí hablar por primera vez a Barak Obama sentí algo de esa admiración que Maslow reservaba para las personas que consideraba excepcionales. Sentí una admiración profunda, y me fui llenando de aprobación durante su emocionante campaña electoral. Sus inspiradores discursos no solo cautivaron a los estadounidenses, que anhelaban acabar con las amargas divisiones que estaban fragmentando a la nación, sino a la audiencia global que deseaba recobrar la esperanza y que se produjera un cambio. No pongo en duda que recibió la ayuda de escritores de discursos y utilizó una oratoria elevada, pero no eran las palabras que utilizaba o su elocuencia al pronunciarlas lo que tanto impresionaba de él. Había algo en su persona que le engrandecía, como si estuviera hecho de una fibra más refinada que el resto de la humanidad. No me malinterpretes, sé que no es perfecto y, como muchas otras personas, me he sentido decepcionado por algunos aspectos de su mandato. Pero, a mi entender, sus fallos políticos no desmerecen al propio Obama. Al fin y al cabo, es solo un ser humano que ha hecho todo lo que ha estado en su mano en situaciones de extremada complejidad, y con las restricciones de un sistema político intransigente. Si ha decepcionado a algunos, probablemente sea porque ha llevado demasiada carga y expectativas sobre sus hombros. Sigo considerándole un ser humano ejemplar, un modelo de lo buenos que podemos llegar a ser.

Esto nos conduce a la envidia emulativa del *Explorador*. En este nivel de la jerarquía no nos preocupan excesivamente las posesiones (la envidia del *Dador de Vida*), la seguridad (la envidia del *Constructor*), el sentido de pertenencia (la envidia del *Buscador del Amor*) o el logro del reconocimiento (la envidia del *Luchador*). Envidiamos o admiramos a nuestros héroes y heroínas como *personas*. Esta envidia emulativa, bien utilizada, puede motivarnos a seguir sus pasos y a ascender a sus elevadas cumbres. Vemos dónde se encuentran —en cuanto a su carácter y objetivos morales— y nos sentimos impulsados a hacer lo mismo y a ser como ellos. Esta es la razón por la que, en esta etapa del desarrollo, la envidia es nuestro *Explorador*. Nos ilumina el camino que hemos de tomar y nos anima a seguirlo. No obstante, no se trata solo de *copiar* el destino de nuestro héroe. Aunque deseemos emular sus admirables cualidades y rasgos, como la brillante inteligencia y el magnífico aplomo de Obama, nuestro propósito no debería ser que nuestro desarrollo personal fuera idéntico al suyo. Nuestra misión es descubrir y desarrollar nuestro *propio* potencial. Tal como escribió el escritor iconoclasta Kurt Vonnegut a una clase de alumnos de instituto: «Practica cualquier arte, música, canto, danza, interpretación, dibujo, pintura, escultura, poesía, ficción, ensayo o reportaje, no importa lo bien o lo mal que lo hagas, pero no lo hagas para obtener fama y dinero, sino para experimentar convertirte en algo, para descubrir lo que hay en tu interior, para ayudar a crecer a tu alma».[80]

Esto es importante, porque de lo contrario podríamos preocuparnos por conseguir resultados específicos y juzgarnos con dureza si no damos la talla. Llegar a ser presidente de los Estados Unidos es algo que consigue uno entre un millón. Así que, si tuviéramos que valorar nuestro propio éxito de acuerdo con este listón imposible, inevitablemente nos quedaríamos cortos. De hecho, este nivel de la jerarquía no trata sobre los «logros», esas preocupaciones pertenecen al *Luchador*. El *Explorador*, por el contrario, trata más bien del florecimiento de una persona, independientemente de si este proceso genera elogios y alabanzas. Cuando a Muhammad Alí le preguntaron que hubiera sido de no haber sido boxeador, respondió: «Habría sido basurero... [pero] habría sido el mejor basurero del mundo». Puede parecer fanfarronería, pero, a mi entender, lo que quería decir era que habría aceptado lo que le hubiera asignado el destino y que lo habría hecho con *estilo*.

Indudablemente, la filosofía de Alí inspiró a muchos miles de personas a perseguir *sus* destinos con corazón y estilo. No necesariamente eran personas que soñaban con ser boxeadores, del mismo modo que los seguidores de Obama no necesariamente quieren ser políticos. Pero estas figuras inspiradoras nos animan al resto a dar el siguiente paso en el camino de llegar a convertirnos en la mejor versión de no-

---

80. Del editorial del *The Sun News*, Myrtle Beach, SC, 22 de marzo de 2014: Bestler, Bob, «Words of Wisdom from Vonnegut», Myrtle Beach, SC: *The Sun News*, 22 de marzo de 2014, edición impresa, citado en O'Connell, F., *Stuff I Wish I'd Known when I Started Working*, John Wiley & Sons, Chichester, 2015, p. 61.

sotros mismos. Veamos el caso de Maxi Jazz, el líder vocalista del grupo Faithless. Es un rapero que en una de sus canciones describe que ver boxear a su héroe Alí le dio la confianza en sí mismo para combatir el racismo en las calles de Brixton en la década de 1970. Luego, años más tarde, aprovechó esa valiosa confianza para perseguir sus sueños musicales.

Aunque nos sintamos impulsados a seguir nuestro camino personal, puede que empecemos a darnos cuenta de que no todo gira en torno a nosotros. Aquí nos acercamos al nivel más alto de la jerarquía de Maslow: el ámbito del *Modelador del Alma*.

El Modelador del Alma

¿Has disfrutado alguna vez de un momento en tu vida donde todo pareciera ser absolutamente perfecto? No me refiero solo a que se den todas las circunstancias favorables típicas: estás enamorado, el trabajo te va como una seda, todos tus amigos y familiares tienen buena salud, estás tumbado en una playa tropical de arena dorada bebiéndote un cóctel Mai Tai. Me estoy refiriendo a uno de esos extraordinarios instantes en los que el universo parece haberse iluminado y transformado. Te sientes como si hubieras ascendido a un plano superior de la realidad en el que todo parece cobrar sentido. El mundo es de una belleza fascinante, la encarnación del amor. *Tú* realmente has dejado de importar. Tu vida, con todos sus problemas y preocupaciones, ha sido silenciosamente olvidada y sustituida por un sentimiento de admiración profunda ante la grandeza de la propia vida. Este tipo de experiencia puede producirse en cualquier momento, quizás en la calle, mientras vas a trabajar a pie. Pero es más probable que tenga lugar cuando nos alejamos de nuestra rutina normal de todos los días; quizás en la cima de una montaña, cuando estamos muy por encima del mundo y sin aliento por el tonificante ascenso. Esta es la razón por la que

Maslow las llamó «experiencias cumbre». Resaltan del resto como si fueran experiencias Everest, que quedan grabadas para siempre en la memoria como destellos de la perfección, como verdaderos acontecimientos de la existencia.

Maslow empezó a darse cuenta de una paradoja cuando reflexionaba sobre estas experiencias cumbre. Se dio cuenta de que cuando las personas alcanzan esta cumbre de realización personal también parece que se *trascienden* a sí mismas: es como si el yo se redujera, como si fuera olvidado. Esto puede sonar muy místico —y, en realidad, lo es—, pero no es una rareza sobrenatural. Una persona que experimenta esta cumbre sigue siendo consciente de su humanidad, de que tiene un nombre, una historia, una identidad. Pero no le da importancia a estos «hechos» cognitivos porque de pronto se da cuenta de que su ser es mucho más grande de lo que jamás hubiera podido imaginar. Se asemeja a una gota de agua que se disuelve en el océano. En el plano molecular puede que la gota permanezca intacta, pero, al mismo tiempo, se une con la ilimitada vastedad que le rodea. Por eso, Maslow argüía que la autorrealización es un destino —la «culminación» del yo— *y* el inicio de un nuevo viaje trascendental *más allá* del yo. Por supuesto, no fue la primera persona que formuló este concepto de la autotrascendencia, o que reconoció que puede ser la puerta hacia los estados más elevados que puede experimentar un ser humano. Todas las tradiciones espirituales lo conocen desde hace miles de años. Y todas ellas están interrelacionadas por un vínculo común. En concreto, que el buscador espiritual intenta cultivar algún tipo de unión experiencial con el objeto de su veneración. Esta es la razón por la que los cristianos oran y los budistas meditan: porque intentan trascenderse a sí mismos y alcanzar la unión con algo infinitamente más grande y más hermoso que ellos mismos.

Esta es la razón por la que hemos de hablar de envidia *espiritual*. Durante todo nuestro viaje por la vida, la envidia emulativa es la que nos incita a avanzar. Si nos falta lo básico para conservar la vida, como la comida y el techo, nuestro *Dador de Vida* interno puede motivarnos para conseguirlo. Luego, una vez que tenemos todo lo que necesitamos, no tiene mucho sentido intentar acumular más, puesto que eso no nos hará más felices. Más bien podemos empezar a envidiar a personas que disfrutan de vivir en comunidades más sólidas y de tener relaciones estrechas, en ese caso nos dejaremos guiar por el *Constructor* y el *Buscador del Amor* para lograr esos objetivos. Cuando empezamos a envidiar el éxito de otras personas, el *Luchador* puede exhortarnos a logros personales superiores, mientras nuestras figuras inspiradoras a las que admiramos pueden servirnos de *Explorador*, que nos ayudará a activarnos para que desarrollemos todo nuestro potencial. Sin embargo, una vez que hemos llegado a ese punto puede que nos demos cuenta de que todavía queremos apuntar más alto. Aunque logremos la autorrealización, no hemos de dormirnos en los laureles. Todavía seguirá habiendo modelos a los que respetar y emular. Cuando entendemos esto, empezamos a sentir la envidia espiritual.

Creo que esta es una de las razones por las que tantas personas se sienten atraídas por la religión y por las tradiciones espirituales. En el interior de cada una de ellas hay una joya excepcional, un ser humano capaz de cambiar el mundo en torno al cual se ha generado esa tradición. Desde el paso por la tierra de esos grandes seres, millones de devotos han intentado seguir su camino, guiados por un sentimiento transformador de envidia emulativa. Por ejemplo, puede que envidien el amor y la compasión de Jesús, o la sabiduría y la percepción profunda del Buda. Esto es envidia emulativa en el sentido de que los seguidores tienen la esperanza, rezan y hacen todo lo posible para ser tan amorosos y sabios como sus líderes espirituales.

Esta forma «superior» de envidia es valiosa por varias razones, no tan solo porque evita que las formas «inferiores» de envidia se corrompan y se vuelvan viciosas. Como he dicho al principio de este capítulo, no importa cuánto nos esforcemos, porque nunca acumularemos la misma riqueza y los mismos logros que algunos de nuestros ídolos. Y si nuestros intentos de emularlos siempre se quedan cortos existe cierto riesgo de que nuestra envidia se vuelva viciosa. No obstante, si sucede eso, basta con que levantemos la cabeza y nos planteemos formas superiores de envidia. De hecho, luchar por alcanzar el nivel superior —la envidia espiritual del *Modelador del Alma*— podría ser el remedio más potente. Aunque nunca lleguemos a conseguir una gran fortuna o un éxito espectacular, siempre tenemos en nuestras manos ser más amorosos y compasivos. Además, si no podemos estar a la altura de las cualidades sobrehumanas de nuestros líderes religiosos, al menos podemos intentar acercarnos a ellos.

Envidiar a otros que han recorrido más trayecto también puede ayudarnos a seguir el camino correcto. Antes solía ir a un centro budista. Allí me impresionó ver cómo los nuevos no solo veneraban al Buda como su principal modelo que seguir, sino que intentaban emular a las figuras que llevaban más tiempo en la comunidad. Pero no es necesario que seas religioso —o ni tan siquiera que te plantees ser especialmente espiritual— para beneficiarte de la envidia espiritual del *Modelador del Alma*. Conozco muchos ateos para quienes el papa y el dalái lama son fuentes de inspiración. Seguir su ejemplo también puede ayudarte a ti. Y si te dejas guiar puede que obtengas la bendición de valiosos momentos de autotrascendencia. Estas experiencias cumbre pueden transformar nuestras vidas y ayudarnos a verlas bajo otro prisma mucho más luminoso y renovado.

También podemos hallar la autotrascendencia en lugares totalmente inesperados, como veremos en el capítulo siguiente, donde exploraremos la extraña magia que, en el fondo, tiene el aburrimiento.

6

El aburrimiento

Tu tren ya iba con retraso cuando anuncian por los altavoces: «Sentimos comunicarles que el tren se retrasará una hora más». Empiezas a sentir la opresión del sombrío peso del aburrimiento. Pero vuelven a sonar los altavoces y anuncian que el tren se retrasará todo un día. Por si fuera poco, al haber validado el billete no puedes salir de la estación, y tu abundante equipaje prácticamente te impide hasta levantarte. Entonces, te das cuenta de que estás solo en la estación y que no tienes con quien hablar. Peor aún, no hay libros ni otras distracciones para paliar las largas horas de espera. Por último, una peculiar condición médica hace que seas incapaz de seguir manteniendo los ojos abiertos más tiempo, y ni siquiera puedes jugar al «veo, veo» contigo mismo. En tales circunstancias, podrías imaginar que caerías en picado en los abismos del aburrimiento.

Sin embargo, hay personas que cultivan intencionadamente este tipo de situación: una abstención deliberada de distracciones o estímulos para poder meditar. Aunque este capítulo no trate de la meditación, una pregunta provocadora sobre esta práctica me llevó a reflexionar acerca del valor potencial del aburrimiento. Fue a través del clásico de M. Pirsig *Zen y el arte del mantenimiento de la motocicleta*, al cual, como recordarás, he hecho referencia en el capítulo de la tristeza. Pirsig y su joven hijo viajaban por las grandes llanuras centrales de Estados Unidos, que describe como un paisaje inhóspito y anodino, de asfixiante monotonía. El autor reflexiona sobre el hecho de que los lugareños han crecido en esa zona y están acostumbrados a ese tipo de silencio existencial, y de que puede que sean capaces de percibir momentos sutiles de belleza, que las personas que están atrapadas en la sobrecarga sensorial de la ciudad probablemente pasarían por alto: una florecilla asomando desde el suelo; una brisa suave y fragante; una pequeña onda que se ha formado entre las nubes. Estas bellezas pasajeras solo se pueden percibir, dice Pirsig, «por la ausencia de otras».[81] Esta observación le conduce a reflexionar sobre la curiosa práctica de la meditación zen de «solo estar sentado». El nombre es oportuno: el meditador «solo se sienta» a observar las imágenes y los sonidos que flotan por su conciencia. Pirsig escribe: «El zen tiene algo que decir sobre el aburrimiento. Su práctica principal de "solo estar sentado" ha de ser la actividad más aburrida del mundo... No haces mucho de nada, no te mueves, no piensas, no te preocupas. ¿Qué puede ser más aburrido? No obstante, en el centro de este aburrimiento se encuentra la esencia de lo que el budismo intenta enseñar. ¿De qué se trata? ¿Cuál es la esencia misma del aburrimiento que no podemos percibir?»[82]

¿De qué se trata? Como se ha sugerido en la amplia tradición de literatura espiritual —y también han corroborado un buen número de investigaciones científicas—, la meditación puede conducirnos hacia algunos de los estados mentales trascendentes más extraordinarios que pueden alcanzar los seres humanos. Y estas liberadoras y transformadoras experiencias podemos encontrarlas en la esencia del aburrimiento.

---

81. Pirsig, R. M., *Zen and the Art of Motorcycle Maintenance*, Arrow Books, Londres, 1989, p. 29. [Edición en castellano: *Zen y el arte del mantenimiento de la motocicleta: Una indagación sobre los valores*, Sexto Piso, Madrid, 2010.]

82. Pirsig, R. M., *Zen and the Art of Motorcycle Maintenance*, Arrow Books, Londres, 1989, p. 321.

Replantearnos el aburrimiento

El aburrimiento no ha gozado nunca de muy buena reputación. Dicho esto, la palabra es relativamente nueva. Se introdujo en el idioma inglés en 1852, cuando Charles Dickens, en *Casa desolada*, adaptó creativamente el verbo *to bore*, que literalmente significa «perforar» o «desgastar», a fin de poder transmitir con toda riqueza el estado mental de desolación que padecía lady Dedlock; repetidamente, se dice de ella que está «mortalmente aburrida» con su vida.[83] Aunque *boredom* [«aburrimiento»] sea una palabra moderna, el estado de malestar que describe —una desalentadora combinación de frustración, hartura, tristeza, asco, indiferencia, apatía y confinamiento— no es nuevo en la historia. Una de las obras más antiguas que han llegado hasta nuestros tiempos es la *Epopeya de Gilgamesh* sumeria. Empieza con el rey de Mesopotamia llamado Uruk, que se siente «oprimido por la pereza». Este estado de hastío se convierte en la premisa del resto de la historia, puesto que lanza a Uruk a la búsqueda del propósito y deja un legado digno de su fama. Un poco después, en la filosofía clásica griega y romana, estados de aburrimiento similares adoptan connotaciones existenciales que rozan la desesperación. Por ejemplo, el filósofo estoico Séneca, contemporáneo de Jesús, se lamenta de la ubicuidad del *taedium vitae* —o cansancio de la vida—, que describe escalofriantemente como «el tumulto de un alma que no se concentra en nada».[84]

En la Edad Media, el aburrimiento adquirió matices de apatía y melancolía espiritual en la forma de acedia. Los cristianos se referían al «demonio del mediodía», mientras que santo Tomás de Aquino llama-

---

83. Dickens, C., *Bleak House* (vol. 1), Bradbury & Evans, Londres, 1853. [Edición en castellano: *Casa desolada*, Literatura y Ciencia Barcelona, 2001.]

84. Hecht, J. M., *Stay: A History of Suicide and the Philosophies Against it*, Yale University Press, New Haven, 2013, p. 42.

ba acedia a la «tristeza del mundo» y la «enemiga del gozo espiritual». Cuando el cristianismo fue perdiendo supremacía en el mundo occidental esta melancolía se transformó en un estado más existencial, en anomia. Esto se puso de manifiesto en la llamada «enfermedad inglesa» del siglo XVIII, el «mal del siglo» del siglo XIX en Europa y las «náuseas» que aquejaban a los filósofos continentales a principios del siglo XX. Al final, la medicina y la psiquiatría modernas han reunido estos estados variados —desde el *taedium vitae* hasta la acedia— y lo han reconceptualizado bajo el término general de «depresión».[85] *Mientras tanto, el «aburrimiento» en sí mismo se usa simplemente para describir la apatía o el desinterés*: una «deficiencia en la calidad de vida», como expone Orrin Klapp.[86]

Sin embargo, la pregunta de Pirsig, «¿Cuál es la esencia misma del aburrimiento que no podemos percibir?», nos obliga a hacer una pausa para reflexionar. ¿Cuándo surge el aburrimiento? La mayoría diríamos que es un sentimiento negativo que tiene lugar cuando nuestra situación actual carece de valor o de interés. Normalmente, en cuanto aparece esta sensación empezamos a buscar actividades nuevas o nuevos entornos que nos parecen más prometedores. Pero ¿y si tuviéramos que soportar el aburrimiento y sumergirnos de lleno en él? Entonces las cosas que nos parecen pesadas, prosaicas o superficiales de pronto se pueden convertir en profundos pozos de misterio e intriga. En la meditación, por ejemplo, el mero hecho de concentrarnos en nuestra respiración —una actividad que todos consideramos normal y que rara vez nos parece fascinante— puede ser transformador. Este proceso aparentemente trivial puede darnos inestimables lecciones

---

85. Szasz, T. S., *Fatal Freedom: The Ethics and Politics of Suicide*, Syracuse University Press, Nueva York, 2002. [Edición en castellano: *Libertad fatal: ética y política del suicidio*, Paidós, Barcelona, 2002.]

86. Klapp, O., *Overload and Boredom: Essays on the Quality of Life in the Information Society*, Greenwood Place, Nueva York, 1986.

sobre la naturaleza del yo e impulsarnos a nuevas formas de existencia. Puede que nos demos cuenta de que nuestra valoración anterior del aburrimiento había sido producto de un estado anímico limitado, no una descripción exacta de nuestra situación actual. Vivir el aburrimiento puede romper barreras mentales y liberarnos de nuestras ideas preconcebidas que nos atan a lo mundano. En realidad, podríamos decir que es una puerta secreta hacia un jardín mágico de sorpresas y misterio.

El jardín mágico

«*Alicia* estaba *empezando* a cansarse de estar sentada con su hermana a la orilla del río, sin tener nada que hacer.»[87] Así empieza una de las aventuras más imaginativas de la literatura. Lewis Carroll tuvo la inspiración para escribir su inmortal cuento en el sinuoso río que recorre lánguidamente la extraordinaria ciudad de Oxford. Un día del mes de junio de 1862 se estaba dejando llevar río abajo en un pequeño bote de remos al que había subido en el oportunamente conocido como «puente de la Locura». La previsión oficial del tiempo era que iba a ser fresco y lluvioso; sin embargo, él recordaría esa tarde, y no sin razón, como una «tarde dorada». Con Carroll iban también el reverendo Robinson Duckworth y las tres hijas pequeñas de Henry Liddell, el vicecanciller de la Universidad de Oxford: Edith, Lorina y la pequeña Alice, de diez años de edad. Era un día lento y ocioso y, mientras el grupo navegaba tranquilamente por el río, Carroll empezó a avivar su peculiar imaginación.

La Alicia ficticia se pregunta apáticamente si el placer de llevar una guirnalda de margaritas compensaría el trabajo de salir de ese estado de

---

87. Carroll, L., *Alice's Adventures in Wonderland*, Harper Press, Londres, 2010, p. 1. [Edición en castellano: *Alicia en el País de las Maravillas*, Testa, Barcelona, 2000.]

adormecimiento. De pronto, aparece un conejo blanco. Eso no tiene nada de especial, salvo por el hecho de que lleva chaleco. Luego se saca un reloj de uno de sus bolsillos y lo mira nerviosamente. Alicia, sumamente intrigada, corre tras el conejo y solo consigue ver que desaparece en una madriguera que había junto a un seto. Lo sigue... y se va adentrando más y más en la oscuridad hasta llegar al País de las Maravillas, un misterioso lugar de animales extraños y gente que razona al revés de la lógica. Y todo ello comienza en un momento de apático aburrimiento.

A nosotros puede pasarnos lo mismo y que se nos aparezca nuestro propio conejo blanco... si se lo permitimos. Normalmente, cuando aparece el aburrimiento hacemos lo imposible por distraernos, ensartando frenéticamente nuestras guirnaldas de margaritas y creando la ilusión de estar ocupados. Si vemos aparecer un conejo, es muy probable que estemos demasiado implicados en nuestras actividades para alejar el aburrimiento como para reparar en él. Pero, si somos capaces de estar con nuestro aburrimiento, puede que descubramos la madriguera y accedamos a nuestro propio reino mágico. Yo me lo imagino como un jardín muy verde, lleno de enigmáticos elementos, cada uno de los cuales representa un significado metafórico de un aspecto del valor oculto del aburrimiento.

Al dar nuestros primeros pasos por el jardín nos encontramos con el *Río de la Libertad*. Nos dejamos llevar por la corriente y nos damos cuenta de la paradoja de que el hecho de que nuestras opciones estén restringidas —restricción que se suele caracterizar por el «aburrimiento»— puede ser liberador. Libres de la carga de tener que estar siempre tomando decisiones, nuestra mente puede elevarse a esferas más altas. El siguiente elemento fascinante es la *Piedra Pulida*. Esto encierra el concepto de que la monotonía de la repetición puede ser necesaria para alcanzar la perfección, y que incluso puede inducirnos a tener valiosas experiencias de absorción. Luego llegamos a una *Mina de Diamantes* escondida. Esto representa la posibilidad de que, si estamos estancados en una situación que nos parece monótona, al profundizar en ella podemos descubrir las joyas que se esconden justo debajo de la superficie.

Si seguimos nuestro viaje, nuestra recién descubierta sensibilidad nos revela un *Pozo de Creatividad* oculto. Ahondando en esta fuente subterránea podemos conectar con los ríos de percepción que se esconden un nuestro interior. Luego miramos a través de la misteriosa *Ventana a la Eternidad*, que encarna la idea trascendente, que expresó el premio Nobel Joseph Brodsky, de que el aburrimiento nos permite hacernos una idea de la atemporalidad del cosmos. Por último, el camino nos conduce al *Espejo de la Claridad*. Aquí reconocemos que en el aburrimiento puede que descubramos el mayor de los misterios: a nosotros mismos. En realidad, el hecho de que el aburrimiento nos obligue a enfrentarnos a nosotros mismos es lo que lo hace tan inquietante, pero también tan poderoso y potencialmente transformador. Esto es lo que encontramos en la esencia del aburrimiento y la razón por la que las tradiciones espirituales, como el budismo zen, lo valoran tanto.

Ahora que ya lo sabemos, ha llegado el momento de ir a la madriguera.

El Río de la Libertad

Entras en un supermercado buscando mermelada. Llegas a la hilera correcta y te encuentras con docenas de marcas, todas ellas apiñadas en los estantes. Además, cada marca ofrece muchos sabores, opciones con poco azúcar, sin semillas o con semillas, pensadas para satisfacer a todos los paladares y todas las necesidades. No cabe duda de que ver tantas posibilidades es el paraíso para el consumidor, que le ofrece la oportunidad de encontrar *justo* la mermelada que *necesita*.

Sin embargo, Sheena Iyengar y Mark Lepper descubrieron que esta variedad casi infinita no es la panacea que pensábamos.[88] Un sábado, montaron una parada de degustación en un supermercado de California y ofrecieron a los compradores una variedad de deliciosas mermeladas. Durante una hora, ofrecieron una reducida selección de seis sabores distintos. Pero luego sacaron de debajo del mostrador veinticuatro tarros más, ampliando la oferta a una mareante selección de treinta mermeladas. Estuvieron ofreciendo esta extensa selección durante una hora y luego volvieron a ofrecer las seis iniciales, y fueron haciendo esto durante todo el día. Contrariamente a lo que hubieran creído los predicadores del mercado libre, los consumidores se acercaban más cuando en el mostrador había sólo seis mermeladas. Además, de entre los que compraron alguna mermelada, los que eligieron una mermelada de la oferta de seis variedades parecían mucho más satisfechos que los que compraron cuando había más variedades en oferta.

Pocos conceptos hay más arraigados en la mente occidental que el de la libertad y la elección. Esto es especialmente cierto en nuestros días, ya que son los pilares que soportan todo el entramado del capitalismo de consumo. Estoy convencido de que nadie se atrevería a defender que la falta total de libertad sea positiva. Ya hemos sido testigos de demasiados horrores —como la esclavitud— para entender que la autodeterminación es una necesidad humana fundamental. Sin embargo, demasiada libertad —una vida sin la restricción de algunos límites— puede ser agobiante. El conocido teórico político Cass Sunstein trata este punto al escribir sobre el valor de «elegir no elegir».[89] Comparemos las situaciones de los jóvenes a principios del siglo XX con las de ahora. Hace cien años su futuro habría estado planificado.

---

88. Iyengar, S. S. y Lepper, M. R., «When choice is demotivating: Can one desire too much a good thing?», *Journal of Personality and Social Psychology*, 79(6), 2000, pp. 995-1006.

89. Sunstein, C. R., *Choosing Not to Choose: Understanding the Value of Choice*, Oxford University Press, Oxford, 2015.

Lo más habitual era que ejercieran la profesión familiar, que se quedaran en su ciudad natal y se casaran con alguien que habían conocido en la escuela. Ahora, las personas de veinte y pocos años pueden plantearse estudiar casi cualquier carrera, ir a vivir a cualquier parte del mundo y encontrar a su alma gemela en las antípodas. Esta libertad es fantástica, pero también puede ser una carga. Por ejemplo, Søren Kierkegaard decía que tener posibilidades ilimitadas, «el mareo de la libertad», puede ser problemático, porque siempre hemos de estar tomando decisiones que determinan irrevocablemente nuestro destino y hemos de asumir la responsabilidad de las consecuencias.[90] Esta fue la razón por la que Jean-Paul Sartre dijo la famosa frase «Estamos condenados a ser libres».[91]

Por consiguiente, se han reconocido los beneficios de restringir las opciones. De hecho, algunos han llegado hasta a sugerir que puede ser liberador. Si te dejas llevar por la corriente, no has de decidir adónde ir. La corriente te llevará adonde le plazca. Pero esto, a su vez, te da la libertad —y el tiempo— para poder ver el paisaje, soñar despierto y preocuparte de temas más profundos. Este fenómeno se hace patente en los monasterios. Los monjes viven bajo unas rígidas rutinas que deciden lo que comen, lo que visten y lo que han de hacer en cada momento. ¿Por qué aceptan esto? En la mayoría de las situaciones, esta inflexible uniformidad se consideraría sumamente aburrida. Y quizás, en cierto grado, también lo es para los monjes. Pero esta también les permite liberar su mente del torbellino de decisiones intrascendentes, pero incesantes, que nos vemos obligados a tomar en nuestra vida cotidiana. (¿Hemos de comer ahora o dentro de diez minutos? ¿*Pizza*?

---

90. Kierkegaard, S. (1834), *The Concept of Dread* (2.ª edición) Princeton University Press, Princeton, Nueva Jersey, 1957. [Edición en castellano: *El concepto de la angustia*, Alianza Editorial, Madrid, 2007.]

91. Sartre, J.-P., *Existentialism and Humanism*, Methuen, París, 1952. [Edición en castellano: *El existencialismo es un humanismo*, Edhasa, Barcelona, 2005.]

No es saludable. ¿Tofu? ¡Qué asco! Entonces, *pizza*.) Los monjes pueden ocuparse de temas más elevados y cultivar una conexión más profunda con lo divino. Cuando al dalái lama le preguntaron si podía describir el «secreto de la felicidad» en una palabra, respondió: «rutinas». Además, este tipo de «liberación a través de la restricción» no es exclusiva de los monjes que viven en los monasterios, alejados del mundo. Puede ser válido para todos nosotros, incluidas algunas de las personas más famosas del planeta. Barak Obama y Mark Zuckerberg, por ejemplo, han descrito los beneficios de llevar siempre el mismo tipo de traje. Al sacarse el peso de encima de tener que elegir, tienen más tiempo para dedicarse a temas más importantes.

Por supuesto, una cosa es elegir nuestras restricciones —y optar por una vida monástica o por llevar solo trajes grises marengo— y otra bien distinta es que alguien intente imponérnoslo desde fuera. Por desgracia, hay muchas personas que sufren estas imposiciones, especialmente en el ámbito laboral, en el que se ven obligadas a bailar al son de otro. Sin embargo, aquí también podemos encontrar la liberación. Por ejemplo, mi trabajo como auxiliar de enfermería de psiquiatría era muy restrictivo. Además de los estrictos horarios por turnos, me controlaban casi todos los aspectos de mi conducta: dónde me podía sentar, la ropa que podía llevar, con quién podía hablar. Estas restricciones estaban totalmente justificadas —su finalidad era salvaguardar la seguridad, tanto de pacientes como del personal—, pero no me dejaban demasiada opción para tomar ninguna decisión personal. Puede que pienses que seguir unas directrices tan estrictas era exasperante, y, a veces, lo era. Pero también era un descanso. La incansable voz regañona que normalmente se dedicaba a sopesar las opciones, a tomar decisiones y a racionalizar las elecciones se quedaba en silencio cuando estaba trabajando, porque no había nada que discutir, todo había sido decidido previamente en mi nombre. Por consiguiente, muchas veces disfrutaba de un viaje gratis por los acontecimientos del día, mientras mi mente navegaba por el *Río de la Libertad*. También es cierto que era maravilloso recobrar mi libertad cuando salía a la calle y respiraba el aire fresco de la tarde, al final de mi turno. Pero también valoraba esas tranquilas horas en el hospital en las que mi frenética mente podía descansar.

La Piedra Pulida

El siguiente elemento de nuestro jardín mágico es una hermosa piedra pulida. Para entender su significado, prestaremos nuestra atención a un pueblecito de Pensilvania y a un meteorólogo llamado Phil Connors, el misántropo, que interpreta el actor Bill Murray, en el clásico de Harold Ramis *Atrapado en el tiempo*. A Connors lo envían a Punxsutawney para cubrir el festival anual del Día de la Marmota, durante el cual el peludo animal predice si va a haber seis semanas más de invierno. Connors, que es un cínico sin remedio, apenas se molesta en disimular su desprecio por el acontecimiento, por los lugareños y, de hecho, por la vida en general. Pero cuando se despierta a la mañana siguiente todo vuelve a empezar, vuelve a ser el Día de la Marmota. Todo se repite exactamente igual que el día anterior.

Su confusión se agrava cuando todas las personas del pueblo reaccionan con desconcierto cuando él les pregunta, cada vez más aterrorizado, qué es lo que está pasando. Se quedan sorprendidos ante la pregunta, porque ellos están viviendo ese día por primera vez. Solo Connors parece estar bajo la maldición de la inexplicable repetición. Y al día siguiente vuelve a ser el Día de la Marmota. Y al siguiente, y al otro. El choque inicial de Connors no tarda en convertirse en un licencioso hedonismo cuando descubre que puede hacer lo que le plazca y salirse con la suya: robar un banco, robar un coche, ligar sin compromisos. Cada mañana el reloj se resetea y se eliminan las consecuencias. Pero llega un momento en que esta autogratificación desenfrenada se empieza a empañar. *Nada* de lo que hace importa. En un acto de pura desesperación, intenta terminar con todo eso y decide suicidarse. Pero después de cada suicidio vuelve a despertarse cada mañana en el Día de la Marmota.

Esta película entusiasma a sus incondicionales por su ingenio y su encanto, pero también ha gustado a otros colectivos menos predecibles. Los católicos, por ejemplo, han interpretado el bucle del tiempo de Connors como una descripción del purgatorio: el estado que han de soportar los pecadores hasta que completan la imprescindible «purificación» para entrar en el cielo. Asimismo, los budistas la han visto como una alegoría del interminable ciclo de nacimiento, muerte y renacimiento en el que estamos atrapados hasta que alcanzamos la iluminación. Los psicólogos, algo menos metafísicos, han dicho que *Atrapado en el tiempo* nos enseña que no seremos felices en la vida hasta que empecemos a esforzarnos por ser mejores personas, no por la recompensa que nos puede aportar ese progreso, sino por el acto en sí mismo. Connors, al final, decide que también puede dedicar provechosamente el tiempo que se le ha concedido. Aprende a tocar el piano, se convierte en un experto escultor en hielo e incluso salva varias vidas. Sin que él lo sepa, estos actos de desarrollo personal y de amabilidad le ayudarán a escapar del purgatorio, pero el secreto reside en que los haga todos los días. Esforzarnos en mejorar requiere *repetición*. No nos volvemos mejores haciendo cosas a medias tintas o intentándolo solo una vez. El crecimiento personal exige la acumulación paciente de un esfuerzo continuado, como la piedra de nuestro jardín adquirió su hermoso lustre gracias a un meticuloso pulido.

Quizá pienses que esta actividad repetitiva será inmensamente aburrida. Y de hecho puede que así sea, al menos al principio. Por ejemplo, como te dirá cualquier persona que haya aprendido a tocar un instrumento musical, practicar todos los días las escalas musicales es aburrido. Cuando cogí una guitarra siendo adolescente, pretendía que mis dedos se movieran por el diapasón con la ligereza de Jimmy Hendrix. Sin embargo, sabía que tendría que avanzar lenta y monótonamente durante meses, practicando mis arpegios con torpeza, porque solo podemos llegar a la excelencia gracias a este tipo de repetición (lo cual nunca llegué a hacer del todo). Malcolm Gladwell ha dado a conocer este concepto a través de su «regla de las 10.000 horas»,[92] que se basa en las investigaciones de Anders Ericsson y sus colaboradores.[93] Los Beatles tocaron y practicaron durante más de 1.200 conciertos en Hamburgo entre 1960 y 1964, lo cual les permitió acumular más de 10.000 horas de interpretación. Gracias a su acceso fortuito a un ordenador en el instituto, Bill Gates acumuló al menos 10.000 horas de experiencia de programación cuando era joven. Gladwell sumó las horas necesarias de escritura durante los diez años que trabajó de periodista. Vale, estoy de acuerdo en que la cifra exacta de 10.000 horas —unas veinte horas a la semana durante diez años— puede ser un tanto arbitraria, pero el mensaje básico de Gladwell es irrefutable: para conseguir experiencia en cualquier campo, más allá de cualquier talento en bruto que poseamos, hemos de hacer codos y practicar durante bastante tiempo. Hasta se podría argüir que la excelencia es la recompensa por soportar el aburrimiento de la repetición.

Pero la historia no se acaba aquí, porque cabe la posibilidad de que la repetición deje de ser aburrida. De hecho, puede llegar a convertirse en un arte, o incluso, como sugirió Mihaly Csikszentmihalyi, en uno de los acontecimientos de la vida.[94] Csikszentmihalyi se propuso descubrir qué actividades eran más gratificantes para las personas. Dio un localizador a cada uno de los participantes de su estudio (el experimento empezó en la década de 1980), y durante las semanas y meses si-

---

92. Gladwell, M., *Outliers: The Story of Success*, Hachette, Londres, 2008.

93. Ericsson, K. A., Prietula, M. J. y Cokely, E. T., «The making of an expert», *Harvard Business Review*, 85(7/8), 2007, pp. 114-120.

94. Csikszentmihalyi, M., *Flow: The Psychology of Optimal Experience*, Harper Perennial, Nueva York, 1990. [Edición en castellano: *Fluir: una psicología de la felicidad*, Kairós, Barcelona, 2008.]

guientes les fue enviando mensajes intermitentes. En ese momento, tenían que anotar lo que estaban haciendo y calificar su grado de disfrute en una escala del uno al diez. Observó que los participantes disfrutaban más con cualquier actividad que exigiera alguna habilidad, y en la que la actividad de la tarea coincidiera con su habilidad para saber ejecutarla. Estas actividades eran de lo más variado —desde un pianista que dominaba una sonata hasta un escalador enfrentándose a una pared extraordinariamente difícil—, pero todos y cada uno de los participantes dijeron encontrarse absortos en su práctica repetitiva. La intensidad de su concentración era tal que perdían la noción del tiempo, se olvidaban de sus preocupaciones habituales y estaban sumamente inmersos en lo que estaban haciendo. A este cautivador estado de conciencia, que se parece a las experiencias cumbre de las que hemos hablado en el capítulo anterior, Csikszentmihalyi lo llamó «fluir».

Cualquiera que dedique suficiente tiempo y esfuerzo a una habilidad en particular, tanto si es por trabajo como por afición, conocerá ese estado. Quizá te guste correr o nadar, dos actividades que son repetitivas por excelencia, puesto que utilizas los mismos movimientos musculares una y otra vez. Los dos deportes pueden parecer aburridos, al menos al principio. Por ejemplo, suelo nadar regularmente, y durante las primeras piscinas mi mente se suele quejar de la monotonía de ir arriba y abajo por el carril. El reloj de la pared parece ralentizarse, y la hora que he reservado para mi sesión de natación parece expandirse como una masa gris sin ninguna peculiaridad. A veces, hasta me pregunto si podré aguantar diez minutos. Pero, entonces, cruzo el umbral del aburrimiento y los movimientos rítmicos me conducen a «la zona» y me fusiono con la acción. La repetición, que tan aburrida me había parecido al principio, se vuelve transformadora. Ya no soy un individuo que está realizando una actividad, sino que mi persona fluye integrada con el lugar y la tarea en un proceso indivisible.

Mediante la repetición no solo pulimos la piedra de nuestro carácter hasta sacarle brillo, sino que logramos valorar el propio acto de pulir. En la siguiente fuente de asombro tendremos revelaciones similares: la *Mina de Diamantes*.

La Mina de Diamantes

El músico experimental John Cage dijo: «Si alguien se aburre a los dos minutos, que pruebe con cuatro. Si se sigue aburriendo, que pruebe con ocho. Luego, con dieciséis. Luego, con treinta y dos. Al final descubrirá que ya no se aburre».[95] Esto es un perfecto ejemplo que ilustra la idea principal de este capítulo: nada es *intrínsecamente* aburrido. El aburrimiento surge de nuestras ideas preconcebidas, porque hemos prejuzgado que algo es aburrido. Pero podemos cambiar de opinión. Y si nos sucede eso será como encontrar una *Mina de Diamantes* en el arcén de un camino de tierra. Allí habrá joyas escondidas, piedras preciosas que jamás hubiéramos imaginado que íbamos a encontrar.

Imagínate partiendo para unas anheladas vacaciones a tu lugar de recreo favorito. Pasas por una serie de ciudades y pueblos en los que apenas te fijas, porque solo piensas en llegar a tu destino. Si tuvieras que decir algo sobre ellos, seguramente dirías que son bastante aburridos. Pero, cuando estás atravesando un pueblo especialmente insulso, tu coche empieza vibrar y se para. Abres el capó y te das cuenta de que no podrás ir muy lejos hasta que no abra el primer garaje de la zona. Además es viernes por la tarde de un fin de semana de temporada estival, así que tendrás que quedarte durante al menos tres días. Te has quedado atrapado. Tus grandes planes de vacaciones se han esfumado.

Al principio, te parece una catástrofe. Necesitas tomar una copa y te diriges a un bar. Hay un grupo de hombres mayores sentados en un rincón bebiendo cerveza, escena que no te sirve precisamente para

---

95. Cage, J., *Silence*, Wesleyan University Press, Hanover, 1939. [Edición en castellano: *Silencio*, Ardora, Madrid, 2002.]

tranquilizarte respecto al aburrido fin de semana que te espera. Pero vuelves a mirarlos. Por su edad podrían ser veteranos de guerra, que sobrevivieron a sus horrores gracias a una inconcebible combinación de valor y buena suerte. Vivieron la década de los Locos Sesenta, la guerra fría y la carrera espacial. Empiezas a imaginar todas las historias que pueden contarte. Entonces te das cuenta de que no tienes que imaginártelas. Te diriges a su mesa, les explicas tu situación y te invitan a que te sientes con ellos. A las tres horas sales del bar tras haber escuchado un compendio de historias de valor y de aventuras, de éxtasis y de desolación, de hechos y (probablemente) una buena parte de ficción. Estos hombres son diamantes.

Este escenario no tiene nada de particular, casi cualquier cosa puede llegar a ser interesante si le damos la oportunidad. La mente humana es como una cámara de vigilancia con sensor de movimiento que se activa al menor estímulo con la intención de captar cualquier novedad.[96] Te rascas el brazo y tu atención se centra inmediatamente en él. Escuchas un ruido fuerte en el exterior y tu atención se dirige hacia la ventana. Tu perro se sube a la mesa y tus ojos se fijan en el travieso animal. Nuestra atención se siente atraída hacia estímulos que nuestro cerebro, generalmente, sin prestar demasiada atención, decide que son nuevos o notables: cosas que sentimos que se han de atender de inmediato. Este mecanismo reflexivo e intuitivo nos ha prestado una gran ayuda a lo largo de la evolución humana, manteniéndonos alerta ante los peligros. Como, por ejemplo, una serpiente que se interpone en nuestro camino. O un corrimiento de tierras donde discurre un sendero al borde de un acantilado. Por desgracia, eso significa que solemos clasificar los fenómenos que conocemos como aburridos. Estos, sin duda alguna, no alteran el latido de nuestro corazón ni captan nuestra atención de la misma manera que las luces brillantes o los ruidos altos.

---

96. Posner, M. I. y Petersen, S. E., «The attention system of the human brain», *Annual Review of Neuroscience*, *13*(1), 1990, pp. 25-42.

Sin embargo, si nos concentramos en estos fenómenos más «vulgares», nuestra mente descubrirá las joyas que se encuentran bajo la superficie y llegará a apreciar su significado y sentido. Basta con que la detengas para que deje de girar como si fuera una yonqui de la adrenalina del siguiente estímulo.

Aquí nos será útil regresar a la idea de la meditación. Esto no es una invitación para que los no budistas se salten esta página, porque todos meditamos todos los días. Básicamente, la práctica conlleva que nos concentremos en algo con curiosidad, esmero e interés. Un pescador que vigila su sedal para ver si pica algún pez está meditando, como lo hace una madre que mira el rostro de su bebé esperando a que este le sonría. En una práctica de meditación formal, la única diferencia es que los practicantes utilizan esta atención natural y la dirigen hacia cosas en las que normalmente no se fijarían. Por ejemplo, una técnica bastante común del mindfulness es la de «ser plenamente conscientes de la respiración». En esta práctica, los meditadores «observan» su respiración, supervisan el acto de respirar —a veces contando durante la inhalación y la exhalación— e intentan sensibilizarse para sentir el proceso. Uno de los beneficios más inmediatos de esta técnica es que puede ser muy relajante —por algo decimos que hay que contar hasta diez cuando estamos enfadados—, pero puede ser mucho más interesante. En realidad, la atención es lo que *da* interés a la práctica.

Los meditadores dicen que la respiración puede llegar a fascinarnos, que uno empieza a detectar niveles sutiles más profundos y matices que jamás hubiera sospechado que existían. Incluso, puede conducir a revelaciones personales profundas. Para los practicantes es bastante habitual, por ejemplo, reconocer que el «yo» —quiénes somos, en lo más profundo— no es un objeto interno fijo y estático. Más bien, a medida que el meditador va percibiendo la compleja dinámica de la respiración empieza a entender que el yo es un proceso igualmente fluido, una confluencia de ríos de fenómenos internos siempre cambiantes: desde las suaves ondulaciones de la respiración hasta los ríos de pensamiento en la conciencia de la mente. Pero no importa cuáles sean nuestras revelaciones ni cómo meditemos, ya sea en un templo o a orillas de un río concentrar nuestra atención puede revelar que valoramos los acontecimientos aparentemente prosaicos y nos interesamos por ellos. Además, contemplar el mundo de esta manera nos conduce directamente a la siguiente característica mágica del jardín: el *Pozo de la Creatividad*.

El Pozo de la Creatividad

En 1410 empezaron a esculpirse en Florencia doce grandes esculturas de personajes del Antiguo Testamento para adornar la plaza del Duomo. Medio siglo más tarde, Agostino di Duccio recibió el encargo de esculpir la escultura de David, el segundo rey de Israel que venció a Goliat. Di Duccio se puso a trabajar sobre una inmensa pieza de mármol de seis metros de altura que había sido extraída de una cantera del norte de la Toscana. Pero a los dos años, por razones que todavía no se han llegado a esclarecer, rechazó el encargo y dejó una masa de piedra bruta y casi amorfa. La maldita piedra estuvo treinta y cinco años sin que nadie la tocara, y su presencia en el taller de la catedral recordaba ese suceso, para gran disgusto de las autoridades. En 1500, deciden que tienen que hacer algo y empiezan a buscar a alguien que termine el trabajo. Pensaron en el eminente Leonardo da Vinci, pero, al final, le concedieron el encargo a un joven talento, con una genialidad poco común, llamado Miguel Ángel, que en aquellos tiempos solo tenía veintiséis años. Cuenta la leyenda que al principio permaneció sentado durante días, contemplando la gigantesca masa de mármol. Cuando le preguntaron por qué no se ponía manos a la obra y cogía el cincel, este respondió: *¡'Sto lavorando!* («Estoy trabajando»). Su vigilia de reflexión duró casi un mes, hasta que el 13 de septiembre de 1501 por fin se puso a esculpir. Cuando destapó su obra de arte, casi dos años después, le preguntaron cómo había sido capaz de crear una obra de semejante belleza. «Vi un ángel en el mármol y esculpí hasta liberarlo», respondió.

Miguel Ángel es la ilustración perfecta de la idea de que la creatividad exige el tiempo y el espacio que aporta la inacción para poder florecer. No me estoy refiriendo a que él se hubiera aburrido durante ese mes de observación sedente (aunque puede que se aburriera en algunos momentos), pero es indudable que sabía que la quietud y el silencio suelen conducir a la inspiración. El aburrimiento proporciona el espacio despejado necesario para este tipo de reflexión silenciosa, aunque sea de un modo forzado y no elegido. ¿Y si viéramos el aburrimiento como el estado en el que despertará nuestro Miguel Ángel? ¿Podríamos también nosotros ver ángeles y liberarlos?

La inactividad está tan hermanada con la creatividad porque estar ocupado es el enemigo de la revelación y de la iluminación. Lanzarnos de cabeza a las tareas impide que nuestra tímida musa salga de sus sombras. Por el contrario, hemos de sentarnos y permanecer así hasta que llegue el rayo de la inspiración. Al igual que el pescador espera pacientemente a que un pez muerda el anzuelo. Podemos ver este proceso en acción en infinidad de ejemplos de genialidad creativa. Por ejemplo, el joven Albert Einstein pasó casi siete años trabajando en una oficina de patentes mientras terminaba su tesis y buscaba un puesto académico. Aunque su trabajo podía ser muy repetitivo, esta monotonía daba a su mente la oportunidad de ocuparse en otras cosas. La teoría de la relatividad especial se le ocurrió cuando soñaba despierto sobre cómo perseguir un rayo de luz hasta los confines del universo. De hecho, fue en medio de sus tareas en la oficina de patentes, en 1905, cuando tuvo su *annus mirabilis*, durante el cual escribió cuatro trabajos que revolucionarían la física y transformarían nuestra visión del cosmos. Asimismo, se dice que René Descartes concibió el concepto matemático de x e y —las bases de cualquier gráfico— mientras estaba mirando una mosca que volaba por una esquina de una habitación.

Estos dos titanes de la ciencia son un buen ejemplo de que la lánguida espaciosidad del aburrimiento y la inactividad pueden conducirnos a crear nuevas e inesperadas conexiones. La mayoría de los actos creativos no proceden de alguien que evoca ideas nuevas surgidas de quién sabe dónde. Los novelistas rara vez inventan palabras nuevas para escribir sus historias, y los compositores se devanarían los sesos intentando crear nuevas notas para sus sinfonías. Más bien, su habilidad se basa en enlazar palabras existentes de maneras innovadoras y crear nuevas melodías con la escala clásica de doce notas. Sin embargo, estos momentos de inspiración no se pueden crear o forzar a voluntad, simplemente concentrando la mente racional; de ser así, todos podríamos abrir nuestra creatividad como si fuera un grifo. Por el contrario, la mente consciente ha de hacer una pausa y dejar de zumbar; esto permitirá que el subconsciente establezca nuevos vínculos, como si fueran burbujas de inspiración que emergen de las profundidades. En esta pausa puede parecernos que no hacemos nada, incluso podemos aburrirnos. De ahí que la mente consciente intente volver a imponerse y a encontrar nuevas distracciones. Pero si perseveramos en mantenernos dentro del aburrimiento, la magia empezará a manifestarse bajo la superficie. Tal como escribió Friedrich Nietzsche: «Para los pensadores y todos los espíritus sensibles, el aburrimiento es esa desagradable "calma chicha" del alma que precede a un viaje feliz y con vientos alegres. Tienen que soportarla y esperar para sentir sus efectos sobre ellos».[97]

Curiosamente, la neurociencia está empezando a corroborar estas aserciones poéticas sobre las sutiles virtudes del aburrimiento. Este campo de investigación vanguardista nos permite escudriñar nuestro espacio interior y sondear secretos del cerebro a los que antes no teníamos acceso. Podemos ver en tiempo real la actividad pulsátil de este

---

97. Nietzsche, F. (1882), *The Gay Science: With a Prelude in German Rhymes and an Appendix of Songs,*), Cambridge University Press, Cambridge, Inglaterra, p. 57.

misterioso órgano, de algo menos de un kilo y medio, que es sin duda alguna el objeto más complejo y desconcertante del universo conocido, la fuente y la sustancia de todas nuestras experiencias y de todo lo que somos. Hasta hace relativamente poco tiempo, se creía que el cerebro dejaba de trabajar cuando no estaba ocupado en alguna tarea mental específica. Pero, en 2001, Marcus Raichle observó un patrón de actividad mental inusual que se activa silenciosamente cada vez que *no* estamos concentrados en una tarea. Al complejo circuito de regiones cerebrales interconectadas donde esto tiene lugar lo denominó Red Neuronal por Defecto (RND).[98] Desde entonces, los neurocientíficos han estado investigando esta misteriosa RND, que ahora están vinculando con la creatividad artística,[99] la creación de pensamientos,[100] nuestro sentido del yo[101] e incluso con la propia conciencia.[102] Y el aburrimiento parece desempeñar un papel crucial en despertar la RND, propiciando su activación.[103] Cuando sucede esto, nuestro cerebro está libre para vagar por los desconocidos valles cubiertos de niebla del pen-

98. Raichle, M. E., MacLeod, A. M., Snyder, A. Z., Powers, W. J., Gusnard, D. A. y Shulman, G. L., «A default mode of brain function», *Proceedings of the National Academy of Sciences, 98* (2), 2001, pp. 676-682.

99. Takeuchi, H., Taki, Y., Hashizume, H., Sassa, Y., Nagase, T., Nouchi, R. y Kawashima, R., «The association between resting functional connectivity and creativity», *Cerebral Cortex, 22* (12), 2012, pp. 2921-2929.

100. Andrews-Hanna, J. R., Smallwood, J. y Spreng, R. N., «The default network and self-generated thought: Component processes, dynamic control and clinical relevance», *Annals of the New York Academy of Sciences, 1316*(1), 2014, pp. 29-52.

101. Abraham, A., «The world according to me: Personal relevance and the medial prefrontal cortex», *Frontiers in Human Neuroscience, 7*, 2013, p. 341.

102. Greicius, M. D., Krasnow, B., Reiss, A.L. y Menon, V., «Functional connectivity in the resting brain: A network analysis of the default mode hypotheses», *Proceedings of the National Academy of Sciences, 100*(1), 2003, pp. 253-258.

103. Schott, G., «Doodling and the default network of the brain», *The Lancet, 378*(9797), 2011, pp. 1133-1134.

samiento en ciernes, donde puede que realicemos descubrimientos inesperados y creemos nuevas conexiones: la esencia misma de la creatividad y de la innovación.

El aburrimiento puede llegar a generar revelaciones sobre la naturaleza del propio tiempo y desvelarnos la *Ventana a la Eternidad*.

La Ventana a la Eternidad

En *Trampa-22*, la amarga sátira de Joseph Heller sobre la locura de la guerra, el principal deseo del aviador Dunbar es alargar su vida todo lo posible. Se le ocurre que la mejor forma de conseguirlo —aparte de evitar que le disparen— es cultivar el aburrimiento. Así que nos enteramos que le encanta el tiro al plato porque «odiaba cada minuto de él».[104] Por consiguiente, el tiempo se alargaba eternamente.

Tras explicar este razonamiento a sus escépticos camaradas, uno de ellos replica: «Quizás una vida larga tenga que estar llena de muchas situaciones desagradables para que parezca larga. Pero, en ese caso, ¿quién quiere una vida así?» «Yo», responde Dunbar. «¿Por qué?», le pregunta su compañero. «¿Qué otra cosa hay?»[105]

¿Qué más hay realmente? Quizá Dunbar tenga razón: sumergirse en el aburrimiento es una forma infalible de alargar los días. Dicho esto, tal como hemos visto, el aburrimiento no necesariamente es desagradable. Si lo afrontamos con la actitud correcta, puede ser una fuente de inspiración y de asombro. No obstante, sea cual sea el cariz que tome el aburrimiento, cuando lo experimentamos siempre nos parece lento, que se alarga inexorablemente en una distancia lejana. Los estudios sobre la percepción del tiempo nos confirman lo que ya sabe-

---

104. Heller, J. (1955), *Catch-22*, Vintage, Londres, 2004, p. 43. [Edición en castellano: *Trampa-22*, RBA Libros, Barcelona, 2007.]

105. Heller, J. (1955), *Catch-22*, Vintage, Londres, 2004, p. 44. [Edición en castellano: ídem.]

mos por propia experiencia: cuando estamos aburridos, las manecillas del reloj casi parece que no se muevan, los minutos y las horas pasan a cámara lenta.[106] Mientras que los momentos de euforia y alegría se escapan de nuestros dedos como si fueran granos de arena, los momentos de aburrimiento son pesados, lentos y se hacen eternos.

En mi primer verano en la universidad, me fui a una expedición al Tíbet con unos amigos. Fue un viaje que rompió todos mis esquemas y me ayudó a salir de mis limitados horizontes. Y sin embargo, a pesar de toda la intensidad, de las imágenes en tecnicolor que recuerdo de aquellos meses fuera de mi país —desde comer mantequilla de yak en la cima de una montaña hasta enseñar canciones de los Beatles a un grupo de alegres monjes adolescentes en Lhasa—, uno de los recuerdos más marcados es la experiencia de aburrimiento profundo. Mientras mis amigos continuaron viaje hacia Nepal, yo me dirigí hacia la costa este de China solo, para iniciar un trabajo de verano en Quingdao, donde ya había enseñado inglés el año anterior. Tomé la absurda decisión de hacer ese viaje —atravesando ese inmenso país— de un tirón, lo que significa que estuve metido en un tren cuatro días seguidos. Además, también pretendía no gastar mucho, por lo que compré el billete más barato, que implicaba ir sentado en un durísimo y doloroso asiento, en lugar de pagar un poco más por una litera, así que apenas dormí en todo el trayecto. Pero por largo e incómodo que fuera el viaje, lo peor era que no tenía *nada* que hacer. Mis compañeros se habían marchado en otra dirección y no tenía libros, ni música, nada de nada.

Sin distracción alguna, aquellos cuatro días fueron eternos. Atrapado en el sofocante vagón metálico, que rechinaba un kilómetro tras otro cruzando monótonos paisajes, no tenía forma de «pasar el tiempo». Todo se ralentizaba como si fuera a rastras, las manecillas del reloj

---

106. Watt, J. D., «Effect of boredom proneness on time perception». *Psychological Reports, 69* (1), 1991, pp. 323-327.

apenas se movían, las horas parecían días. Había momentos en los que el tren, con todos sus pasajeros, incluido yo, parecían detenerse, nos convertíamos en la imagen congelada de una película. Pero por encima de todo empecé a *sentir* el tiempo como una presencia física. Era como si todo estuviera cubierto por un lodo gelatinoso, denso y sólido, como el cuadro *Los relojes derretidos* de Dalí. Martin Heidegger escribió que el aburrimiento es la experiencia física del tiempo y de nuestra existencia a través del tiempo.[107] En lugar de considerarlo como un estado de «ánimo», se aventuró a decir que era una «orientación existencial», durante la cual nos enfrentamos cara a cara a la naturaleza del propio tiempo. Siguiendo una tendencia similar, Joseph Brodsky dijo que el aburrimiento «representa el tiempo puro y sin diluir en todo su monótono, redundante y repetitivo esplendor».[108]

Así pues, el aburrimiento nos permite experimentar la realidad visceral del tiempo, pero ¿significa esto que deberíamos *valorarlo*? Tanto Heidegger como Brodsky insistían en que deberíamos hacerlo, aunque por distintas razones. Brodsky argumentaba que el aburrimiento es nuestra «ventana a la infinitud del tiempo», que puede conducirnos a reconsiderar cuál es nuestro lugar en el cosmos y nos permite ver nuestra vida desde la «perspectiva de la eternidad». Bajo el prisma de esta visión elevada podemos relativizar todas nuestras preocupaciones cotidianas y reducirlas hasta la insignificancia. Nos parece que nuestra vida es solo una diminuta y efímera chispa en la vasta inmensidad del eterno horno del universo, tan pasajera y minúscula que apenas deja constancia de su paso. Este concepto puede darnos mucho que pensar, incluso puede ser preocupante, y suscitar la pregunta: «¿Importa realmente algo de lo que hago?» Por otra parte, también puede ser muy

---

107. Heidegger, M. (1938), *The Fundamental Concepts of Metaphysics: World, Finitude, Solitude*, Indiana University Press, Bloomington, 2001. [Edición en castellano: *Los conceptos fundamentales de la metafísica: mundo, finitud, soledad*, Alianza Editorial, Madrid, 2007.]

108. Brodsky, J., *On grief and Reason: Essays*, Penguin, Harmondsworth, 1997, p. 109.

liberador. Si *yo* no importo, dada la vasta inmensidad incomprensible del cosmos, seguro que los problemas que me están preocupando son todavía menos importantes.

Heidegger vio este tema desde otro ángulo. Para él, vislumbrar la eternidad del tiempo, que solemos experimentar principalmente cuando nos aburrimos, puede ser un poderoso llamamiento a las armas. Por eso nos incitó a que utilizáramos el aburrimiento para «despertar», no porque nos revele que nuestras acciones no importan, sino porque demuestran, por el contrario, que *sí* importan. Su mensaje principal, contemplado desde la perspectiva de la eternidad, y de reconocer que nuestra existencia es demasiado breve, es *carpe diem*: atrapa el hoy, haz que cada momento cuente.

Sea como fuere, tanto si estamos de acuerdo con Brodsky como si lo estamos con Heidegger, la visión de la eternidad que nos ofrece el aburrimiento indudablemente nos proporciona una lección transformadora sobre la existencia. De la misma manera, el aburrimiento también nos permite vernos *a nosotros mismos* con claridad, lo cual nos conduce al último elemento del jardín: el *Espejo de la Claridad*.

El Espejo de la Claridad

Retrocedamos hasta el siglo v d. C.; había un príncipe en el sur de la India llamado Bodhidharma. Aunque era uno de los hijos favoritos del rey, no anhelaba poder político o prestigio. Por el contrario, su deseo era dedicarse a la vida contemplativa y se hizo monje budista. Su maestro vio su potencial y lo envió a China a que divulgara el budismo, así que cruzó la frontera y se dirigió a las cálidas provincias del sur. Sus demostraciones públicas de la meditación pronto le hicieron famoso, y el emperador Wu lo mandó llamar. Cuando Bodhidharma se negó a rendirle la pleitesía a Wu, de la que se creía merecedor, este le desterró. Entonces, Bodhidharma tuvo que aventurarse por las gélidas tierras del norte, donde al final encontró refugio en una cueva en la ladera de una montaña, por encima de un templo shaolín. Cuenta la leyenda que pasó nueve años meditando en la oscuridad frente a la pared interna de la cueva. De ahí viene el posterior intento de emulación, por parte de los maestros zen, de meditar frente a una pared desnuda.

Al principio de este capítulo hemos visto el ejemplo de tener que estar sentados en una estación de tren vacía durante todo un día, sin ninguna distracción. ¿Qué me dices de estar nueve años solo en una cueva? ¿Qué hizo Bodhidharma durante casi una década? Pero lo más importante, ¿por qué eligió quedarse allí?

Esto me devuelve a mi aparentemente interminable viaje por China. Aparte de la extraña sensación de que estaba inmerso en la densa melaza del tiempo, también experimenté la vertiginosa sensación de encontrarme conmigo mismo. Esos encuentros son cada vez menos frecuentes en la actualidad. Nuestra vida en el estado de vigilia ha sido colonizada por diversos instrumentos que han sido diseñados para evitar que nos aburramos. Cualquier persona que tenga que tomar el transporte público para ir a trabajar estará familiarizada con la escena de ver a docenas de personas hipnotizadas ante las pantallas de sus teléfonos inteligentes, totalmente desconectadas de lo que las rodea. Yo soy tan culpable como el resto de todo esto. En el tren que tomo para ir a trabajar reviso mis correos electrónicos, ojeo las noticias y quizá no encuentro nada interesante. Entonces vuelvo a ponerme el móvil en el bolsillo, pero a los pocos minutos, incluso segundos, como si me invadiera un picor existencial, saco de nuevo el móvil y vuelvo a hacer exactamente las mismas búsquedas. ¿Qué es lo que espero encontrar? O, para ser más exactos, ¿qué estoy intentando evitar?

En mi interminable viaje en tren por China, al principio el aburrimiento me preocupaba. Me sentía agitado, incluso notaba un ligero pánico. Pero al final acepté que, simplemente, tenía que seguir sentado y *estar* conmigo mismo. Quizá sea esto lo que intentamos evitar cuando nos refugiamos en nuestros auriculares. Pero ¿por qué tenemos tanto miedo? ¿Qué es lo que sucede cuando nos enfrentamos cara a cara con nosotros mismos en el *Espejo de la Claridad*?

Según mi experiencia, durante aquel centenar de horas en un tren chino, además de embarcarme en un viaje a Qingdao, también hice un viaje de autorrevelación. Descubrí que el aburrimiento paulatinamente fue creando un espacio vacío donde los pensamientos y las sensaciones nuevos podían entrar sin dificultad. Alejado de la ocupación frenética de las distracciones rutinarias y de sus correspondientes torbellinos de pensamientos mundanos (qué comer, llevar, decir, hacer), empecé a descubrir los silenciosos abismos mentales que suelen permanecer ocultos. Descubrí dimensiones ocultas de mí mismo, pensamientos y sentimientos que ni siquiera era consciente de que existían. Revisé recuerdos que habían estado latentes durante mucho tiempo, como si fueran una proyección de diapositivas de fragmentos del pasado. Hasta se me revelaron nuevas perspectivas de problemas que se habían estado gestando durante mucho tiempo y empecé a idear posibles soluciones. No todas estas autorrevelaciones fueron agradables, y cuando el tren por fin llegó a Qingdao sentí un agradable alivio, pero todas fueron útiles, valiosas e, incluso, inestimables. No incluían una fórmula de autoconciencia completa al estilo socrático de «Conócete a ti mismo», pero durante esos cuatro días conseguí conocerme un poco mejor a mí mismo.

Desde entonces he aprendido a apreciar el aburrimiento por la oportunidad que nos brinda de acceder a territorios internos desconocidos…, al menos hasta cierto punto. Sigo siendo humano —no *busco* aburrirme—, pero, si me encuentro en una situación que me resulta aburrida, intento resistir la tentación de buscar una distracción de inmediato y procuro *estar* con ella durante un rato. Es cierto que el hastío puede persistir, pero con frecuencia empiezo a experimentar reveladoras autoobservaciones. Con el tiempo, especialmente cuando estas observaciones se repiten, empiezo a reconocer patrones habituales de pensamiento tras cuyo rastro suelen precipitarse los trenes de mis pensamientos. Por ejemplo, cada vez que salgo de casa, mi mente empieza a obsesionarse con pensamientos, como si he cerrado bien la puerta o si he apagado la estufa de gas. Cuando ya ha transcurrido parte del día, durante un periodo de aburrimiento, reviso esos pensamientos angustiosos que siguen revoloteando por mi mente como una bandada de pájaros. A medida que los voy observando, los pensamientos se vuelven menos frenéticos, ya que empiezo a entenderlos o, incluso, a hacer las paces con ellos. Esto me ha enseñado que no necesariamente tengo que hacer caso de sus advertencias; pues solo son grabaciones que mi mente reproduce de manera automática, no alarmas que exijan una acción inmediata. Por otra parte, también he descubierto pensamientos que ni siquiera sabía que existían; quizá son *flashes* de inspiración del *Pozo de la Creatividad*. Estas revelaciones pueden llegar en momentos en los que estoy ocupado o activo —caminar es especialmente favorable para este fin—, pero suelen aparecer con más frecuencia mientras estoy aburrido.

Ni que decir tiene que no es necesario sentarse en una cueva y contemplar un muro durante nueve años para llegar a conocernos a nosotros mismos. Ni siquiera necesitamos meditar… o, al menos, no es necesario que nos sentemos sobre un cojín con las piernas cruzadas en un templo. Basta con que estemos presentes con nosotros mismos sin distraernos durante unos minutos. Entonces quizá valga la pena hacer un viaje más largo, que puede generar revelaciones más profundas. Como dijo Osho, cuando reflexionaba sobre la meditación zen «sentado frente al muro»: «Observando el muro, los pensamientos desaparecen lentamente, lentamente, el pensamiento se detiene, la mente se evapora y lo que queda es la realidad auténtica».[109] Pero si este tipo de meditación intensiva es demasiado avanzada, todavía podemos obtener breves destellos de nosotros mismos en el espejo. Por ejemplo,

---

109. Osho, *The Great Zen Master Ta Hui: Reflections on the Transformation of an Intellectual to Enlightenment*, Osho Media International, Nueva York, p. 486.

durante el pesado trayecto del trabajo a casa, intentemos controlarnos para no mirar el móvil por quinta vez y aprovechemos para solo *ser*. Esto puede revelarnos cualquier cosa, desde las valiosas joyas de la *Mina de Diamantes* y la inspiración del *Pozo de la Creatividad* hasta el conocimiento de lo que vemos en el *Espejo de la Claridad*.

El viaje a la autorrevelación puede llegar muy lejos, pero no solo está inducido por el aburrimiento. Profundizaremos todavía más cuando nos adentremos en el remoto territorio de la soledad, que exploramos en el penúltimo capítulo.

7

La soledad

Se podría decir que actualmente estamos más conectados que nunca. Los avances tecnológicos, especialmente Internet y los teléfonos móviles, ponen a un sinfín de personas a nuestro alcance tan solo dando a enviar en el chat o llamando. Pero esto no necesariamente significa que nos sintamos vinculados, apoyados o cuidados. De hecho, cuanto más unidos estamos por la tecnología globalizadora, más nos distanciamos. Atrás han quedado los días en que la mayoría crecíamos y envejecíamos en un mismo sitio, rodeados de una red de familiares y amigos de confianza. Ahora emigramos de una ciudad a otra, o incluso de un país a otro, en busca de trabajo, amor, seguridad o aventura; y cada vez hay mayor tendencia a seguir con estas migraciones, lo que tiene como consecuencia que nunca lleguemos a sentir que estamos asentados en alguna parte. Las redes de familiares y amigos se dispersan y extienden, y se mantienen unidas por los efímeros hilos de la World Wide Web. Además, aunque *podamos* conectar con nuestros seres queridos a través de los milagros modernos de la tecnología, durante muchas de las horas que pasamos al día estamos aislados, como cuando vamos al trabajo, comemos, trabajamos o vivimos solos. Millones de personas tenemos vidas atomizadas e individuales, incluso o quizás, especialmente, si vivimos en conurbaciones muy pobladas. La consecuencia es que la soledad se ha convertido en una de las epidemias del siglo XXI.

Y sin embargo, aunque todos digamos que odiamos sentirnos solos, también hemos de admitir que hay momentos en los que deseamos estar solos. La magnitud y la forma de esta necesidad de aislamiento pueden variar mucho, por supuesto. En un extremo, un asceta como Bodhidharma puede desear pasar años en una cueva completamente solo. Mientras que, en el otro, una persona gregaria y extrovertida puede que solo necesite uno o dos minutos, de vez en cuando, de paz y tranquilidad para recobrar y reponer su energía. Sea como fuere, todos necesitamos al menos un poco de tiempo y un espacio para alejarnos de nuestras responsabilidades sociales, un descanso de tener que poner nuestra mejor cara ante los demás. Necesitamos esos oasis de calma en los que tenemos la oportunidad de interiorizarnos y encontrar un poco de paz, lejos del ajetreo de las conversaciones y del toma y daca de las interacciones. Para esto no es imprescindible que nos retiremos *físicamente*. A veces, la soledad se puede hallar simplemente encontrando espacio para estar con nuestros pensamientos. En realidad, las personas que nos quieren pueden estar cerca, estar presentes afectuosamente y, sin embargo, concedernos este tipo de soledad. Imagina que tu pareja te estrecha en sus brazos al final de un día que ha sido difícil para ti, sin pedirte explicaciones ni engatusarte para que le cuentes sus problemas. En tales situaciones nos sentimos cuidados, a la vez que podemos disfrutar de la soledad. Hay una palabra para esta tan deseada forma de soledad: *solitud*.

Es muy diferente de la soledad. La solitud es la soledad buscada y querida, mientras que la soledad es un sentimiento no deseado o temido. Tal como dijo el teólogo Paul Tillich: «El lenguaje ha creado la palabra "soledad" para expresar el sufrimiento de estar solo. Y ha creado la palabra "solitud" para expresar la gloria de estar solo».[110] Sin em-

---

110. Tillich, P., *The Eternal Now*, Scribner, Nueva York, 1963. Citado en Lionberger, J., *Renewal in the Wilderness: A Spiritual Guide to Connecting with God in the Natural World*, Skylight Paths Publishing, Woodstock, Vermont, Inglaterra, 2007, p. 121.

bargo, estos dos estados no son mundos separados. Más bien, en algún momento, la solitud cruza silenciosamente una oscura e imperceptible barrera y se convierte en el sentimiento de soledad. Para nuestro eremita asceta, aunque el primer año alejado de la sociedad pueda parecerle una bendición, con el transcurso de los meses siguientes, puede empezar a sentir el gélido toque de la soledad. Por otra parte, la persona extrovertida y sociable, puede empezar a necesitar compañía a los siete minutos de estar sola. Sea cual fuere nuestro grado de sociabilidad, cualquiera que sea nuestro «límite», si lo sobrepasamos, sufrimos el dolor de la soledad.

Curiosamente, aunque no existan límites prefijados para nadie, estos cambian de acuerdo con las circunstancias. Por ejemplo, puede que estés caminando solo por el parque y que de pronto sientas una soledad terrible. Luego, al momento siguiente, un rayo de sol te da en la cara, un pájaro empieza a cantar y hueles el perfume de las rosas. En ese momento puede que te sientas más esperanzado respecto a la vida y más reconciliado con tu soledad, que se transforma en solitud.

Nuestra tarea principal es aprender a hacer eso: apaciguar el dolor de la soledad y convertirlo en la gracia de la solitud.

Del sentimiento de soledad a la solitud

Es sábado por la mañana, en un barrio de las afueras donde reina la calma. Te despiertas en una casa vacía y tienes todo un día por delante que se presenta pesadamente monocromático. No tienes planes, ni parece que vaya a haber ninguna invitación. Mientras desayunas, te preguntas qué vas a hacer. De pronto, sentado a la mesa de la cocina, empiezas a sentirte muy solo. Estás solo físicamente en la casa, pero tu soledad es mucho más profunda. Te sientes como si estuvieras aislado emocionalmente del resto del mundo, como si te hubieras salido del radar. Sabes que tus amigos y tu familia se preocupan por ti, pero, por alguna razón, sientes que ahora no puedes recurrir a ellos. Parece que lo único que puedes hacer es salir a dar una vuelta, así que decides irte a la ciudad. Al menos allí hay muchas cosas para hacer, y puede que te siente bien estar rodeado de gente.

Vas por la calle de la estación y cuando llegas al andén, donde te encuentras a unas pocas almas que parecen tan perdidas como tú, dudas por un momento. Te subes al tren y empieza el recorrido hacia el centro de la ciudad. En cada estación aumenta el número de pasajeros y sube el volumen, un quejumbroso gorjeo de, al menos, una docena de idiomas diferentes. Empiezas a sentir claustrofobia a medida que el tren se va llenando hasta rebosar, das gracias cuando llegas a tu destino. Al salir del tren respiras con alivio el aire fresco, pero en la calle todavía hay más gente: una inmensa ola de seres humanos pasa por tu lado, una cara anónima tras otra. Nadie te mira: todo el mundo parece ir en pareja o en grupo, mirando su móvil o, simplemente, mirando al frente con desalentadora determinación. Te sientes invisible. Pasas entremedio de la vida de todas esas personas sin ser visto. Puede que ni siquiera tú existas. Ahora casi se puede decir que tu sentimiento de soledad es más intenso que antes, cuando estabas sentado solo en tu casa. Todas estas caras que no miran aumentan tu sentimiento de desconexión. Sientes como si te hubieran soltado a la deriva en este mar de humanidad.

Pero, entonces, el día cambia para mejor. Te llama un amigo inesperadamente y te invita a tomar algo esa noche, o te habla de una fiesta que va a dar la próxima semana. O un desconocido de la calle mira en tu dirección y te sonríe. O los adornos navideños del escaparate te recuerdan, por primera vez en meses, que has de ir a visitar a tus padres. O pasas por delante de una agencia de viajes y fantaseas sobre viajar al extranjero. O te paras a escuchar a un músico callejero con mucho talento o a un coro del Ejército de Salvación que está cantando villancicos, o entras en una galería de arte moderno en la que nunca habías entrado. La ola de gente te parece más amable, menos opresiva. Aunque sigues sin conocer a nadie, no te sientes tan aislado, más bien empiezas a notar la calidez común de la humanidad. Quizá te fijas en los otros visitantes que están en la galería, todos ellos contemplando los cuadros con interés, intentando descifrar su significado. En este momento, incluso empiezas a *valorar* estar en ese lugar tú solo. Tienes el tiempo y el espacio para dejar que surjan tus pensamientos, para descubrir lo que sientes sobre el arte. Puede que hasta te felicites por estar haciendo algo útil ese día. Aunque sigues rodeado de docenas de personas que no conoces, tu sentimiento de soledad se ha transformado en solitud: ahora estás satisfecho de estar solo.

Este escenario nos revela que la presencia —o ausencia— de otras personas poco tiene que ver con la solitud y el sentimiento de soledad. Ambos son estados mentales. Si estás bien contigo mismo en medio de una multitud y no sientes la necesidad de interactuar con esas personas, eso es solitud.

Cuando regresas a casa en el tren ya no te sientes solo o invisible, aunque tus compañeros de viaje reaccionen de la misma manera contigo que esa mañana. Ahora no te importa que nadie te mire a los ojos o te dedique una sonrisa, porque tu mente está en paz, se ha tranquilizado en la galería o en cualquier otro lugar que te haya alegrado el día. De hecho, estás deseando más solitud, alejarte de toda la algarabía. Te alegras cuando llegas a la estación, te diriges a casa y puedes estar verdaderamente a solas con tu paz.

Transformar la soledad en solitud

La soledad y la solitud no son más que dos formas opuestas de contemplar una situación. Por una parte, significa que existe el riesgo de que la pacífica solitud se adentre en el oscuro ámbito de la soledad. Por la otra, tenemos el potencial para transformar la soledad en solitud. Cuando nos sentimos solos puede que empecemos a oír el suave clamor de impulsos e inclinaciones que no solemos escuchar cuando estamos acompañados. Estos aspectos de la personalidad puede que no se manifiesten cuando estamos con otras personas, pero pueden ser valiosas herramientas y guiarnos hacia el bienestar, cuando consiguen hacerse oír, en el espacio que nos aporta el sentimiento de soledad. En realidad, descubriremos que el sentimiento de soledad se transforma en solitud cuando estos elementos internos empiecen a alzar la voz.

En este capítulo veremos seis figuras metafóricas, de las cuales la primera se diferencia más de las otras cinco. Nuestro principal objetivo, como ya he indicado, es transformar el sufrimiento de la soledad en la paz de la solitud. Esto conlleva aprender a apreciar el valor potencial y la belleza de la soledad, en lugar de intentar «remediarlo» mediante la búsqueda constante de compañía. Sin embargo, a veces *es* posible aliviar la soledad abriéndote y conectando con otras personas. Ahora que ya sabemos esto, la primera figura es el *Creador de Vínculos*, que nos da valor para dar un salto de fe y salir de nuestra zona de confort para crear nuevos lazos con desconocidos. No obstante, hay momentos en que no es posible dar este salto, por alguna razón. Después de esta, las cinco figuras restantes nos ayudarán con el importante tema de la transformación de la soledad en el valioso estado de solitud.

La segunda figura es el *Libre Pensador*. Aquí, nuestra soledad nos capacita para desarrollar el pensamiento independiente y reducir nuestra tendencia a dejarnos llevar por las masas, y nos ayuda a seguir el dictamen de nuestro propio y auténtico razonamiento. Asimismo, el *Cantor del Alma* refleja la idea de que solo somos realmente capaces de sintonizar con nuestros más profundos sentimientos —y expresarlos— cuando estamos solos. A continuación, el *Guerrero* representa el concepto de que, muchas veces, solo descubrimos lo fuertes y lo valientes que podemos llegar a ser cuando nos vemos obligados a afrontar solos la batalla. En tales circunstancias, puede que descubramos niveles de fortaleza y valor que jamás hubiéramos sospechado que teníamos.

Con nuestra penúltima figura nos trasladamos a un terreno más místico. El *Buscador de la Luz* podría conducirnos a planos más elevados del alma, pero solo si nos alejamos del mundo y renunciamos a los convencionalismos. Por último, nuestra mirada espiritual se dirige hacia el exterior y nos encontramos con el *Contemplador de Estrellas*, pues desarrollaremos un profundo aprecio e, incluso, respeto por el esplendor del mundo natural.

En primer lugar, sin embargo, antes de que aprendamos a transformar el sentimiento de soledad en solitud, deberíamos explorar el sencillo recurso de aliviarlo mediante la conexión con otras personas.

El Creador de Vínculos

Cuando era veinteañero solía ir solo de vacaciones. En general, no eran viajes exóticos y lejanos. Más bien se trataba de una o dos semanas en Francia, que podía permitirme gracias a un vuelo barato. Tampoco se trataba de escapadas desesperadas. Me sentía a gusto con mi vida en Edimburgo, dando tumbos con la banda de rock, disfrutando de la camaradería de un grupo de buenos amigos. Los viajes eran realmente breves periodos de estar fuera, de salir de la corriente de la vida durante un tiempo. Solía alojarme en una pequeña caravana en un camping polvoriento de la costa mediterránea. Estaba lo bastante lejos como para hacerme sentir que no estaba al alcance del radar, y, sin embargo, lo bastante cerca como para llegar a un supermercado decente dando un simple paseo. En esas estancias, siempre encontraba que la solitud era buena para mi alma y que me concedía los maravillosos regalos que aporta la soledad. Nadie me vigilaba y podía ir a donde quisiera por las calles adoquinadas del pueblo cercano. Mis pensamientos tenían espacio para macerar en mi interior, y yo tenía tiempo para transformarlos en canciones que podía presentar a mi grupo musical. Mi *Contemplador de Estrellas* interior podía deleitarse entre las silenciosas delicias de la naturaleza, cuando me sentaba en la playa y dejaba que mi corazón se llenara con el gentil sonido de las olas. En general, me encantaban mis pequeños viajes.

Pero no siempre. Aunque buscaba y quería estar solo, había veces que traspasaba la oscura línea que me conducía a la soledad. Durante el día solía estar bien, cuando la luz del Mediterráneo hacía que todo brillase. Pero, a medida que caía la noche, mi sentimiento de soledad se volvía más desagradable y menos deseado. Si escuchaba a mis compañeros turistas comer y socializar, la oscuridad empezaba a oprimirme y a hacerme anhelar tener compañía. Así que me ponía a caminar por la playa, donde siempre había jóvenes agrupados alrededor de una hoguera, riendo y bebiendo, cantando canciones de Manu Chao o Bob Marley. Deseaba unirme a ellos, pero no soy el tipo de persona que se acerca a un puñado de desconocidos y se presenta sin más. Tampoco podía permitirme alejarme melancólicamente, así que buscaba algún pretexto para iniciar una conversación. Quizá les pedía un abridor para mi cerveza o fuego para el cigarrillo. Unas veces, esto daba pie a una calurosa acogida y podía estar con ellos una o dos horas. Otras, era como si pasados diez minutos me hubiera excedido del tiempo que me concedía la bienvenida. Aun así, eso bastaba para satisfacer mi necesidad de contacto humano, y me marchaba sintiéndome algo más recargado, al menos, contento por haberlo intentado.

Como he dicho al comienzo de este capítulo, aquí vamos a abordar el tema de transformar la soledad en solitud. Si te sientes solo, no suele ser de mucha ayuda que te digan: «Saldremos a buscar compañía», porque la raíz del problema se encuentra en la dificultad para hacerlo. Incitar a las personas solitarias a que sean más sociables es tan poco eficaz como inapropiado decirle a alguien que está triste: «Venga, por el amor de Dios, anímate» (que con frecuencia va seguido de un «Puede que nunca suceda»). De todos modos, en otras circunstancias, *puede* que nos animen a abrirnos a los demás y a vencer nuestro sentimiento de soledad, dando un paso al frente y conectando con personas que no conocemos. Esto suele implicar que, de algún modo, tendremos que salir de nuestra zona de confort y adoptar una actitud asertiva o atrevida a la que no estamos acostumbrados. No es fácil, por supuesto, pero podemos utilizar nuestra soledad como fuerza «creadora de vínculos» y de motivación que nos impulsa a que nos arriesguemos y demos ese primer paso difícil. Por ejemplo, puede que inicies una conversación con una persona con la que nunca habías hablado antes, como hacía yo con los jóvenes de la playa. Esto suele ser más fácil cuando te esfuerzas por participar en una interacción estructurada, como un grupo de lectura o una clase de baile, donde la dificultad de conocer gente nueva queda minimizada gracias a que has de compartir algo en lo que concentrarte. Para los que son de una generación mayor, esto podría manifestarse conectando con sus nietos, ya que implicaría dominar habilidades que en un principio les son desconocidas. Para los que buscan amor —y están cansados de esperar ese encuentro espontáneo marcado por las estrellas—, registrarse en una página web para solteros cumpliría esa función.

Estos dos últimos ejemplos ilustran la forma en que la ingenuidad humana proporciona remedios para la soledad. De hecho, cada vez somos más adictos a utilizar las innovaciones tecnológicas para satisfacer nuestra necesidad de interacción…, aunque no siempre sea con otros humanos. Por ejemplo, una compañía japonesa acaba de lanzar al mercado una encantadora foca peluda robótica, a la que ha llamado Paro. Responde al calor humano y al afecto, como si estuviera viva, ronroneando y cerrando los ojos como si tuviera sueño, y mientras tanto su cerebro electrónico va recopilando información para crear un perfil de su dueño y acrecentar su encanto. Probablemente, a algunas personas no les parezca correcto canalizar el afecto humano hacia un objeto electrónico, pero estos inventos pueden ser grandes remedios para el aislamiento. En los ensayos clínicos, los investigadores han descubierto que Paro alivia el sentimiento de soledad y aumenta el bienestar entre las personas mayores y las que se están recuperando de una grave enfermedad.[111] Y si ayuda, especialmente en países como Japón, que tiene una creciente población de personas mayores que se sienten solas, entonces, ¿por qué no utilizarlo? Para algunas personas puede que no sea *tan* distinto de otras formas de compañía no humana, como la amistad y el afecto duradero que puede ofrecer un perro o un gato.

A veces podemos aliviar nuestro sentimiento de soledad. Animados por nuestro *Creador de Vínculos* interno, puede que sintamos el valor de salir de nuestra coraza y conectar con los demás. Además, las experiencias de soledad pueden incrementar nuestro aprecio por la creación de lazos, ya sea con personas conocidas o con desconocidos. Por ejemplo, en mis viajes a Francia, me daba cuenta —medio lamentándolo, medio con alivio— de que yo no era tan solitario, independiente y autosuficiente como a veces creía que era. Eso contradecía mis conceptos románticos de ser un vagabundo solitario, y me daba perfecta cuenta de cuánto necesitaba tener otras personas en mi vida. Así que daba gracias por todas las personas nuevas que conocía mientras andaba por las calles o paseaba por la playa; y todavía me sentía más agradecido por los adorables, acogedores y amables rostros de mi familia y amigos cuando regresaba a casa. Pasar algún tiempo alejado de ellos me ayudaba a apreciar realmente cuánto significaban para mí.

No obstante, a veces puede que no haya una «solución» inmediata para la soledad, que no haya un regreso fácil a los brazos de nuestros

---

111. Robinson, H., MacDonald, B., Kerse, N. y Broadbent, E., «The psychosocial effects of a companion robot: A randomized controlled trial», *Journal of the American Medical Directors Associations, 14*(9), 2013, pp. 661-667.

seres queridos. En tales casos, como veremos en lo que queda de este capítulo, nuestra tarea será transformar la soledad en un estado más pacífico de solitud. Esto implica que hemos de entender que ciertas cualidades y puntos fuertes de nuestro carácter muy importantes solo tienen espacio para emerger y crecer cuando estamos solos. La primera de esas cualidades es el *Libre Pensador*.

El Libre Pensador

Un equipo de investigación te invita a participar en un experimento sobre «destreza visual». Te sientas alrededor de una mesa en una insulsa habitación con otros siete participantes. La tarea que se te adjudica la puede hacer hasta un niño. El investigador sostiene una tarjeta en la que hay dibujadas tres líneas rectas de diferentes longitudes, así como una línea de comparación. Lo único que has de hacer es decir qué línea tiene la misma longitud que la de comparación. A simple vista, la respuesta parece bastante evidente: es la línea B. Te echas hacia atrás en tu asiento, preparado para decir lo que es evidente cuando te toque el turno. El investigador empieza por la persona que está sentada a tu derecha y luego sigue preguntando en el sentido de las agujas del reloj, lo que quiere decir que tú vas a ser el último a quien pregunten. Uno a uno, todos van diciendo que la línea C es la más larga. Tras la respuesta de la cuarta persona, vuelves a mirar la tarjeta. ¡Es *imposible* que la C sea la respuesta correcta! ¿Qué está sucediendo? La quinta persona también responde «C» y aumenta tu confusión. Hasta empiezas a sentir una especie de pánico. *Sabes* que los demás se equivocan… o, al menos, *crees* que se equivocan (te empiezan a asaltar las dudas). Los otros siete participantes son cebos, por supuesto, a los que les han dicho lo que tenían que responder. Tú eres el único participante auténtico de la sala. Pero no lo sabes. Entonces, ¿qué vas a decir cuando te toque tu turno?

En los últimos siglos, escritores y filósofos han hecho sólidas y ominosas advertencias sobre los peligros de dejarse influir por lo que piensa un grupo. Martin Heidegger, por ejemplo, consideraba que gran parte de nuestra existencia está estructurada y determinada por lo que, escalofriantemente, le dio por llamar *das Man* o «el Ellos».[112] No utilizó este término de un modo completamente despectivo: reconoció que somos criaturas sociales; por consiguiente, nuestras ideas y valores comunes —nuestro «horizonte» compartido— son aspectos esenciales de lo que nos hace humanos. Sin embargo, arguyó que la tendencia a caer en este tipo de existencia puede suponer un problema, puesto que significa que es menos probable que tomemos nuestras propias decisiones y que nos responsabilicemos de ellas. En el capítulo sobre la culpa vimos el riesgo que existe de que cedamos nuestra toma de decisiones a otros que son más dominantes, como reveló sorprendentemente el experimento con electrochoque de Stanley Milgram. Del mismo modo, nuestra tendencia a conformarnos a la voluntad de *das Man*, aunque sepamos que se equivocan, se puso de manifiesto en el experimento de juzgar las líneas que acabamos de describir, que fue diseñado, en 1951, por Solomon Asch,[113] otro gran psicólogo de la posguerra. Mientras Milgram investigaba las potenciales consecuencias devastadoras de la *obediencia*, Asch se centró en el fenómeno igualmente conflictivo de la *conformidad*. Para su asombro, se encontró con que casi un 70% de los participantes se sumó a la opinión de la mayoría. A veces, el consenso del grupo hacía que el auténtico voluntario se replanteara su respuesta y dudara de su propia percepción. En algunos casos, hasta de su cordura. En otras ocasiones, se conformaba, porque tenía miedo de las consecuencias sociales de no hacerlo, como

---

112. Heidegger, M., *Being and Time*, Blackwell, Londres, 1927. [Edición en castellano: *Tiempo y ser*, Tecnos, Madrid, 2009.]

113. Asch, S. E., «Studies of independence and conformity: A minority of one against a unanimous majority», *Psychological monographs: General and Applied, 70*(9), 1956, pp. 1-70.

quedar expuesto al ridículo o al ostracismo. Sea como fuere, Heidegger habría acusado a los participantes conformistas de no ser «auténticos». Ante los resultados de Asch —y las preocupaciones de Heidegger—, el primer beneficio esencial de estar solo es que no tenemos tanta tendencia a seguir a los demás. Alejados del clamor de las opiniones, las exigencias y los juicios ajenos, tenemos la oportunidad de escuchar nuestra propia voz interior y seguir nuestro camino. Si utilizamos la convincente frase que se ha puesto de moda, diríamos que tenemos la libertad para vivir con más *autenticidad*. Esta poderosa idea de la autenticidad posee una larga y distinguida historia. A Jean-Jacques Rousseau, el filósofo francés del siglo XVIII, se le atribuye la introducción de este concepto en una nación, incluso en un continente, que estaba muy necesitado de nuevas formas de autoentendimiento. Con anterioridad a su libro *Las confesiones*,[114] solo las figuras religiosas, como san Agustín, se habían planteado escribir sus autobiografías. Por consiguiente, la publicación de Rousseau de la historia de su vida fue una empresa totalmente nueva que puso de relieve la importancia que tiene para *todos* la introspección, el interiorizarnos y la búsqueda de autoconocimiento. Posteriormente, estas cualidades pasarían a desempeñar papeles primordiales en la creación de nuestro sentido actual de la autoidentidad.[115] Animados por grandes figuras como Rousseau, hemos aprendido a apreciar la importancia de seguir nuestras propias pasiones y talentos para florecer (como representa la figura metafórica del *Explorador*, que hemos visto en el capítulo de la envidia). Además, investigadores como Asch han demostrado los peligros de *fracasar* en mantenernos genuinos y fieles a nosotros mismos.

---

114. Rousseau, J.-J. (1782), *Confessions*, Penguin, Baltimore, Maryland, 1953. [Edición en castellano: *Las confesiones*, Alianza Editorial, Madrid, 2007.]

115. Taylor, C., *Sources of the Self: The Making of the Modern Identity*, Harvard University Press, Cambridge, Massachusetts, 1989. [Edición en castellano: *Fuentes del yo: la construcción de la identidad moderna*, Paidós, Barcelona, 2006.]

Hay muchos personajes famosos, como Henry David Thoreau, el conocido poeta y filósofo, que han seguido esta clara llamada a la autenticidad y a la libertad de pensamiento. En 1845, Thoreau, como es sabido, se «fue a los bosques» a vivir con sencillez, en una pequeña cabaña cerca del lago Walden, durante los dos años siguientes. (Aunque hay que admitir que visitaba a su madre con frecuencia, que vivía por los alrededores, ¡para que le hiciera la colada!) En su intento por «vivir con profundidad y extraer toda la savia de la vida», se sumergió en su aislamiento y en la inhóspita belleza de la naturaleza. En este aspecto encarnó al *Contemplador de Estrellas*, que veremos más adelante. Pero su importancia reside en la independencia de pensamiento que desarrolló y afirmó mientras vivió alejado de la sociedad, y que siguió defendiendo durante el resto de su vida. Por ejemplo, fue un acalorado abolicionista, notorio opositor de la Ley de Esclavos Fugitivos de 1850. En esta se exigía a los estados del norte —incluido el suyo, Nueva Inglaterra— que capturaran a cualquier esclavo que hubiera huido del sur y lo restituyeran a su «propietario». Thoreau sentía que los ciudadanos tenían el deber moral de negarse a participar en esta injusticia autorizada por el Estado. Por consiguiente, prometió que no pagaría sus impuestos hasta que se aboliera esa ley, protesta que Gandhi utilizaría como modelo para su propia resistencia pasiva varias décadas más tarde.

Así pues, la soledad concede a nuestro *Libre Pensador* interior la oportunidad para enraizarse, florecer y afirmar su independencia. Entretanto, también nos proporciona el tiempo y el espacio para que surja nuestro *Cantor del Alma*.

El Cantor del Alma

Ludwig van Beethoven tenía solo veintiséis años cuando empezó a quedarse sordo. Por consiguiente, el lento pero inexorable descenso hacia el silencio debió de ser para él una catástrofe personal y profesional. Sin embargo, en lugar de poner en peligro su genialidad, los musicólogos sugieren que puede que justamente fuera lo que le permitió florecer y llegar a lo más alto, lo cual quizá no hubiera sido así de haber seguido teniendo una audición perfecta. En el capítulo anterior vimos que el aburrimiento proporciona un espacio donde puede florecer la creatividad. Asimismo, parece ser que la solitud puede ayudarnos a sacar la inspiración de las sombras. Es como si, estando apartados del mundo, pudiéramos escuchar tenues melodías de música celestial que emana de nuestras profundidades, una hermosa música que de lo contrario quedaría ahogada por la algarabía de las masas. El aislamiento de Beethoven, inducido por el aumento de su sordera, permitió a su genio creativo alcanzar nuevas cumbres inexploradas. Según escribió Martin Cooper, cuando la sordera del compositor era casi total, este gozaba de un estado de comunión consigo mismo donde solo le preocupaba la «esencia pura de sus propios pensamientos».[116] Igualmente, Anthony Storr, en su maravilloso libro titulado *Soledad*,[117] el cual ha sido la fuente de inspiración para la mayor parte de este capítulo, revela que Franz Kafka necesitó estar en total aislamiento para poder escribir sus oscuras visiones. Tal como el extraordinariamente imaginativo autor checo explicaba a su prometida: «escribir significa revelarse a uno mismo hasta la saciedad... Por eso uno nunca está lo bastante solo cuando escribe..., porque la noche nunca es lo bastante oscura».[118]

No obstante, no son solo los grandes artistas los que consideran que la solitud es muy valiosa cuando desean expresar sus más profundos sentimientos y anhelos. Todos tenemos canciones que cantar, y

---

116. Cooper, M., *Beethoven: The Last Decade*, Oxford University Press, Londres, 1970, p. 11.

117. Storr, A., *Solitude*, Flamingo, Londres, 1989. [Edición en castellano: *Soledad*, Debate, Barcelona, 2001]

118. Kafka, F., *Letters to Felice*, Vintage, Londres, 1974, pp. 155-156. [Edición en castellano: *Cartas a Felice*, Nórdica, Madrid, 2013.]

puede que necesitemos salir de las garras del miedo, el bochorno y la obligación, dejando atrás a la muchedumbre, antes de que nos sintamos capaces de hacer oír nuestra voz. De hecho, Rousseau sentía que la sociedad imponía tremendas restricciones en la autoexpresión. Algunas de ellas son necesarias, por supuesto: existen buenas razones para que redactemos leyes y desarrollemos normas que restrinjan nuestros instintos e inclinaciones primitivos. La civilización se resquebrajaría muy pronto si todo el mundo se permitiera cualquier antojo pasajero. Aun así, nuestras proscripciones sociales contra la autoexpresión van mucho más allá de lo necesario para mantener el orden, y suelen restringir hasta las actividades más benignas.

Durante mi investigación para el doctorado me centré en el efecto de la meditación en la salud mental de los hombres. Reuní a un estupendo grupo de participantes de un centro budista y les pedí que me contaran la historia de su vida. Quería saber qué era lo que les había conducido a la meditación y el efecto que esta tenía sobre ellos. Como meditador, esperaba que ensalzaran los beneficios de la práctica, y realmente lo hicieron.[119] Pero lo que más me impresionó fue ver lo difíciles que habían sido sus vidas *antes* de empezar a meditar.[120] Es muy habitual oír comentarios acerca de que los hombres están vacíos emocionalmente, que no están realmente «en contacto con sus sentimientos». Quizás haya algo de cierto en ello, pero las investigaciones parecen indicar que los hombres se sienten más obligados a cumplir con las *expectativas* de ser duros y estoicos.[121] Mis

119. Lomas, T., Cartwright, T., Edginton, T. y Ridge, D., «A religion of wellbeing? The appeal of Buddhism to men in London, UK», *Psychology of Religion and Spirituality*, 6(3), 2014, pp. 198-207.

120. Lomas, T., Cartwright, T. Edginton, T. y Ridge, D., «I was so done in that I just recognized it very plainly, "You need to do something"», «Men's narratives of struggle, distress and turning to meditation», *Health, 17*(2), 2013, pp. 191-208.

121. Connell, R. W., *Masculinities*, University of California Press, Berkeley, 1995.

entrevistas revelaron claramente la presión que sentían por tener que vivir bajo el condicionamiento de que «los chicos no lloran». Tanto si recordaban su primer día de escuela de secundaria como las exigencias de sus compañeros de que tenían que comportarse como «los demás chicos», todos explicaban que reprimir sus sentimientos se convirtió en algo habitual en su vida. No se les «permitió» sentirse vulnerables, mostrar afecto o echarse a llorar. Esas reglas les crearon una camisa de fuerza emocional que les fue exprimiendo la vida. A raíz de ello, muchos habían tenido problemas de salud mental, al tener que luchar contra sus emociones reprimidas. En la mayoría de los casos solo hallaron alguna solución cuando, ya desesperados, recurrieron a la meditación.

En el último capítulo nos adentraremos más en estos viajes oscuros de los hombres, pero lo que quiero destacar es que las restricciones en la expresión de las emociones pueden ser muy perjudiciales. Todos nosotros, de un modo u otro, sobrellevamos la carga de las expectativas de la sociedad, que nos dice lo que *deberíamos* sentir y cómo *deberíamos* actuar. Por consiguiente, alejarnos de todo esto puede ser rejuvenecedor. Los participantes de mi investigación me contaron el alivio que sintieron cuando por fin pudieron expresar sus emociones, quizá con una pareja de confianza. Esos valiosos momentos eran revitalizadores, como si hubieran abierto las compuertas de un embalse y el agua pudiera correr libremente por el río hasta el mar. Esta es la segunda gran virtud de la soledad: nos libera para que expresemos nuestros sentimientos profundos y nos saquemos la máscara que pensamos que hemos de llevar ante los ojos del mundo.

Imaginemos una persona que tristemente entra en un periodo de soledad forzada. Lejos del espíritu de *conocer mundo* del aventurero solitario, este es por desgracia el caso más común, el de una persona que, simplemente, desea tener compañía. Quizá se trate de una familia monoparental, en la que el progenitor ve que el menor de sus hijos se marcha a la universidad y se queda solo en el hogar familiar. Impera el silencio y los recuerdos que se van desvaneciendo donde antes rebosaba la energía y las risas juveniles. Puede ser una situación melancólica, pero no tiene por qué ser *solo* eso. La madre puede reflexionar sobre todos sus años de sacrificios, en los que antepuso sus propias necesidades y deseos para sustentar a la familia: los sueños y las ambiciones que dejó de lado, las canciones que no pudo cantar, los libros que no pudo escribir, los países que no pudo visitar. Quizás hace tanto tiempo que no ha oído a su propia voz que ya no se acuerda de su tono. Al principio, el silencio puede resultar incómodo e inquietante. Pero, a medida que se va aclimatando y adaptando, puede detectar los primeros susurros de esa tenue voz, y ver en ella la expresiva individualidad que ha permanecido dormida durante décadas. Esto puede conducirle a aventuras inesperadas en las que descubre —o redescubre— nuevas pasiones o sueños. Aunque siga lamentando la partida de los hijos, estos sueños pueden al menos aportarle cierta alegría a sus días. En esa soledad, puede que hasta encuentre reservas inesperadas de fortaleza y valor. Así nos encontramos con el *Guerrero*.

El Guerrero

Siempre me ha gustado hacer ejercicio solo. Casi todos los días me calzo mis desgastadas zapatillas deportivas y salgo a correr junto a los ríos y canales de Oxford. Esto me permite escabullirme silenciosamente del ajetreo de la ciudad y adentrarme en otro plano de existencia diferente, donde estoy a solas y doy rienda suelta a mis pensamientos en los espacios abiertos de la naturaleza. Veo la vida desde otra perspectiva y regreso a casa rejuvenecido. Parte de su atractivo reside en poner a prueba mi resistencia, en ver hasta dónde puedo llegar y con qué rapidez. No soy masoquista, no me fuerzo hasta el límite, pero sí es cierto que intento ampliar mis fronteras, siento curiosidad por ver hasta dónde me lleva mi resistencia.

No obstante, mis breves incursiones en el campo de la resistencia son insignificantes cuando las comparamos con lo que han logrado algunas personas verdaderamente valientes y decididas. Por ejemplo, tengo el privilegio de conocer a una joven que se propuso la audaz tarea de recorrer los mares del mundo navegando a remo en solitario. Esto conllevaba superar el abrumador sentimiento de vulnerabilidad milla tras milla en la soledad de los vastos océanos. De hecho, tuvo que enfrentarse a muchas experiencias cercanas a la muerte mientras flotaba peligrosamente sobre los insondables abismos en una pequeña embarcación que no era mucho más grande que un coche familiar. En una ocasión, olas de veinte metros de altura hicieron volcar la embarcación durante una tormenta tropical. En el transcurso del viaje puso a prueba su resistencia mental y física al máximo más veces de lo que la mayoría de las personas lo hacen en toda su vida.

Con frecuencia no somos capaces de apreciar la increíble resiliencia del espíritu humano y nos olvidamos de que las personas son capaces de realizar actos de valor y determinación extraordinarios. Veamos la asombrosa historia de Steve Callahan. Partió para cruzar el Atlántico en un balandro de poco más de seis metros de eslora —oportunamente— llamada *Napoleon Solo*. Al cabo de una semana, colisionó con algo —quizá con una ballena— y se abrió una brecha en el casco de la embarcación que hizo que el agua sobrepasara la línea de flotación. Incapaz de tapar el agujero, Callahan tuvo que lanzar al agua su pequeño bote salvavidas inflable de apenas dos metros. Estaba equipado con suficiente agua y comida para tres días. Al final, unos pescadores le rescataron, casi al borde de la muerte, tras setenta y seis días a la deriva en su diminuta embarcación. Durante ese tiempo pescó peces para su sustento, potabilizó agua con una potabilizadora que funcionaba con energía solar y reparó el bote salvavidas las veces que hizo falta. Hacia el final ya casi había agotado las posibilidades para mantenerse con vida, pero gracias a su empeño lo consiguió. Los finlandeses tienen una palabra para el valor extraordinario y la determinación que podemos llegar a tener en momentos de extrema necesidad: *sisu*. Callahan tenía *sisu* de sobra, como lo tienen un refugiado que cruza el desierto en busca de un refugio seguro y las personas que combaten el dolor intenso que les ocasiona una grave enfermedad. Nuestra voluntad de vivir es tremenda e inspiradora.

Para soportar la soledad hace falta *sisu*. Aunque el tormento físico de Callahan fue extremo, su situación de total aislamiento puede que fuera una prueba todavía más dura. De hecho, es uno de los suplicios más crueles que puede soportar una persona. Esta es la razón por la que tantos regímenes políticos, a lo largo de la historia, han encarcelado a sus opositores y enemigos en confinamiento solitario. El horror de la privación total de contacto humano hace tanta mella en los prisioneros que estos suelen acabar perdiendo el juicio. Hace falta una increíble fuerza mental para soportar este tipo de tortura. Pero *es* posible, como ha demostrado la doctora Edith Bone.

La doctora Bone, conocida lingüista y traductora, acababa de cumplir sesenta años y se encontraba en el ocaso de su carrera cuando las autoridades de Budapest la detuvieron y la acusaron de ser una espía británica. Ni siquiera se preocuparon de realizar la farsa de un juicio. Sencillamente, la encerraron en confinamiento solitario durante *siete años*; la mayor parte de ese tiempo lo pasó en oscuridad absoluta, en un húmedo sótano. Pero resultó ser más fuerte de lo que pensaban sus captores y jamás cedió a la presión de firmar una (falsa) confesión. Para conservar su cordura, mantenía su mente ocupada durante su confinamiento, repitiendo mentalmente poemas que se sabía de memoria y traduciéndolos a otros idiomas, haciendo listados de vocabulario y dando paseos imaginarios por las calles de ciudades que le eran conocidas. De este modo, pudo salir de su confinamiento con su mente intacta. La suya es una historia de heroísmo que ha sido justamente alabada por ser inspiradora: un ejemplo básico de *sisu* ante una penuria indescriptible.

Pero *sisu* también se evidencia en formas de aislamiento más comunes. Aunque sean pruebas mucho menos extremas que la de la doctora Bone, son testimonio de la increíble resiliencia que tiene el ser humano. Por ejemplo, muchas personas mayores soportan una gran soledad cuando se acerca el final de sus días. Las carencias de la edad avanzada son por todos conocidas: la lenta pérdida de la movilidad, que hace que socializar nos resulte más difícil; ver cómo tus amistades van falleciendo; las enfermedades que impiden salir de casa o que te hacen depender de un hospital. Sin embargo, no solemos reconocer la fortaleza mental que suelen demostrar los pensionistas ante estas dificultades. Para soportar las largas pruebas de soledad hace falta tener mucho carácter. Por doloroso que pueda ser esto, nuestra única esperanza es que esas personas encuentren algún consuelo en la idea de que están luchando mucho y están siendo fuertes.

Del mismo modo que aventureros como mi amiga sienten el impulso de querer lograr un objetivo heroico, luchando contra el miedo y sobreponiéndose a la soledad con determinación, nosotros también podemos esperar hallar la fuerza y la determinación para completar nuestra misión, sea cual fuere. Si vamos un poco más lejos, cuando estemos en el proceso de completar esas misiones, puede que descubramos que la solitud nos conduce a planos de existencia más elevados. Entonces es cuando nos encontramos con el *Buscador de la Luz.*

El Buscador de la Luz

La ciudad de Jericó, en el valle del Jordán, a unos 250 metros por debajo del nivel del mar, es un oasis en medio de un desierto de polvo que se cuece bajo un sol abrasador. Quizá sea el asentamiento humano más antiguo que se conserva en el planeta; hay hallazgos arqueológicos que datan de unos once mil años de antigüedad. Es el enclave por excelencia sobre la Tierra para tener visiones extraordinarias y emprender búsquedas de carácter místico. Fue aquí donde Jesús «fue guiado por el Espíritu durante sus cuarenta días en el desierto», donde ayunó y oró en solitud, y donde se supone que venció a la tentación del mal. Esa zona todavía parece que viva en otro plano de existencia. El silencio y la solitud tienen un poder que casi intimida. Aunque se han hecho algunas concesiones a la modernidad —un teleférico bastante fuera de lugar te conduce al monte de la Tentación—, pero ello no le resta mérito a la austera grandeza del paisaje nómada. De hecho, durante muchas generaciones, los buscadores solitarios se han adentrado en su árida geografía. Algunos incluso se instalaron allí, en lo alto del acantilado, en el monasterio de la Tentación esculpido en la propia roca, que construyeron los bizantinos en el siglo VI d. C. Debajo de sus murallas se encuentra la cueva donde se dice que Jesús pasó sus cuarenta días y cuarenta noches en comunión con el Espíritu. Los *Buscadores de Luz* continúan siguiendo su ejemplo. Son los monjes cristianos ortodoxos que se retiran en sus celdas, alejados del mundo, en el sentido más amplio. Son testigos de la creencia de que el rostro de Dios solo se puede vislumbrar a través de la solitud, lejos de la muchedumbre.

Casi todas las religiones y tradiciones espirituales coinciden en este aspecto. La mayoría de sus textos sagrados contienen relatos de que sus fundadores pasaron periodos de aislamiento. Por ejemplo, se dice que el Buda alcanzó la iluminación tras decidir que se sentaría en solitario debajo de un árbol en un lugar salvaje, y que se no se levantaría hasta alcanzar su meta suprema. Curiosamente, igual que Jesús, cuenta la leyenda que permaneció allí durante cuarenta días y que fue asediado por las fuerzas de la tentación, esta vez encabezadas por Devaputra Mara, el rey de todos los demonios. Por otra parte, en las tradiciones chamánicas, el chamán, que se distingue del resto de la tribu por poseer alguna habilidad sobrenatural, desaparece en el bosque incluso durante meses en busca de la visión. Las tradiciones espirituales del mundo están unidas en lo que respecta a la importancia que le otorgan a la solitud en la búsqueda de lo sagrado. Tal como escribió en el siglo XVI Ignacio de Loyola, el fundador de la orden de los jesuitas, en sus *Ejercicios espirituales*: «Cuanto más nuestra ánima se halla sola y apartada, se hace más apta para acercarse y llegar a su Creador y Señor».[122]

Puede que pienses que las leyendas esotéricas del Buda y de Jesús están muy bien, pero que son meras reliquias de una era precientífica, mitológica y pasada. Las hazañas sobrehumanas de los fundadores de las grandes religiones del mundo pueden aportar inspiración y consuelo a sus seguidores, pero ¿qué importancia tienen para el resto de nosotros? Para responder a esta pregunta, vuelvo a recordar a los hombres a los que entrevisté para mi trabajo de doctorado. En general, casi todos tenían una educación muy parecida, y la mayoría trabajaban rutinariamente en sus profesiones: enfermería, contabilidad, enseñanza. Pero el budismo había transformado sus vidas. Tal como he dicho antes, algunos habían tenido problemas psiquiátricos, mientras que otros habían tenido tendencia al alcoholismo o a la agresividad. Ahora, sin embargo, estaban comprometidos con los ideales del budismo, desde la abstinencia hasta la compasión, y estaban intentando reorientar sus vidas de acuerdo con estos valores. Sus vidas no eran perfectas, pero la meditación había hecho que fueran más felices y que se sintieran más realizados. Aun así, ningu-

---

122. San Ignacio de Loyola, *Saint Ignatius: The Spiritual Exercises. Selections Annotated and Explained* (M. Mossa, editor), Skylight Paths Publishing, Vermont, Woodstock, 2012, p. 61. [Edición en castellano: *Ejercicios Espirituales de San Ignacio de Loyola: Una relectura del texto*, Cristianisme i Justicia, Barcelona, 2008, p. 27.]

no de ellos sentía la vocación de ponerse el hábito amarillo o aza-
frán, donar todas sus pertenencias a una institución benéfica y desaparecer para siempre en un monasterio del Tíbet en la cima de una
montaña. Si los vieras pasar por la calle, jamás dirías que son budistas. Tenían un aspecto normal, como todo el mundo…, porque lo
eran. Lo único que los diferenciaba es que hacían un esfuerzo, dentro
de sus apretadas vidas, para dedicar un tiempo a la práctica contemplativa. Esto incluía asistir a retiros regularmente, donde estaban
aislados del mundo durante días o semanas.

Todos ellos describían estos retiros como acontecimientos importantes en su vida, aunque estos también los pusieran a prueba, y
los consideraban grandes oportunidades para alcanzar revelaciones
interiores e iluminación. (Las revelaciones interiores, que a veces
podían ser crudas verdades, eran lo que hacía que estos retiros fueran potencialmente difíciles, a pesar de que siempre los valoraban
mucho.) Yo también experimenté algo parecido cuando asistí a
ellos. Al principio las perspectivas eran desmoralizantes, especialmente los largos periodos de silencio. Sin embargo, al final, esos
días de silencio eran increíbles. Jamás me sentí aislado. Todo lo
contrario, formaba parte del grupo, solo que estaba liberado de la
presión de tener que conversar. Este entorno creaba el espacio para
la autorreflexión beneficiosa y sin prisas. Por ejemplo, la perspectiva
de alejamiento nos ayudaba a aclarar e, incluso, a resolver problemas
«ordinarios» cuando regresábamos a casa. Solemos estar tan absortos en las menudencias de la existencia que nos cuesta encontrar
soluciones. Es como andar por un espeso bosque abriéndonos paso
por los matorrales, tropezando con las raíces. Para ampliar la metáfora, un retiro es como ser transportado a una colina cercana donde
ganamos una visión más amplia del bosque. Podemos ver los falsos
caminos que no conducen a ninguna parte, las trampas y los peligros
escondidos y, ante todo, el camino que nos conduce directamente
hasta nuestro destino. En otras palabras, la solitud de un retiro pue-

de inducir a que tengamos revelaciones con potencial para transformar positivamente nuestra vida.

Varios de los meditadores de mi grupo de investigación iban más lejos y abogaban por pasar algunos meses aislados en algún entorno salvaje y duro donde tuvieran que enfrentarse cara a cara a su verdadero yo y así poder descubrir el insondable misterio de la existencia. De ahí que describieran estos retiros extendidos como algunas de las experiencias más vitales y valiosas de su vida, durante los cuales habían podido escalar a las cumbres del espíritu humano que de otro modo habrían sido inaccesibles para ellos, y consiguieron transformar su visión de la vida y de sí mismos. Después, retomaban sus vidas corrientes recargados de energía y vigor (aunque algunos de ellos mencionaban que habían pasado un periodo discordante de readaptación). Pues no se trataba de retiros en el sentido de «escapadas», sino que más bien, como dice el proverbio francés *reculer pour mieux sauter* («recular para saltar mejor»), les habían servido para seguir avanzando y mejorar sus vidas.

Esos retiros prolongados de la sociedad son inviables para algunas personas, por supuesto. Pero estos meditadores decían que incluso hacer breves paréntesis de estar a solas con sus pensamientos y alejados de la gente podían ser edificantes e iluminadores. También tienen el poder de ayudarnos a reconfigurar nuestra forma de relacionarnos con el mundo que nos rodea, como veremos en la última sección de este capítulo.

El Contemplador de Estrellas

Cuando Henry Thoreau se fue a vivir al bosque, su intención no era simplemente desarrollar confianza en sí mismo. Quería descubrir algo más, aparte de saber si era capaz de construirse una cabaña rudimentaria y pescar un pez para cenar. Posteriormente, su reconocimiento como crítico elocuente e idealista de la sociedad, a pesar de su importancia, no fue lo único que le valió la fama. Más bien, lo más destacado de su legado fue su veneración poética por la naturaleza. Pues Thoreau, junto con Ralph Waldo Emerson, fue quien creó el primer movimiento intelectual autóctono de Estados Unidos: el trascendentalismo. Los trascendentalistas veían cada vez con más preocupación la creciente deshumanización de la industrialización del siglo XIX, y exhortaban a sus compatriotas a abandonar su conformismo. Los impulsaban a descubrir «una relación original con el universo», según palabras de Emerson. Los trascendentalistas querían cultivar un respeto y un aprecio profundos por la naturaleza. Esto iba mucho más allá del mero hecho de admirar el paisaje y proponerse no pisar plantas delicadas. Planteaban un tipo de misticismo natural en el que se venera la sacralidad del mundo. En realidad, estos filósofos consideraban que el universo entero estaba compuesto por una misma esencia mística, que Dios estaba en todas las cosas. Emerson escribió: «Vemos el mundo por separado, como el sol, la luna, el animal, el árbol, pero la totalidad, de la cual estas son solo las partes que brillan, es el alma».[123]

Tanto si alcanzamos las cumbres de la filosofía espiritual de Emerson como si no, la mayoría seguramente habremos sentido la sensación mágica de estar en otro mundo cuando hemos estados a solas en la naturaleza. Es como si, al estar alejados de la presencia magnética de las otras personas, otros aspectos del mundo más discretos pudieran emerger y manifestarse en toda su belleza. Por ejemplo, puede que huyamos de la agitación de la ciudad y nos vayamos a un espacio deshabitado en el campo en busca de silencio. Allí, alejados del constante ajetreo de la actividad humana —conversaciones, tráfico, radios y televisiones—, nos hallamos inmersos en la quietud de la

---

123. Emerson, R. W., *The Essays of Ralph Waldo Emerson* (A. R. Ferguson & J. F. Carr, editores), Harvard University Press, Boston, 1987, p. 160. [Edición en castellano: *Ensayos*, Espasa, Barcelona, 2001.]

naturaleza. Puede que hasta notemos que un escalofrío nos recorre la columna. Es la sensación escalofriante que a menudo sentimos cuando caminamos solos por el bosque. Es como si entráramos en un mundo más allá de la civilización, donde los seres humanos son superfluos y estuvieran actuando fuerzas invisibles más poderosas. De pronto, sentimos que la Tierra es mucho más antigua que la humanidad, y tenemos la certeza de que seguirá existiendo mucho después de nuestra breve incursión en su territorio.

Para describir este estado emocional quizá la mejor expresión sea *asombro reverencial*, que los psicólogos Dacher Keltner y Jonathan Haidt definen como estar situado en las «cimas más altas del placer y en la frontera del miedo».[124] Los filósofos estudiosos de la estética hace mucho que sienten fascinación por esta emoción. Por ejemplo, Edmund Burke dedicó mucha atención al concepto de *lo sublime*, y al asombro reverencial que pueden generar los fenómenos que poseen esta cualidad. Decía que el poder absoluto e inhumano de la naturaleza nos hace temblar: inmensas cordilleras y erupciones volcánicas generadas por fuerzas geológicas implacables; mareas feroces provocadas por las inmensas corrientes globales; fusiones nucleares en el corazón de estrellas de dimensiones inimaginables. Tanta inmensidad nos abruma, hace que nos sintamos como meras motas de polvo dentro de un tornado de casi dos millones de kilómetros de longitud. Nuestra admiración se funde con el terror para generar respeto, estupefacción e, incluso, veneración. Pero no es solo la grandeza del poder y la inmensidad lo que ocasiona el asombro reverencial. También podemos quedarnos absortos en las maravillas de los complejos milagros de la naturaleza, como la minuciosa y perfecta simetría de una florecilla. Tal como escribió William Blake con tanta elegancia en *Augurios de inocencia*:

---

124. Keltner, D. y Haidt, J., «Approaching awe, a moral, spiritual, and aesthetic emotion», *Cognition and Emotion, 17*(2), 2003, pp. 297-314, en p. 297.

Para ver el mundo en un grano de arena
y el cielo en una flor silvestre
sostén el infinito en la palma de tu mano
y la eternidad en una hora.[125]

Siempre estamos expuestos a quedarnos atrapados en los detalles de nuestra vida cotidiana, a enredarnos en las telarañas de nuestros esquemas y preocupaciones. Es justo y natural que dediquemos tiempo y esfuerzo a los temas que crean la sustancia de nuestra vida, pues sin prestarles atención pronto dejaríamos de respirar. Pero también hemos de alejarnos esporádicamente de nuestras preocupaciones humanas, contemplar con asombro las estrellas y maravillarnos ante el milagro de la existencia. Con todas las cargas que tenemos, nos *debemos* a nosotros mismos estos momentos de asombro reverencial para avivar e iluminar nuestra vida. Y a este plano solo podemos acceder cuando disfrutamos de la solitud. El asombro reverencial suele desaparecer por conversar, por reír e incluso por el mero hecho de mirar a otras personas. Nuestra visión choca contra la Tierra y regresa al reino de los humanos. De modo que, siempre que estemos solos, quizá podamos examinar a fondo la naturaleza y dejar que su misterio ahonde en nuestra alma. Puede que sigamos añorando la compañía de los demás, pero podremos encontrar consuelo en el pensamiento de que nuestra solitud nos ha proporcionado *flashes* de belleza que de lo contrario no hubiéramos podido disfrutar.

El *Contemplador de Estrellas* encarna la idea que hemos analizado en este capítulo; concretamente, de que podemos transformar la soledad en la tranquilidad de la solitud. Nuestra soledad encierra un valor potencial, desde la independencia moral del *Libre Pensador* hasta la autotrascendencia del *Buscador de la Luz*. Este mensaje de redención

---

125. Blake, W. (1863), *Selected Poetry and Prose* (D. Fuller, editor), Longman, Harlow, Inglaterra, 2000, p. 285.

ha sido nuestro himno motivador a lo largo de este libro, hemos aprendido que nuestras emociones más oscuras pueden ayudarnos a hallar el camino que nos conducirá a nuestra escurridiza felicidad.

Con esa seductora posibilidad resonando en nuestra mente, este viaje está tocando a su fin. Solo nos queda abordar el tema del sufrimiento, que comprende todos los sentimientos difíciles que hemos tratado hasta ahora. Descubriremos que existen fuentes de luz curativas incluso dentro de la oscuridad opresiva del sufrimiento. Puede que nos pongan a prueba, que nos hieran, que nos destrocen, pero con cuidados y gracia podemos recuperarnos y, quizás, hasta levantarnos siendo más fuertes y sabios.

8
El sufrimiento

En este libro hemos recorrido algunos de los planos más oscuros de la existencia humana, hemos analizado las sombras de la melancolía y la angustia, de la agitación y la preocupación. El camino no siempre ha sido fácil, pero en este viaje hemos descubierto algunas verdades inspiradoras. La más importante es que, aunque algunas emociones puedan ser difíciles de soportar, también pueden ser vías que nos conduzcan a la felicidad y a la realización personal. Aunque todas estas emociones son desagradables, cada una de ellas posee formas únicas de energía que podemos aprender a utilizar a nuestro favor. Son como potentes vientos alisios que soplan a través del océano de la vida, que aumentan de intensidad a medida que intentamos mantenernos a flote y llegar a nuestro destino. Al principio puede que nos desequilibren, quizá nos tumben sobre la cubierta. Si son especialmente fuertes, puede que amenacen con hacernos volcar. Sin embargo, también podemos aprender a utilizar la fuerza dinámica del viento con nuestras velas y usar su poder para que nos lleve a un lugar mejor.

Empezamos nuestro viaje con la tristeza, y aprendimos que era una expresión del amor y de la compasión. Puede ser una forma de autoconservación que nos protege de las situaciones peligrosas, incitándonos a cuidarnos. Y puede ser una expresión del amor, cuando nos incita a cuidar de los demás. En nuestro navegar nos encontramos con la tempestad de la ansiedad: nuestro sistema de alarma natural. Aprendimos que su insistente sirena puede conducirnos a iniciar estrategias de defensa antes de que se produzca una crisis a fin de evitar o mitigar su impacto. A continuación, descubrimos que la ira puede ser una emoción moral: una dolorosa pero iluminadora señal de que se ha violado la ética. Hemos visto que, bien utilizada, puede ayudarnos a compensar la injusticia que desató nuestra ira en primer lugar.

Mientras que la ira suele ser un indicio de que nos han hecho daño de alguna manera, la siguiente etapa de nuestro viaje —la culpa— suele indicar que hemos sido nosotros los que hemos ofendido. Así que hemos de tener en cuenta las críticas, enmendar nuestra conducta y esforzarnos por ser mejores personas. La envidia —nuestro barómetro del valor— puede inducirnos a una trayectoria ascendente similar, animándonos a perseguir metas cada vez más elevadas. Por consiguiente, descubrimos que puede abrirse ante nosotros un jardín de delicias, revelaciones y creatividad si aunamos el valor para adentrarnos en la madriguera del aburrimiento. Asimismo, nuestro penúltimo capítulo parece indicar que podemos transformar la frialdad de la soledad en la serena calidez de la solitud.

Nuestros viajes nos han llevado a recorrer siete lugares, cada uno de ellos con sus sombras y matices propios, así como sus preciosos rayos de luz. Pero ¿qué podemos decir de nuestro viaje en general, de nuestra excursión por la oscuridad? ¿Existe un arco de mayor alcance, un patrón general, sea cual sea la ruta individual que haya seguido cada uno de nosotros? Pues puede que así sea. Las siete emociones de este libro son estrellas de la constelación del sufrimiento. Tanto si estamos tristes como ansiosos, enfadados, nos sentimos culpables, tenemos envidia, estamos aburridos o nos sentimos solos, lo cierto es que estamos sufriendo. Esta constelación incluye todas estas emociones y más. De hecho, no hemos hablado de muchos de los millares de penurias que afligen a todos los seres humanos, desde el dolor físico hasta el malestar social, desde la duda hasta la inseguridad, desde el odio hasta el miedo, desde la enfermedad hasta la muerte. Todas ellas también están incluidas en el sufrimiento.

Todos sufrimos en algún momento de nuestra vida. No hay ninguna persona tan afortunada que pueda escapar por completo de sus garras. Y, cuando sufrimos, nuestro sufrimiento suele ser una combinación infernal de las emociones oscuras que hemos mencionado. Rara vez viajamos por un solo valle emocional. Tanto si estamos luchando contra la enfermedad como buscando reconocimiento, puede que tengamos que superar numerosas pruebas emocionales, como la mezcla tóxica de ira, tristeza y envidia, o el amargo trago de ansiedad, culpa y soledad. Además, nuestro sufrimiento puede variar en intensidad (desde un ligero malestar hasta un angustioso terror) y duración (desde unos minutos hasta unos años). Sea cual sea la ruta que hayas tomado por la oscuridad, el viaje se caracteriza por la palabra «sufrimiento». Dicho esto, podemos regresar a la pregunta que hemos planteado más arriba: ¿existe algún patrón común a todos, a pesar de la disparidad de nuestros caminos? Como descubriremos más adelante, podría ser que sí. Se llama el *Viaje del Héroe*.

No obstante, antes de embarcarnos en este viaje hemos de explorar el tema del sufrimiento, y lo haremos a través de la metáfora del *Jarrón Roto*.

El Jarrón Roto

En el periodo de posguerra de la guerra de Vietnam, todavía con las cicatrices recientes que había dejado la lucha, hubo una nueva expresión que pasó a formar parte del léxico psiquiátrico: trastorno por estrés postraumático (TEPT). A medida que los veteranos empezaban a regresar del frente, el personal médico empezó a observar que, una vez en su hogar, las heridas físicas se curaban con mayor rapidez que sus heridas mentales. De hecho, para muchos de esos veteranos, la pesadilla de la guerra, sencillamente, no había terminado. Padecían horripilantes *flashbacks* del infierno que habían soportado, como si siguieran en plena batalla. El ruido de la explosión de un tubo de escape podía hacerles agachar la cabeza instintivamente, para ponerse a salvo, o provocarles un sudor frío. Los fantasmas de los compañeros caídos en el frente podían acecharlos en sueños. Sus relaciones se resentían a pesar de que sus seres queridos más empáticos intentaran comprender por lo que estaban pasando los exsoldados. En la primera mitad del siglo xx, gran parte de su sufrimiento recibió el nombre de «neurosis de guerra», que se utilizaba para describir el vacío que sentían y el atormentado estado en que regresaron a casa después de dos guerras mundiales. Pero este término había caído en desuso en la década de 1970, a medida que los recuerdos de esos cataclismos empezaban a desvanecerse. Así que, con la publicación en 1980 de la tercera edición del *Diagnostic and Statistical Manual of Mental Disorders* de la Asociación Estadounidense de Psiquiatría, se introdujo el concepto de TEPT, para explicar este tipo de trastorno emocional persistente.

En los años siguientes, el TEPT empezó a atraer la atención tanto de los profesionales como del público. Pronto se descubrió que no era un trastorno exclusivo de los veteranos, sino que podía surgir después de cualquier tipo de trauma, desde enfermedades graves hasta desastres naturales. No obstante, al mismo tiempo, los psiquiatras empezaron a observar un fenómeno paralelo menos previsible: a veces, después de superar un trauma grave, los supervivientes relataban cambios *positivos* en sus vidas. A mediados de la década de 1990, Virginia O'Leary y Jeannette Ickovics tuvieron la intuición de que las víctimas de los traumas se podían dividir en *cuatro* categorías principales.[126] Todos aquellos cuyo funcionamiento se había visto drásticamente mermado eran «los que su-

---

126. O'Leary, V. E. e Ickovics, J. R., «Resilience and thriving in response to challenge: An Opportunity for a paradigm shift in women's health», *Women's Health*, *1*(2), 1994, pp. 121-142.

cumbían». Quienes parecían ser capaces de retomar las riendas de su vida a pesar de que estuvieran desgastados y frágiles eran clasificados en el grupo de los que estaban en un estado de «supervivencia con merma». Más afortunados eran los que eran considerados «resilientes». Superaron su trauma quedando relativamente ilesos y fueron capaces de retomar sus niveles anteriores de funcionamiento. Por último, había un pequeño porcentaje de supervivientes que parecía «medrar». En realidad, en algunos casos, incluso era *a raíz* del trauma que habían sufrido. Y alcanzaban unos niveles de funcionamiento y de realización personal más elevados que los que habían experimentado con anterioridad.

No es de extrañar que este extraordinario cuarto grupo empezara a atraer una atención considerable. Al poco tiempo, un nuevo y atrevido concepto se había instaurado en la literatura de la psicología, por cortesía de Richard Tedeschi y Lawrence Calhoun: crecimiento postraumático (CPT).[127] Además, aunque este concepto fue inspirado por los supervivientes que ellos consideraron que habían «medrado», los investigadores no tardaron en observar esto mismo en otras personas. Incluso las personas de las otras tres categorías, a pesar de su sufrimiento, podían experimentar algunos cambios positivos derivados de su trauma.[128] De hecho, los estudios han demostrado que hasta un 70% de los supervivientes de traumas pueden beneficiarse de algún modo de la experiencia.[129]

Estas historias de crecimiento suelen compartir temas.[130] En primer lugar, las relaciones de los supervivientes suelen mejorar. Quizá no haya

---

127. Tedeschi, R. G. y Calhoun, L. G., «The Posttraumatic Growth Inventory: Measuring the positive legacy of trauma», *Journal of Traumatic Stress*, *9*(3), 1996, pp. 455-471.

128. Calhoun, L. G. y Tedeschi, R. G., *Handbook of Posttraumatic Growth: Research and Practice*, Routledge, Nueva York, 2014.

129. Linley, P. A. y Joseph, S., «Positive change processes following trauma and adversity: A review of the empirical literature», *Journal of Traumatic Stress*, *17*, 2004, pp. 11-22.

130. Joseph, S., *What Doesn't Kill Us: The New Psychology of Posttraumatic Growth*, Piatkus, Londres, 2012.

nada más poderoso que un trauma —una enfermedad grave o un accidente de coche— para que las personas aprecien cuánto necesitan a sus seres queridos. Las discusiones y las quejas suelen quedar a un lado, se vuelven insignificantes ante el pensamiento de que pueden perder a alguien muy valioso. En segundo lugar, la visión que tienen los supervivientes sobre sí mismos se vuelve más positiva. Por ejemplo, puede que sientan una inyección de valor y fuerza al darse cuenta de que han superado la adversidad. En tercer lugar, un superviviente puede reescribir su propia filosofía personal en un tono más inspirador. Un toque de mortalidad suele aumentar el aprecio por la vida, junto con una determinación apasionada por hacer que cada día cuente.

El psicólogo Stephen Joseph utiliza una metáfora muy convincente para describir este proceso de cambio positivo que sigue a un trauma o a la adversidad: el *Jarrón Roto*.[131] Cuando sufrimos siempre hay alguna parte de nosotros que se rompe. Esto puede variar, desde sentir que todo nuestro ser se ha hecho pedazos hasta sentir que se ha roto un solo elemento: nuestra confianza en cierta persona o en cierto aspecto de nuestro carácter. Luego, ¿cuál es la mejor solución? Piensa en un hermoso jarrón que se te cae al suelo y se rompe en mil pedazos. Puede que nos resulte difícil restaurarlo a su estado original y, aun en el caso de que lo consiguiéramos, posiblemente sería bastante frágil. Es igualmente difícil recuperar la vida tal como estaba antes del trauma: las viejas costumbres y formas de pensar puede que ya no funcionen. Pero ¿y si creáramos una nueva obra de arte con los fragmentos del jarrón, quizás una escultura atrevida o un mosaico vívido impregnado de significado? Este es el tipo de remodelación que se produce durante el CPT. Aunque los elementos de la vida de una persona hayan sido sacudidos y desestabilizados por el trauma que han sufrido, paulatinamente, con tiempo, paciencia y apoyo, volverán a unirse adquiriendo

---

131. Joseph, S., *What Doesn't Kill Us: The New Psychology of Posttraumatic Growth*, Piatkus, Londres, 2012.

otra forma. El nuevo patrón no necesariamente erradicará la herida, pero puede incluir comprensión, sentido y, a veces, incluso belleza.

Muchos estudios empíricos han explorado y corroborado el fenómeno del CPT después de la adversidad. Según parece, aporta mucho consuelo y esperanza a algunos supervivientes de traumas; es como una luz al final del túnel. No obstante, Barbara Ehrenreich nos ha advertido de que debemos ser precavidos y no crear la *expectativa* de que va a suceder eso; y especialmente, el condicionamiento de que la persona que no es capaz de experimentar ese desarrollo positivo no es normal. En su libro *Sonríe o muere* nos cuenta vívidamente su propia experiencia cuando le diagnosticaron cáncer.[132] Por desolador y doloroso que fuera este diagnóstico, su sufrimiento se vio exacerbado por personas que la animaban —aunque fuera con buena intención— a contemplarlo como un viaje *positivo*. Quiero destacar que profesionales e investigadores sensatos como Stephen Joseph tienen muy en cuenta no imponer este tipo de carga psicológica a las personas que sufren un trauma. Pero la comprensión matizada sobre el tema que ellos poseen suele brillar por su ausencia en los discursos culturales más generales, concretamente, en el lenguaje que utilizan las personas cuando contemplan las enfermedades graves y hablan de ellas. Algunos observadores incluso llegaron a decir que Ehrenreich debía estar agradecida por su sufrimiento, puesto que podría ser la puerta hacia su transformación personal. Algunos supervivientes de enfermedades realmente sienten gratitud, pero nada tiene de razonable pretender decir a los afectados lo que *deberían* sentir. Para Ehrenreich, este consejo no hacía más que sumar peso a su ya pesada carga. Además de aguantar el trauma de su enfermedad, tuvo que enfrentarse a acusaciones de no ser una «buena» superviviente. Sus detractores no le permitían que estuviera

---

132. Ehrenreich, B., *Smile or Die: How Positive Thinking Fooled America and the World*, Granta, Londres, 2009. [Edición en castellano: *Sonríe o Muere: la trampa del pensamiento positivo*, Turner, Madrid, 2011.]

enfadada o afligida, y sentía que no podía revelarse contra las barbaridades del destino, que tan mala pasada le había jugado. Por el contrario, intentaban convencerla para que hallara los «beneficios» y viera el «lado bueno».

Aquí lo que pretendo es evitar hacer lo mismo. Espero que este libro sirva para demostrar que las emociones negativas tienen su razón de ser y que incluso pueden tener un valor significativo. Pero, aunque no sepamos darles un uso positivo, son respuestas totalmente normales a las vicisitudes de la vida. No hemos de sentirnos culpables por sentir lo que sentimos. Cuando de sufrimiento se trata, no hemos de hacer caso a nadie que nos garantice que experimentaremos —o, peor aún, que *deberíamos* experimentar— algún tipo de CPT. Muchos supervivientes y estudios clínicos confirman que *puede* que experimentemos algún tipo de cambio positivo. Si es así, fantástico. (De hecho, en este capítulo aconsejo sobre cómo podríamos potenciar este proceso.) Pero todos emprendemos nuestro propio viaje por las tinieblas, y nadie tiene derecho a decirnos cómo se desarrollará o cómo debería hacerlo. Esta es la razón por la que prefiero alejarme del concepto de CPT en sí mismo y abordar el del *Viaje del Héroe*.

Joseph Campbell, el gran erudito de la mitología, estaba convencido de que los millares de leyendas del mundo, en esencia, eran variaciones de un gran arquetipo mítico.[133] De las grandes épicas de la antigüedad, desde el descenso a los infiernos de Orfeo hasta los clásicos contemporáneos, como *El Señor de los Anillos*, cada una de las grandes narrativas despliega una secuencia similar de tres grandes actos: *Partida*, *Iniciación* y *Retorno*. El héroe en ciernes (o heroína, por supuesto, aunque estas son más escasas en las leyendas antiguas) recibe una ominosa e indeseada «llamada a la aventura». Esto precipita la *Partida* de

---

133. Campbell, J., *The Hero of a Thousand Faces*, New World Library, Novato, California, 1949. [Edición en castellano: *El héroe de las mil caras: psicoanálisis del mito*, Fondo de Cultura Económica de España, Madrid, 2015.]

la normalidad establecida para embarcarse en una osada aventura hacia el peligro de lo desconocido. Así empieza la *Iniciación*, el peligroso viaje lleno de pruebas y tribulaciones, cada una de las cuales pone a prueba al héroe hasta el límite. Estas pruebas conducen a la revelación y nuestro héroe renace como una persona diferente. Este renacimiento es la esencia del *Retorno*. Nuestro héroe ha alcanzado una difícil meta y regresa a casa, herido y cansado, pero victorioso y transformado.

Estas leyendas nos conmueven en lo más profundo de nuestro ser porque nos proporcionan un relato de *redención del sufrimiento* y, por consiguiente, ofrecen consuelo y esperanza a todo aquel que ha soportado —o está soportando— alguna dificultad en su vida. El *Viaje del Héroe* como tal describe el tipo de trayectoria que podemos ver en el CPT; lo capta en una forma simbólica y poderosa, pero también comprende cualquier otra trayectoria de supervivencia. A veces, el mero hecho de estar vivo, de seguir respirando, puede ser un acto de gran fortaleza y heroísmo para las personas que tienen que afrontar traumas muy intensos.

Comoquiera que afrontemos las secuelas de una adversidad, todos realizamos el *Viaje del Héroe*. En realidad, la vida en sí misma es el viaje definitivo. De ahí que estos relatos sean importantes para todos nosotros. Cuando sufrimos, pueden ayudarnos a ver el sufrimiento como una hazaña heroica, independientemente de si sentimos que estamos «creciendo» a raíz de él o no. Algunas de las pruebas pueden cambiarnos para mejor. Puede que hasta nos hagamos eco de las palabras inmortales de Friedrich Nietzsche: «Lo que no nos mata nos hace más fuertes». Ahora que ya hemos visto esta primera parte, pasemos a la *Partida*, la terrible rotura del jarrón.

La Partida

Hans Krása nació en Praga, en noviembre de 1899. En aquellos tiempos, en Europa se respiraba una gran expectación respecto a lo que puede que trajera consigo el nuevo siglo. Con todos los sorprendentes progresos en prácticamente todos los campos, desde la medicina hasta la industria, no faltaban razones para creer que los años oscuros de la humanidad eran cosa del pasado. Todos pensaban que el mundo pronto disfrutaría de los frutos del incremento de la prosperidad y de la innovación. Nadie podía prever que, en tan solo cuarenta y cinco años, el planeta sufriría el trauma de dos guerras, que fueron catástrofes de una brutalidad sin precedentes y que hicieron tambalear los cimientos de la fe que la humanidad tenía en sí misma. El segundo de estos torbellinos atrapó a Krása y acabó engulléndole, como les sucedió a millones de personas. Pero hasta que sucedió eso se dedicó a la belleza y al enriquecimiento del espíritu humano. Tuvo una infancia feliz en el seno de una familia judía, aprendió a tocar el piano y el violín, y luego estudió composición en la Academia Alemana de Música. En la década de 1930, su talento natural se había desarrollado y disfrutaba de una maravillosa carrera como compositor. Entonces, su mundo se vino abajo. Acababa de dar los retoques finales a una ópera infantil —*Brundibár*, basada en una obra de Aristófanes— cuando, el 10 de agosto de 1942, los nazis le arrestaron y le condujeron al gueto de Theresienstadt. Sería la última obra que acabaría.

Cuesta entender la profundidad de la inhumanidad que se manifestó durante la Segunda Guerra Mundial. La brutalidad de los nazis y de otras fuerzas del fascismo dejó una mancha indeleble sobre la Tierra que posiblemente no se borre jamás. El infierno de los guetos y de los campos de concentración, indudablemente, representa el paradigma del sufrimiento humano, y casi la experiencia más traumática que pueda llegar a soportar una persona. Pocas *Partidas* son tan repentinas o traumáticas como ser conducido a un gueto a punta de pistola o a un tren de ganado con destino a un campo de la muerte. En un angustioso instante te separan de tus seres queridos, a los cuales probablemente no volverás a ver. No solo has de soportar que te arrebaten tu hogar y tus pertenencias, sino todo lo que ha contribuido a que fueras

EL SUFRIMIENTO • 233

la persona que eras: tu cultura, historia e identidad. Te tratan como ganado y te asignan un número en vez de un nombre, en un proceso diseñado para ser lo más deshumanizador posible. El jarrón de cada una de esas víctimas fue hecho añicos con la mayor sangre fría que se pueda llegar a imaginar. Además, el Holocausto fue una *Partida* a escala global sin precedentes. La de mayores dimensiones. Literalmente, millones de víctimas se vieron obligadas a emprender su propia *Partida*. De hecho, la propia humanidad partió en aquellos años negros. Nuestra propia imagen como especie humana y racional se deterioró y quedó más en tela de juicio que nunca. El jarrón más grande de todos —la Tierra— se resquebrajó. Desde entonces, todavía estamos intentando recomponerlo.

Pero, por profundo que fuera el sufrimiento, los relatos de valor y dignidad nos ayudan a conservar algo de fe en la humanidad. Por si fuera poco, muchos de los supervivientes tuvieron grandes vidas, fueron testimonios de la resiliencia del espíritu humano. Algunos incluso experimentaron lo que ahora llamamos CPT. Estas personas jamás olvidaron los horrores a los que estuvieron sometidas —llevaron las cicatrices físicas y emocionales durante toda su vida—, pero sus sufrimientos posiblemente contribuyeron a sus grandes revelaciones y a la creatividad que, en última instancia, acabó beneficiando a la humanidad. Los suyos fueron viajes largos y dolorosos, y pasaron años, hasta décadas, antes de que por fin pudieran experimentar algún tipo de *Retorno*. Incluso en la primera y horrible fase de la *Partida*, muchos de ellos pudieron vislumbrar fuentes de luz en medio de la oscuridad que los envolvía. Hans Krása, por ejemplo, halló consuelo en su pasión por la música. Esta le proporcionaba una valiosa conexión con su pasado, su familia, su cultura y su identidad. Todavía conseguía ver la belleza de la vida y la plasmó en su música, componiendo varias obras de cámara durante el tiempo que vivió en el gueto. Además, consiguió representar unas cincuenta y cinco veces *Brundibár*, los actores eran sus vecinos, niños que llevaban tiempo sufriendo. La suya es una historia de «resistencia espiritual», y quién sabe qué cumbres de estética y espiritualidad podría haber alcanzado si no le hubieran arrebatado la vida. Los nazis pusieron fin a su vida en Auschwitz el 17 de octubre de 1944. Pero él conservó su humanidad y su dignidad hasta el final.

La historia de Krása también resalta la importancia de mantener vivo algún tipo de esperanza y sentido incluso cuando el jarrón está empezando a resquebrajarse. Uno de sus compañeros del campo, Viktor Frankl —uno de los psicólogos más influyentes del siglo xx—, fue de los primeros en expresar esto. Nació en Viena en 1905, y estaba empezando a establecerse como psiquiatra cuando los nazis le trasladaron a Theresienstadt en 1942. Dos años después fue enviado a Auschwitz, donde primero trabajó como esclavo obrero y, posteriormente, como médico. Esta última función le condujo a una serie de traslados a otros campos y a sobrevivir a todo aquello, pero para entonces el Holocausto ya se habría cobrado la vida de su adorada esposa y de casi toda su familia, y le habría costado el trabajo de toda una vida. (Había cosido el manuscrito en el que había estado trabajando durante años en el forro de su abrigo, pero los guardias se lo robaron y no volvió a verlo más.) Sin embargo, en medio de toda aquella tragedia, Frankl formuló una poderosa visión existencial que aportaría un gran consuelo a millones de personas durante las décadas siguientes. Se dio cuenta de que los internos que tenían alguna razón para vivir estaban mejor preparados para soportar los horrores de los campos. Para él, esas personas eran claras afirmaciones de la máxima de Nietzsche: «Si tenemos nuestro propio porqué para vivir, podremos afrontar casi cualquier cómo».[134]

---

134. Nietzsche, F. (1888), *Twilight of the idols*, en W. Kaufmann (editor), *The Portable Nietzsche*, Penguin, Nueva York, 1976, pp. 468. [*El crepúsculo de los ídolos o Cómo se filosofa con el martillo*, Alianza Editorial, Madrid, 2010.]

Frankl creía que una de las fuentes más poderosas de salvación era el amor, incluso aunque —como era su caso— los seres queridos hubieran fallecido. «Comprendí cómo el hombre, desposeído de todo en este mundo, todavía puede conocer la felicidad —aunque sea solo momentáneamente— si contempla al ser querido», escribió Frankl.[135] De estas reflexiones nació la logoterapia, «sanación a través del sentido»,[136] que Frankl desarrolló después de la guerra. Este tipo de terapia implica guiar a las personas para ayudarlas a encontrar sentido y propósito en los traumas que han soportado, como encontró Susan, que perdió a su hija Jill por la temeridad de un conductor borracho, a través de su campaña contra conducir ebrio (véase el capítulo 3). Pero las reflexiones de Frankl no solo son útiles después de que ha sucedido el trauma en las etapas de *Iniciación* y *Retorno,* sino *mientras* se está produciendo. Alentaba a las personas que sufrían a buscar un poco de esperanza y a que se concentraran en ella, puesto que eso podía servirles para seguir a flote cuando parecía que todo lo demás se venía abajo. Su salvavidas personal era el recuerdo del amor que había compartido con su querida esposa. Los nazis no pudieron arrebatarle el hecho de que él hubiera conocido un amor profundo y redentor, aunque le hubieran arrebatado todo lo demás.

Sean cuales fueren las circunstancias de nuestra propia *Partida,* puede que tengamos la suerte de vislumbrar un rayo de luz que nos dé fuerza en la oscuridad. Puede que no sea más que una mirada amable de un desconocido, las palabras reconfortantes de un amigo, un valioso recuerdo o la esperanza de un futuro mejor, pero con eso

---

135. Frankl, V. E., *Man's Search for Meaning: An Introduction to Logotherapy,* Washington Square Press, Nueva York, 1963, p. 69. [Edición en castellano: *El hombre en busca de sentido,* Herder, Barcelona, 1991, p. 46.]

136. Southwick, S. M., Gilmartin, R., Mcdonough, P. y Morrissey, P., «Logotherapy as an adjunctive treatment for chronic combat-related TEPT: A meaning-based intervention», *American Journal of Psychotherapy,* 60(2), 2006, pp. 161-174.

bastaría para aportarnos un ápice de salvación cuando entremos en las pruebas de la *Iniciación*.

La Iniciación

Joseph Campbell se inspira en la historia bíblica de Jonás para denominar a la última etapa de la *Partida* «el Vientre de la Ballena». Esta metáfora evoca el profundo descenso hacia una situación aparentemente sin esperanza antes de que se produzca el milagro de nuestro regreso a casa en el *Retorno*. De este modo, la *Partida* termina cuando cruzamos el umbral que nos adentra en la oscuridad absoluta. En este momento entramos en la segunda fase del viaje, donde hemos de enfrentarnos a las duras pruebas de la *Iniciación*.

Siempre que leo sobre estos conceptos, me acuerdo de un amigo que sufrió un descenso súbito hacia el vientre de la ballena del cual parecía que no había *Retorno* posible. Por el contrario, afortunadamente, el descenso demostró ser un gran punto de inflexión en su vida, fue el momento en que comenzó su *Iniciación*. Al principio, sin embargo, solo veía oscuridad, metafórica y literalmente.

En su juventud había patinado sobre una fina pista de hielo, la del consumo y el tráfico de drogas. Como cabía esperar, la pista acabó resquebrajándose: fue arrestado, enviado a la cárcel y empezó su descenso hacia el olvido. Durante un tiempo siguió traficando, aun dentro de la prisión, suministrando dosis a sus compañeros, pero pronto se descubrió su tráfico ilegal. Entonces, su descenso en picado se aceleró y fue recluido en una celda de castigo. Como hemos visto en el capítulo anterior, esto puede ser un tormento terrible, y así fue para mi amigo, que lo recuerda como una pesadilla despierto. Mientras estaba tumbado sobre un colchón en una celda totalmente oscura, le pareció que había tocado fondo.

Este tipo de descenso a un infierno personal es bastante común, aunque pocos acabaremos solos confinados en una celda por traficar con drogas. Para ilustrar este tema retomaré brevemente mi ejemplo del grupo de meditadores al que entrevisté para mi doctorado. Dos tercios de estos hombres decían haber pasado por etapas de considerable sufrimiento antes de recurrir a la meditación, pruebas que los habían llevado a un punto donde sentían que necesitaban cambiar y encontrar una forma de vida mejor. La mayoría habían incurrido en patrones de conducta que, por desgracia, son demasiado comunes entre los hombres occidentales. A pesar de su desconexión espiritual —o quizá debido a ella—, sus mundos interiores estaban en plena tormenta, eran tornados de impulsos y emociones no regulados. Muchos intentaron anestesiar su sufrimiento con drogas y alcohol. Otros se entregaban de lleno a su trabajo. Otros daban rienda suelta a su energía emocional reprimida a través de actos de agresión y violencia fortuitos. De vez en cuando disfrutaban de la luz del sol —momentos de placer y felicidad—, pero, en general, describían un cuadro bastante gris de su proceso de adentrarse en la angustia.

Entonces, llegaba un momento en que se producía el choque. Su sufrimiento constante y sus métodos disfuncionales de tratarlo culminaban en una crisis, alcanzaban un punto de inflexión que les precipitaba a la prisión por sus reyertas entre borrachos, que se caracterizaban por picos de violencia inesperados, o al final de una relación. Cuando su relación se rompía, muchos de estos hombres sentían que no les quedaba nada. Muchos hablaban de haber «tocado fondo». Algunos estuvieron a punto de suicidarse. Su sufrimiento desesperado me resultaba familiar debido a mis propias dificultades tras el fracaso de mi primera relación seria (como he explicado en el capítulo sobre la tristeza). Pero todas estas crisis personales eran momentos decisivos genuinos. Aunque el camino que teníamos por delante era irremediablemente duro, todos empezamos a caminar en otra dirección que al final acabó conduciéndonos a un lugar mejor. Sabíamos que habíamos tocado fondo cuando nos dábamos cuenta con diáfana claridad de que *teníamos* que cambiar. Tal como dijo uno de los meditadores: «Estaba tan harto que al final reconocí claramente: "Has de hacer algo"».[137]

Este darse cuenta de la necesidad de cambio —de rehacerse a uno mismo— es el eje central de la *Iniciación*. En este doloroso pero redentor segundo acto de la historia somos conscientes de que el oscuro vientre de la ballena es una tumba donde «morimos» y perdemos nuestra vieja identidad. Pero también es un útero donde «renacemos» y resucitamos. Estas dos fases alegóricas —muerte y nacimiento— están íntimamente conectadas. Solo podemos progresar hacia un estado superior de desarrollo psicológico si abandonamos nuestra vieja identidad y la trascendemos adoptando una nueva forma de ser. A Ananda Coomaraswamy, el filósofo tamil que tanto influyó en hacer llegar la cultura y el pensamiento de la India a Occidente, le gustaba citar a santo Tomás de Aquino, que expresó elocuentemente esta idea como sigue: «Ninguna criatura puede alcanzar un grado de naturaleza superior sin dejar de existir».[138]

Veamos el caso de mi amigo, por ejemplo. Pasó una semana de confinamiento solitario que cambió su vida. Acechado por los fantasmas del pasado, por las víctimas de sus malas acciones, y atormentado por la confusión, se preguntaba cómo había caído tan bajo. Luego, después de sufrir durante varios días, asfixiado bajo una capa de vergüenza y remordimiento, pudo vislumbrar un rayito de esperanza al recordar el amor incondicional que le profesaban sus padres cuando era pequeño. De pronto, se dio cuenta de que podía vivir de otro modo:

---

137. Lomas, T., Cartwright, T. Edginton, T. y Ridge, D., «I was so done in that I just recognized it very plainly, "You need to do something"», «Men's narratives of struggle, distress and turning to meditation», *Health, 17*(2), 2013, pp. 191-208.

138. Aquino, santo Tomás (1273), *Summa Theologia*, 1.63.3., 1981, citado por Coomaraswamy, A. K., *Selected Letters of Ananda K. Coomaraswamy* (A. Moore, editor), Oxford University Press, Delhi, 1988, p. 155 [Edición en castellano: *Suma de teología*, Biblioteca de Autores Cristianos, Madrid, 2001 4.ª edición.]

dentro del hombre condenado había un alma inocente. Aferrado a esta vaga pero redentora intuición, inició su lenta y vacilante salida de la oscuridad. Es decir, inició su *Retorno*.

El Retorno

Durante el *Retorno* iniciamos el lento, doloroso pero, en última instancia, redentor proceso de salir de la oscuridad y regresar al mundo. Todavía no nos hemos curado, pero empezamos a reconstruir nuestra vida, a crearnos de nuevo. Recogemos los pedacitos del jarrón roto y —con frecuencia, guiados por el amor y el apoyo de los demás— los volvemos a juntar creando algo nuevo que está cargado de sentido, significado y belleza.

Hay un maravilloso concepto budista zen que tiene mucho significado en este contexto: el *kintsugi*. Aunque tiene sus orígenes en el budismo, tiene sentido para las personas de todos los credos y, de hecho, para las que no profesan ninguno. Con el paso de los siglos, los maestros zen han desarrollado una inusual y muy hermosa visión de las vajillas rotas. Los artículos estropeados no son abandonados o descartados; por el contrario, son reparados con amor y cuidado, siempre que sea posible. Esta filosofía va mucho más allá de evitar el despilfarro o la frivolidad. Tampoco se trata simplemente de recomponer objetos rotos para que vuelvan a ser funcionales o de intentar juntar los pedazos para que no se vean las grietas. La palabra *kintsugi* está compuesta por *kin*, que significa «dorado», y *tsugi*, que significa «carpintería». Esto implica que los fragmentos rotos se vuelven a unir con un brillante esmalte de oro. Luego, el proceso conlleva *acentuar* los defectos, de modo tal que los haga más bellos y fuertes. De hecho, las grietas se convierten en lo que caracteriza al objeto. Aquí, lo importante es que estas cicatrices de guerra doradas no son defectos, sino la esencia del carácter del objeto. Estas expresan vívidamente su profundidad e historia de un modo conmovedor, impactante y, por encima de todo, hermoso.

Mientras investigaba para escribir este libro leí sobre muchas personas que eran perfectos ejemplos para el concepto de *kintsugi*, pero me impresionó especialmente la historia de una joven a la que llamaré Claire. A punto de cumplir los veinte, la vida de esta joven, agraciada con un talento y una belleza inusuales, cambió para siempre cuando se vio envuelta en un grave accidente de moto. En los confusos días y semanas posteriores, mientras permanecía postrada en la cama del hospital con una alta dosis de medicación, pedía a Dios que los cirujanos pudieran reconstruir su deteriorado rostro. Pero entonces se enteró de que no podrían operarla hasta al menos transcurrido un año, y que la reconstrucción sería un arduo y largo proceso, sin garantía alguna de que no le quedaran cicatrices permanentes. Durante el primer año tuvo que luchar contra la ira y el dolor, y cuando regresó del hospital apenas salía de casa.

No obstante, una vez transcurrida la lucha que mantuvo durante esos oscuros meses de *Partida* e *Iniciación*, poco a poco empezó a cultivar un espíritu de atrevido desafío. Retomó la vida «normal», se negó a verse desfigurada por las cicatrices y rechazó la idea de que tenía que seguir refugiándose cobardemente en las sombras. Además, a medida que fue recuperando la confianza en sí misma se dio cuenta de que los demás veían las marcas de su rostro como signos de su carácter que revelaban su valor y su fuerza. Entretanto, empezaron a ver a Claire como una heroína y una fuente de inspiración, por no hablar de su belleza. No le faltaron romances, y a los pocos años de haberse casado tuvo la bendición del nacimiento de sus hijos. Así fue cómo Claire se reconstruyó, metafórica y literalmente. No rechazó u ocultó su sufrimiento, sino que se transformó en algo que tanto ella como los demás consideraban que estaba colmado de bendiciones. Ella simboliza perfectamente el poder redentor del *kintsugi*, el proceso por el cual aprendemos a aceptar nuestras cicatrices para que dejen de ser defectos y se conviertan en características únicas que nos hacen especiales.

En realidad, todas las personas que han iluminado el viaje que narro en este libro son testimonios de *kintsugi* de una manera u otra. Sea cual fuere la naturaleza de sus heridas, aprendieron a hacer que sus cicatrices fueran doradas y a transformar sus problemas en cualidades redentoras. Rumí, por ejemplo, cuyo pesar por la pérdida de Shams-e Tabriz le inspiró algunos de los poemas más poderosos que se han escrito jamás. O Søren Kierkegaard, que entendió que la ansiedad va de la mano con vivir la vida al máximo. O Susan, que superó su ira hacia el hombre que mató a su hija trabajando con él para advertir a la sociedad de los peligros de conducir ebrio, y de este modo, en su tragedia personal, halló un propósito que la redimió. Hemos visto cómo el sentimiento de culpa incitó a uno de los «profesores» de Milgram a seguir lo que le dictaba su conciencia y a protestar contra la guerra de Vietnam. También nos hemos dado cuenta de que un mal comienzo en la vida puede convertirse en el combustible para el cohete que impulsará a un soñador envidioso a cimas impensables. Hemos explorado la utilidad del aburrimiento como vía hacia la autotransformación, en el ejemplo de Bodhidharma meditando en una cueva. Hemos descubierto las profundidades de la resiliencia y la valiosa independencia que pueden surgir en los periodos de soledad, como vimos con el doctor Bone y Henry David Thoreau. Por último, en este capítulo final hemos visto que Viktor Frankl recurrió a su propio trauma para crear la logoterapia, que ha ayudado a infinidad de personas desde entonces.

Todos ellos emprendieron, soportaron y, finalmente, regresaron de su propio *Viaje del Héroe*. Alguna negatividad o sufrimiento irrumpió en sus vidas, haciendo que tuvieran que caminar por una ruta oscura. Sin embargo, en esa oscuridad supieron utilizar su propia negatividad para redimirse. De este modo, transformaron esas emociones y experiencias negativas en virtudes positivas que les permitieron florecer. Bajo la guía de este proceso pudieron remodelarse a sí mismas y rehacer sus vidas, recurriendo al mismo sufrimiento que les había puesto a prueba.

Puede que todos emprendamos un viaje de redención similar y que, además, sepamos utilizar el poder positivo de las emociones negativas para impulsarnos y guiarnos en nuestro camino. Aunque todos cargamos con nuestra propia cruz, esta puede llegar a ser un símbolo de nuestra autotransformación. Nuestras emociones negativas, que solemos denigrar considerándolas cicatrices feas, pueden convertirse en senderos de oro: fuentes de valor, caminos hacia el florecimiento e incluso hermosas virtudes.

Espero que este libro pueda ofrecerte algo de consuelo y compañerismo en los, a veces, difíciles caminos que todos hemos de recorrer en la vida, y que te ayude a iluminar tu senda y te guíe hasta un lugar mejor.

Otros medios de ayuda y recursos

Identificar la depresión clínica y la ansiedad

Este libro trata sobre las emociones «normales» que todos experimentamos de vez en cuando. No es un estudio sobre enfermedades mentales, que por lo general suelen necesitar intervención terapéutica o clínica. Pero diferenciar las emociones «normales» de las enfermedades mentales no siempre es fácil. Por ejemplo, en el capítulo 1 expliqué que la tristeza, en ocasiones, puede sobrepasar la línea y convertirse en depresión clínica.[139] Esa línea delimita el punto en que algo ha ido mal con la tristeza.[140] Si crees que puedes haber llegado a ese punto, te animo a que acudas a tu médico de medicina general o a otro profesional sanitario competente. Él o ella deberían estar capacitados para diagnosticarte si lo que estás padeciendo es realmente una depresión y recomendarte un tratamiento, si fuere necesario. En cuanto a saber si *has* cruzado la línea —lo cual te ayudaría para acudir al médico—, un buen punto de partida es consultar el *Diagnostic and*

---

139. Aquí me estoy refiriendo al influyente concepto de Jerome Wakefield de trastorno como «disfunción nociva», que plantea que una emoción puede ser considerada un trastorno si es perjudicial y disfuncional. Véase Wakefield, J. C., «Disorder as harmful dysfunction: A conceptual critique of *DSM-III-R's* definition of mental disorder», *Psychological Review, 99* (2), 1992, pp. 232-247.

140. Wolpert, L., *Malignant Sadness: The Anatomy of Depression*, Faber and Faber, Londres, 1999.

Statistical Manual of Mental Disorders (DSM) de la Asociación Estadounidense de Psiquiatría, que utilizan los profesionales de todo el mundo para determinar qué es lo que constituye un trastorno de salud mental.

Hay varios aspectos de la definición del *DSM* de «trastorno depresivo mayor». El primero, y el más importante, afirma que una persona *puede* estar deprimida si ha padecido de estado de ánimo deprimido o pérdida de interés o de placer en las actividades diarias durante más de dos semanas. Por supuesto, todas las personas somos diferentes en nuestro temperamento general, pero aquí lo que importa es que el estado de ánimo depresivo supone un cambio en el «estado básico» de la persona (p. ej., su estado habitual o usual).

Además de este criterio general, el *DSM* enumera nueve síntomas específicos. Si hay presentes al menos cinco de ellos todos los días (o casi cada día) durante dos semanas de estado depresivo, ello requiere un diagnóstico sobre la depresión. Estos nueve síntomas son:

- estado de ánimo depresivo o irritable la mayor parte del día, casi a diario;
- pérdida de interés o placer en realizar la mayoría de las actividades, la mayor parte del día;
- cambio de peso significativo o cambio de apetito;
- cambio en el sueño (tanto si es insomnio como dormir demasiado)
- cambio en la actividad (ya sea agitación o lentitud física);
- cansancio o pérdida de energía;
- sentimientos de falta de autoestima o de culpa inapropiada o excesiva;
- disminución de la habilidad para pensar o para concentrarse, o aumento de la indecisión; y
- pensamientos de muerte o de suicidio.

Te aconsejaría que visitaras a tu médico si tienes alguno o todos estos síntomas, aunque haga menos de dos semanas que los tienes. Puede que no te diagnostiquen depresión, pero su consejo puede ser muy valioso.

También vale la pena consultar el *DSM* respecto a la ansiedad (y, de hecho, si te preocupa que puedas padecer algún tipo de enfermedad mental). Igual que sucede con la tristeza y la depresión, la ansiedad también puede considerarse una enfermedad cuando se pasa de cierto punto. El *DSM* utiliza el término «Trastorno de Ansiedad Generalizado» (TAG) para abarcar todos los niveles clínicos importantes de la ansiedad «general». (Existen también formas más específicas, como el «Trastorno de Ansiedad Social», que se caracteriza por una vergüenza excesiva, en la que la ansiedad se relaciona específicamente con la interacción social.) Se puede diagnosticar TAG si una persona experimenta ansiedad excesiva o preocupación respecto a una serie de temas, acontecimientos o actividades «con más frecuencia que menos» durante un periodo superior a seis meses. Para ser más concreto, esta preocupación ha de estar acompañada de al menos tres de los siguientes síntomas, antes de realizar el diagnóstico:

- crispación o inquietud;
- más cansancio de lo habitual;
- problemas de concentración;
- irritabilidad;
- incremento de los dolores musculares; y
- problemas para dormir.

Como verás, estos criterios son poco objetivos. No hay una regla exacta que determine lo que constituye el «exceso», por ejemplo. Por consiguiente, como sucede con la depresión y con cualquier otra enfermedad mental en potencia, te aconsejo que visites a tu médico si sospechas que podrías estar padeciendo TAG. Él o ella podrán ofrecerte consejo sobre cualquier tratamiento que pudieras necesitar.

Una última advertencia: algunas personas puede que experimenten muchos de los síntomas que he mencionado (respecto a la depresión o la ansiedad), pero que sientan que son respuestas totalmente apropiadas a sus circunstancias actuales en su vida, más que síntomas de una enfermedad. Por ejemplo, una persona que acaba de perder a un ser querido recientemente es fácil que experimente los nueve síntomas de la depresión, pero que los considere aspectos naturales del proceso de duelo. De hecho, todavía hay mucho debate entre los psiquiatras respecto a si estos síntomas suponen aspectos de la depresión cuando se producen en el contexto de un acontecimiento traumático. La última edición del *DSM*, publicada en 2003, advierte que vale más que seamos precavidos. Dice que, si se cumplen los criterios que hemos mencionado, se debería *considerar* realizar un diagnóstico de depresión, independientemente de cuáles fueran los factores contextuales. Por ejemplo, un duelo. Dicho esto, si estás pasando por una experiencia traumática, puede que sientas que este diagnóstico no es el adecuado para ti. No obstante, sigo recomendándote que vayas a tu médico. Este podrá determinar si tu sufrimiento puede complicarse o si es «normal» y apropiado, y te aconsejará como corresponde.

Recursos adicionales

Las siguientes páginas web españolas contienen información útil sobre distintos trastornos de salud mental y sus opciones de tratamientos.

* Guía de Enfermedades Mentales –E
* www.asapme.org/guia-de-enfermedades-mentales/
* www.consaludmental.org/
* www.medlineplus.gov

También se puede conseguir ayuda y apoyo en:

* www.samaritans.org (página web en inglés)

Bibliografía

Libros

Arendt, H., *Eichmann in Jerusalem*, Penguin, Nueva York, 1963. [Edición en castellano: *Eichmann en Jerusalén*, DeBolsillo, Barcelona, 2006.]

Barlow, D. H., *Anxiety and its Disorders: The Nature and Treatment of Anxiety and Panic* (2.ª edición), Guilford Press, Nueva York, 2002.

Barr, R., Green, J. y Hopkins, B. (editores), *Crying as a Sign, a Symptom, and a Signal*, Cambridge University Press, Cambridge, 2000.

Bauman, Z., *Liquid Love: On the Frailty of Human Bonds*, John Wiley and Sons, Nueva York, 2013. [Edición en castellano: *Amor líquido: acerca de la fragilidad de los vínculos humanos*, Fondo de Cultura Económica de España, Madrid, 2007.]

Blake, W. (1863), *Selected Poetry and Prose* (D. Fuller, editor), Longman, Harlow, Inglaterra, 2000.

Brodsky, J., *On grief and Reason: Essays*, Penguin, Harmondsworth, 1997.

Cage, J., *Silence*, Wesleyan University Press, Hanover, 1939. [Edición en castellano: *Silencio*, Ardora Ediciones, Madrid, 2002.]

Calhoun, L. G. y Tedeschi, R. G., *Handbook of Posttraumatic Growth: Research and Practice*, Routledge, Nueva York, 2014.

Camus, A., *The Rebel: An Essay on Man in Revolt*, Vintage, Nueva York, 1956. [Edición en castellano: *El hombre rebelde*, Alianza Editorial, Madrid, 2013.]

Carroll, L., *Alice's Adventures in Wonderland*, Harper Press, Londres, 2010. [Edición en castellano: *Alicia en el País de las Maravillas*, Ediciones Testa, Barcelona, 2000.]

Connell, R. W., *Masculinities*, University of California Press, Berkeley, 1995.

Coomaraswamy, A. K., *Selected Letters of Ananda K. Coomaraswamy* (A. Moore, editor), Oxford University Press, Delhi, 1988.

Cooper, M., *Beethoven: The Last Decade*, Oxford University Press, Londres, 1970.

Csikszentmihalyi, M., *Flow: The Psychology of Optimal Experience*, Harper Perennial, Nueva York, 1990. [Edición en castellano: *Fluir: una psicología de la felicidad*, Kairós, Barcelona, 2008.]

Dickens, C., *Bleak House* (vol. 1), Bradbury & Evans, Londres, 1853. [Edición en castellano: *Casa desolada*, Literatura y Ciencia, Barcelona, 2001.]

Ehrenreich, B., *Smile or Die: How Positive Thinking Fooled America and the World*, Granta, Londres, 2009. [Edición en castellano: *Sonríe o Muere: la trampa del pensamiento positivo*, Turner, Madrid, 2011.]

Emerson, R. W., *The Essays of Ralph Waldo Emerson* (A. R. Ferguson & J.F. Carr, editores), Harvard University Press, Boston, 1987. [Edición en castellano: *Ensayos*, Espasa, Barcelona, 2001.]

Eterovich, F. H., *Aristotle's Nichomachean Ethics: Commentary and Analysis*, University Press of America, Washington DC, 1980.

Frankl, V. E., *Man's Search for Meaning: An Introduction to Logotherapy*, Washington Square Press, Nueva York, 1963. [Edición en castellano: *El hombre en busca de sentido*, Herder, Barcelona, 1991.]

Gibran, K., *The Voice of Kahlil Gibran: An Anthology*, R. Waterfield editores, Arkana, Londres, 1995.

Gladwell, M., *Outliers: The Story of Success*, Hachette, Londres, 2008.

Hadfield, C., *An Astronaut's Guide to Life on Earth*, Macmillan, Londres, 2013. [Edición en castellano: *Guía de un astronauta para vivir en la Tierra*, Ediciones B, Barcelona, 2014.]

Hecht, J.M., *Stay: A History of Suicide and the Philosophies Against it*, Yale University Press, New Haven, 2013.

Heidegger, M., *Being and Time*, Blackwell, Londres, 1927. [Edición en castellano: *Tiempo y ser*, Tecnos, Madrid, 2009.]

Heidegger, M. (1938), *The Fundamental Concepts of Metaphysics: World, Finitude, Solitude*, Indiana University Press, Bloomington, 2001. [Edición en castellano: *Los conceptos fundamentales de la metafísica: mundo, finitud, soledad*, Alianza Editorial, Madrid, 2007.]

Heller, J. (1955), *Catch-22*, Vintage, Londres, 2004. [Edición en castellano: *Trampa-22*, RBA Libros, Barcelona, 2007.]

Joseph, S., *What Doesn't Kill Us: The New Psychology of Posttraumatic Growth*, Piatkus, Londres, 2012.

Jung, C. G. (1939), *The Integration of the Personality*, Routledge and Kegan Paul, Londres, 1963.

Kafka, F., *Letters to Felice*, Vintage, Londres, 1974. [Edición en castellano: *Cartas a Felice*, Nórdica, Madrid, 2013.]

Kempis, T. de (1418-1427), *The Imitation of Christ*, Penguin Classics, Nueva York, 1952. [Edición en castellano: *La imitación de Cristo*, Herder, Barcelona, 1991.]

Kierkegaard, S. (1834). *The Concept of Dread*, Princeton University Press, Princeton, Nueva Jersey.

Kierkegaard, S. (1844), *The Concept of Anxiety*, Princeton University Press, Princeton, Nueva Jersey, 1980. [Edición en castellano: *El concepto de la angustia*, Alianza Editorial, Madrid, 2013.]

Kierkegaard, S., *The Essential Kierkegaard*, Princeton University Press, Princeton, Nueva Jersey, 2000.

Klapp, O., *Overload and Boredom: Essays on the Quality of Life in the Information Society*, Greenwood Place, Nueva York, 1986.

Lewis, C. S., *The Four Loves*, A Harvest Book/Harcourt Brace & Company, Nueva York, 1988, p. 121. [Edición en castellano: *Los cuatro amores*, Rialp, Madrid, 2012.]

Lionberger, J., *Renewal in the Wilderness: A Spiritual Guide to Connecting with God in the Natural World*, Skylight Paths Publishing, Woodstock, Vermont, Inglaterra, 2007.

Maslow, A. H., *Toward a Psychology of Being*, Van Nostrand, Nueva Jersey, Princeton, 1968. [Edición en castellano: *El hombre autorrealizado: hacia una psicología del ser*, Kairós, Barcelona, 2016.]

McLynn, F., *Marcus Aurelius: Warrior, Philosopher, Emperor*, The Bodley Head, Londres, 2011. [Edición en castellano: *Marco Aurelio: guerrero, filósofo, emperador*, La Esfera de los Libros, Madrid, 2011.]

Nietzsche, F. (1888), *Twilight of the idols*, en W. Kaufmann (editor), *The Portable Nietzsche*, Penguin, Nueva York, 1976. [*El crepúsculo de los ídolos o Cómo se filosofa con el martillo*, Alianza Editorial, Madrid, 2010.]

Nietzsche, F. (1882), *The Gay Science: With a Prelude in German Rhymes and an Appendix of Songs*, Cambridge University Press, Cambridge, Inglaterra.

O'Connell, F., *Stuff I Wish I'd Known when I Started Working*, John Wiley & Sons, Chichester, 2015.

Osho, *The Great Zen Master Ta Hui: Reflections on the Transformation of an Intellectual to Enlightenment*, Osho Media International, Nueva York.

Pirsig, R. M., *Zen and the Art of Motorcycle Maintenance*, Arrow Books, Londres, 1989. [Edición en castellano: *Zen y el arte del mantenimiento de la motocicleta: Una indagación sobre los valores*, Sexto Piso, Madrid, 2010.]

Ronson, J., *So You Have Been Publicly Shamed*, Picador, Londres, 2015. [Edición en castellano: *Humillación en las redes*, Ediciones B, Barcelona, 2015.]

Rousseau, J.-J. (1782), *Confessions*, Penguin, Baltimore, Maryland, 1953. [Edición en castellano: *Las confesiones*, Alianza Editorial, Madrid, 2007.]

Rumí, J., *The Rumi Collection: An Anthology of Translations of Mevlâna Jalâluddin Rumi* (K. Helminski, editores) Shambhala, Boston, 1998, p. 228.

San Ignacio de Loyola, *Saint Ignatius: The Spiritual Exercises. Selections Annotated and Explained* (M. Mossa, editor), Skylight Paths Publishing, Vermont, Woodstock, Inglaterra, 2012. [Edición en castellano: *Ejercicios Espirituales de San Ignacio de Loyola: Una relectura del texto*, Cristianisme i Justicia, Barcelona, 2008.]

Salzberg, S., *Loving-Kindness; The Revolutionary Art of Happiness*, Shambhala Publications, Boston, Massachusetts, 2004.

Sartre, J.-P., *Existentialism and Humanism*, Methuen, París, 1952. [Edición en castellano: *El existencialismo es un humanismo*, Edhasa, Barcelona, 2005.]

Storr, A., *Solitude*, Flamingo, Londres, 1989. [Edición en castellano: *Soledad*, Debate, Barcelona, 2001.]

Sunstein, C. R., *Choosing Not to Choose: Understanding the Value of Choice*, Oxford University Press, Oxford, 2015.

Szasz, T. S., *Fatal Freedom: The Ethics and Politics of Suicide*, Syracuse University Press, Nueva York, 2002. [Edición en castellano: *Libertad fatal: ética y política del suicidio*, Paidós, Barcelona, 2002.]

Taylor, C., *Sources of the Self: The Making of the Modern Identity*, Harvard University Press, Cambridge, Massachusetts, 1989. [Edición en castellano: *Fuentes del yo: la construcción de la identidad moderna*, Paidós, Barcelona, 2006.]

Tillich, P., *The Eternal Now*, Scribner, Nueva York, 1963.

Wilkinson, R. G. y Pickett, K., *The Spirit Level: Why More Equal Societies Almost Always Do Better*, Allen Lane, Londres, 2010.

Wollstonecraft, M. (1792), *A Vindication of the Rights of Woman*, Prometheus Books, Buffalo, Nueva York, 1990.

Wolpert, L., *Malignant Sadness: The Anatomy of Depression*, Faber and Faber, Londres, 1999.

Artículos, capítulos e informes

Abraham, A., «The world according to me: Personal relevance and the medial prefrontal cortex», *Frontiers in Human Neuroscience*, 7, 2013, p. 341.

Andrews-Hanna, J. R., Smallwood, J. y Spreng, R. N., «The default network and self-generated thought: Component processes, dynamic control and clinical relevance», *Annals of the New York Academy of Sciences, 1316*(1), 2014, pp. 29-52.

Asch, S. E., «Studies of independence and conformity: A minority of one against a unanimous majority», *Psychological monographs: General and Applied, 70* (9), 1956, pp. 1-70.

Baumard, N. y Chevallier, C., «What goes around comes around: The evolutionary roots of the belief in immanent justice», *Journal of Cognition and Culture, 12*(1-2), 2012, pp. 67-80.

Baumeister, R. F., Stillwell, A. M. y Heatherton, T. F., «Personal narratives about guilt: Role in action control and interpersonal relationships», *Basic and Applied Social Psychology, 17*(1-2), 1995, pp. 173-198.

Bestler, Bob, «Words of Wisdom from Vonnegut», Myrtle Beach, SC: *The Sun News*, 22 de marzo de 2014.

Broughton, N. Kanabar, R. y Martin, N., *Wealth in the Downturn: Winners and Losers*, Social Market Foundation, Londres, 2015.

Clay, R. A., «Jean Maria Arrigo wins AAAS award», *Monitor on Psychology, 47*(4), 2016, p. 8.

Cosley, B. J., McCoy, S. K., Saslow, L. R. y Epel, E. S., «Is compassion for others stress buffering? Consequences of compassion and social support for physiological reactivity to stress», *Journal of Experimental Social Psychology, 46*(5), 2010, pp. 816-823.

DeNavas-Walt, C. y Proctor, B. D., *Income and Poverty in the United States: 2014*, United States Census Bureau, Washington, 2015.

Easterlin, R. A., «Does economic growth improve the human lot? Some empirical evidence», En R. David y R. Reder (editores), *Nations and*

Households in Economic Growth: Essays in Honor of Moses Abramovitz, vol. 89, pp. 89-125, Academic Press, Nueva York, 1974.

Easterlin, R. A., «Will raising the incomes of all increase the happiness of all?», *Journal of Economic Behavior and Organization*, 27(1), 1995, pp. 35-47.

Ericsson, K. A., Prietula, M. J. y Cokely, E. T., «The making of an expert», *Harvard Business Review*, 85(7/8), 2007, pp. 114-120.

Forgas, J. P. y East, R., «On being happy and gullible: Mood effects on skepticism and the detection of deception», *Journal of Experimental Social Psychology*, 44(5), 2008, pp. 1362-1367.

Fredrickson, B. L., Cohn, M. A., Coffey, K. A., Pek, J. y Finkel, S. M., «Open hearts build lives: Positive emotions, induced through loving-kindness meditation, build consequential personal resources», *Journal of Personality and Social Psychology*, 95(5), 2008, pp. 1045-1062.

Friedman, H. S., Tucker, J. S., Tomlinson-Keasey, C, Schwartz, J. E., Wingard, D. L. y Criqui, M. H., «Does childhood personality predict longevity?», *Journal of Personality and Social Psychology*, 65, 1993, pp. 176-185.

Grappi, S., Romani, S. y Bagozzi, R., «Consumer response to corporate irresponsible behavior: Moral emotions and virtues», *Journal of Business Research*, 66(10), 2013, pp. 1814-1821.

Grappi, S., Romani, S. y Bagozzi, R., «Consumer stakeholder responses to reshoring strategies», *Journal of the Academy of Marketing Science*, 43(4), 2015, pp. 453-471.

Greicius, M. D., Krasnow, B., Reiss, A. L. y Menon, V., «Functional connectivity in the resting brain: A network analysis of the default mode hypotheses», *Proceedings of the National Academy of Sciences*, 100(1), 2003, pp. 253-258.

Grolleau, G., Mzoughi, N. y Sutan, A., «Do you envy others competitively or destructively? An experimental and survey investigation», 2006. Borrador.

Helliwell, J. F., Layard, R. y Sachs, J. (editores), *World Happiness Report*, United Nations Sustainable Development Solutions Network, Ginebra, 2016.

Hoffman, D., Carter, D., López, C., Benzmiller, H., Guo, A., Latifi, S. y Craig, D., *Report to the Special Committee of the Board of Directors of the American Psychological Association: Independent Review Relating to APA Ethics Guidelines, National Security Interrogations, and Torture*, Sidley Austin, Chicago, 2015.

Hyyppä, M. T. y Mäki, J., «Why do Swedish-speaking Finns have longer active life? An area for social capital research», *Health Promotion International*, *16*(1) 2001, pp. 55-64; Hyyppä, M. T. y Mäki, J., «Social participation and health in a community rich in stock of social capital», *Health Education Research, 18* (6), 2003, pp.770-779.

Institute for Global Labour and Human Rights, «Factory collapse in Bangladesh», Ficha técnica, Institute for Global Labour and Human Rights, Pittsburgh, Pensilvania, 2014.

Iyengar, S. S. y Lepper, M. R., «When choice is demotivating: Can one desire too much a good thing?», *Journal of Personality and Social Psychology, 79*(6), 2000, pp. 995-1006.

Kappes, H. B. y Oettingen, G., «Positive fantasies about idealized futures sap energy», *Journal of Experimental Social Psychology, 47*(4), 2011, pp. 719-729.

Kappes, H. B., Oettingen, G. y Mayer, D., «Positive fantasies predict low academic achievement in disadvantaged students, *European Journal of Social Psychology, 42*(1), 2012, pp. 53-64.

Kappes, H. B., Sharma, E. y Oettingen, G., «Positive fantasies dampen charitable giving when many resources are demanded», *Journal of Consumer Psychology, 23*(1), 2013, pp. 128-135.

Keltner, D. y Haidt, J., «Approaching awe, a moral, spiritual, and aesthetic emotion», *Cognition and Emotion, 17*(2), 2003, pp. 297-314.

Kerby, S., «The top 10 most startling facts about people of color and criminal justice in the United States», ficha técnica, Center for American Progress, Washington DC, 2013.

Kessler, R. C., Aguilar-Gaxiola, S., Alonso, J., Chatterji, S., Lee, S., Ormel, J. y Wang, P. S., «The global burden of mental disorders: An Update from the WHO World Mental Health (WMH) Surveys», *Epidemiologia e psichiatria sociale*, *18*(1), 2009, pp. 23-33.

Ketelaar, T. y Tung Au, W., «The effects of feelings of guilt on the behaviour of uncooperative individuals in repeated social bargaining games: An affect-as-information interpretation of the role of emotion in social interaction», *Cognition and Emotion*, *17*(3), 2003, pp. 429-453.

Kim, J.-W., Kim S.-W., Kim, J.-J, Jeong, B., Park, C.-H, Son, A.R. y Ki, S. W., «Compassionate attitude towards others's suffering activates the mesolimbic neural system», *Neuropsychologia*, *47*(10), 2009, pp. 2073-2081.

Klinger, E., «Consequences of commitment to and disengagement from incentives», *Psychological Review*, *82*(1), 1975, pp. 1-25.

Kohlberg, L., «Stage and sequence: The cognitive-developmental approach to socialization», en D. A. Goslin (editor), *Handbook of Socialization Theory and Research*, Rand McNally, Londres, 1968, pp. 347-480.

Koltko-Rivera, M. E., «Rediscovering the later vision of Maslow's hierarchy of needs: Self-transcendence and opportunities for theory, research and unification», *Review of General Psychology*, *10*(4), 2006, pp. 302-317.

Linley, P. A. y Joseph, S., «Positive change processes following trauma and adversity: A review of the empirical literature», *Journal of Traumatic Stress*, *17*, 2004, pp. 11-22.

Lomas, T., Cartwright, T. Edginton, T. y Ridge, D., «I was so done in that I just recognized it very plainly, "You need to do something"», «Men's narratives of struggle, distress and turning to meditation», *Health*, *17*(2), 2013, pp. 191-208.

Lomas, T., Cartwright, T. Edginton, T. y Ridge, D., «A religion of well-being? The appeal of Buddhism to men in London, UK», *Psychology of Religion and Spirituality*, *6*(3), 2014, pp. 198-207.

Lundahl, B. W., Taylor, M. J., Stevenson, R. y Roberts, K. D., «Process-based forgiveness interventions: A meta-analytic review», *Research on Social Work Practice*, *18*(5), 2008, pp. 465-478.

Maslow, A. H., «A theory of human motivation», *Psychological Review*, *50* (4), 1943, pp. 370-396.

McNulty, J. K. y Fincham, F. D., «Beyond positive psychology? Toward a contextual view of psychological processes and well-being, *American Psychologist*, 67(2), 2011, pp. 101-110.

Milgram, S., «Behavioral study of obedience», *Journal of Abnormal and Social Psychology*, *67*(4), 1963, pp. 371-378.

Ministry of Justice, *Statistics on Women and the Criminal Justice System 2011*, Ministry of Justice, Londres, 2012.

Mulder, R., Pouwelse, M., Lodewijkx, H. y Bolman, C., «Workplace mobbing and bystanders' helping behaviour towards victims: The role of gender, perceived responsibility and anticipated stigma by association», *International Journal of Psychology*, *49*(4), 2014, pp. 304-312.

Neff, K. D. y Germer, C. K., «A pilot study and randomized controlled trial of the mindful self-compassion program, *Journal of Clinical Psychology*, *69*(1), 2013, pp. 28-44.

Nesse, R. M., «Is depression an adaptation?», *Archives of General Psychiatry*, *57*(1), 2000, pp. 14-20.

Office for National Statistics, *Measuring National Wellbeing-Health*, Office for National Statistics, Londres, 2012.

Office for National Statistics, *Annual Survey of Hours and Earnings, 2014 Provisional Results*, Office for National Statistics, Londres, 2014.

O'Leary, V. E. e Ickovics, J. R., «Resilience and thriving in response to challenge: An Opportunity for a paradigm shift in women's health», *Women's Health*, *1*(2), 1994, pp. 121-142.

Organización Mundial de la Salud (2006). *World Health Statistics 2006*. Ginebra: Organización Mundial de la Salud.

Posner, M. I. y Petersen, S. E., «The attention system of the human brain», *Annual Review of Neuroscience*, *13*(1), 1990, pp. 25-42.

Raichle, M. E., MacLeod, A. M., Snyder, A. Z., Powers, W. J., Gusnard, D. A. y Shulman, G. L., «A default mode of brain function», *Proceedings of the National Academy of Sciences, 98*(2), 2001, pp. 676-682.

Robinson, H., MacDonald, B., Kerse, N. y Broadbent, E., «The psychosocial effects of a companion robot: A randomized controlled trial», *Journal of the American Medical Directors Associations, 14*(9), 2013, pp. 661-667.

Ross, L., «The intuitive psychologist and his shortcomings: Distorsions in the attribution process», en L. Berkowitz (editor), *Advances in Experimental Social Psychology* Academic Press, Nueva York, 1977, pp. 173-220.

Rozin, P., Lowery, L., Imada, S. y Haidt, J., «The CAD triad hypothesis: A mapping between three moral emotions (contempt, anger, disgust) and three moral codes (community, autonomy, divinity)», *Journal of Personality and Social Psychology, 76*(4), 1999, pp. 574-586.

Schott, G., «Doodling and the default network of the brain», *The Lancet, 378* (9797), 2011, pp. 1133-1134.

Schwartz, B., «Self-determination: The tyranny of freedom», *American Psychologist, 55*(1), 2000, pp. 79-88.

Seligman, M. E. P., Ernst, R. M., Gillham, J., Reivich, K. y Linkins, M., «Positive education: Positive psychology and classroom interventions», *Oxford Review of Education 35* (3), 2009, pp. 293-311.

Seligman, M. E. P., Ernst, R. M., Gillham, J., Reivich, K. y Linkins, M., «Positive education: Positive psychology and classroom interventions», *Oxford Review of Education 35*(3), 2009, pp. 293-311.

Shweder, R. A., Much, N. C., Mahapatra, M. y Park, L. «The "Big Three" of morality (autonomy, community, divinity) and the "Big Three" explanations of suffering», en A. Brandt y P. Rozin (editores), *Morality and Health*, Routledge, Londres, 1997, pp. 119-169.

Southwick, S. M., Gilmartin, R., Mcdonough, P. y Morrissey, P., «Logotherapy as an adjunctive treatment for chronic combat-related TEPT: A meaning-based intervention», *American Journal of Psychotherapy, 60*(2), 2006, pp. 161-174.

Stadler, G., Oettingen, G. y Gollwitzer, P. M., «Intervention effects of information and self-regulation on eating fruits and vegetables over two years», *Health Psychology, 29*(3), 2010, pp. 274-283.

Takeuchi, H., Taki, Y., Hashizume, H., Sassa, Y., Nagase, T., Nouchi, R. y Kawashima, R., «The association between resting functional connectivity and creativity», *Cerebral Cortex, 22*(12), 2012, pp. 2921-2929.

Tedeschi, R. G. y Calhoun, L. G., «The posttraumatic growth inventory: Measuring the positive legacy of trauma», *Journal of Traumatic Stress, 9*(3), 1996, pp. 455-471.

Tetlock, P. E., Kristel, O. V., Elson, S. B., Green, M. C. y Lerner, J. S., «The psychology of the unthinkable: Taboo yrade-offs, forbidden base rates, and heretical counterfactuals», *Journal of Personality and Social Psychology, 78*(5), 2000, pp. 853-870.

Thierry, B., Steru, L., Chermat, R. y Simon, P., «Searching-waiting strategy: A candidate for an evolutionary model of depression?», *Behavioral and Neural Biology, 41*(2), 1984, pp. 180-189.

Thomason, K. K., «The moral value of envy», *Southern Journal of Philosophy, 53*(1), 2015, pp. 36-53.

Torres, E., «Philippines murder highlights the threat facing trade unionists, *Equal Times*, 24 de marzo de 2015.

Tucker, A. W., «The mathematics of Tucker: A sample», *The Two-Year College Mathematics Journal, 14*(3), 1983, pp. 228-232.

Van de Ven, N., Zeelenberg, M. y Pieters, R., «Leveling up and down: The experiences of benign and malicious envy», *Emotion, 9*(3), 2009, pp. 419-429.

Wakefield, J. C., «Disorder as harmful dysfunction: A conceptual critique of *DSM-III-R's* definition of mental disorder», *Psychological Review, 99*(2), 1992, pp. 232-247.

Watt, J. D., «Effect of boredom proneness on time perception», *Psychological Reports, 69*(1), 1991, pp. 323-327.

Waytz, A., Dungan, J. y Young, L., «The whistleblower's dilemma and the fairness-loyalty tradeoff», *Journal of Experimental Social Psychology*, *49*(6), 2013, pp. 1027-1033.

Zhong, C.-B. y Liljenquist, K., «Washing away your sins: Threatened morality and physical cleansing», *Science*, *313*(5792), 2006, pp. 1451-1452.

ECOSISTEMA DIGITAL

www.edicionesurano.com

2 AMABOOK
Disfruta de tu rincón de lectura
y accede a todas nuestras **novedades**
en modo compra.
www.amabook.com

3 SUSCRIBOOKS
El límite lo pones tú,
lectura sin freno,
en modo suscripción.
www.suscribooks.com

DISFRUTA DE 1 MES
DE LECTURA GRATIS

1 REDES SOCIALES:
Amplio abanico
de redes para que
participes activamente.

4 APPS Y DESCARGAS
Apps que te
permitirán leer e
interactuar con
otros lectores.

 iOS